CULTURE MOBILE
Les nouvelles pratiques de communication

André H. Caron et Letizia Caronia

CULTURE MOBILE
Les nouvelles pratiques
de communication

Les Presses de l'Université de Montréal

Les études qui ont donné lieu à ce travail ont été possibles grâce à l'appui de la Faculté des arts et des sciences et de la Chaire Bell de recherche interdisciplinaire sur les technologies émergentes de l'Université de Montréal, à celui de la Facolta' di Scienze della Formazione, du Dipartimento di Scienze dell'Educazione de l'Université de Bologne (Italie) et grâce au soutien financier du Programma Marco Polo. Ce livre est le résultat du travail en collaboration des deux auteurs qui ont partagé leurs réflexions, leurs analyses et leurs résultats au cours de chaque étape de sa rédaction. André H. Caron a assuré pour sa part la rédaction finale des chapitres 1, 3, 4 et 8, et Letizia Caronia la rédaction de l'introduction et des chapitres 2, 5, 6, 7 et 9.

Les auteurs expriment leurs vifs remerciements aux membres des équipes du GRJM et du CITÉ de l'Université de Montréal qui ont participé à ces travaux et, particulièrement, à Flavie et Mathieu. Ils tiennent aussi à remercier Mafalda, Moussa, Simon, Virginie, Alexandre, Raphaëlle, Annie Josée et tous ceux qui les ont aidés à mieux comprendre et interpréter la « culture mobile » des jeunes.

Catalogage avant publication de Bibliothèque et Archives Canada

Caron, André H.

    Culture mobile : les nouvelles pratiques de communication
    (Paramètres)
    Comprend des réf. bibliogr.

    ISBN 2-7606-1999-0

    1. Communication et culture. 2. Communication – Aspect social. 3. Nouvelles technologies de l'information et de la communication – Aspect social. 4. Radio-communications mobiles – Aspect social. 5. Technologie et jeunesse. I. Caronia, Letizia. I. Titre. II. Collection.

P94.6.C37 2005   302.2   C2005-942181-9

Dépôt légal : 4e trimestre 2005
Bibliothèque nationale du Québec
© Les Presses de l'Université de Montréal, 2005

Les Presses de l'Université de Montréal remercient de leur soutien financier le ministère du Patrimoine canadien, le Conseil des Arts du Canada et la Société de développement des entreprises culturelles du Québec (SODEC).

Imprimé au Canada en novembre 2005

INTRODUCTION

Au cours des dernières décennies, l'univers des technologies d'information et de communication a été marqué par de nombreuses mutations et innovations. Cependant, ceci est loin d'être un phénomène nouveau : au cours des siècles, et de façon récurrente, les êtres humains ont toujours inventé de « nouvelles » techniques, de « nouveaux » supports pour permettre les échanges communicationnels et la circulation de l'information. L'invention et l'adoption de l'écriture, l'imprimerie, la photographie, le téléphone, le passage au numérique ne sont que des exemples des solutions multiples données au problème – apparemment incontournable – des limites et des contraintes de la communication face à face. Chacun de ces nouveaux instruments de communication a été – pour son époque et pour les communautés concernées – un tournant culturel. Le fait que les techniques de communication et d'information se renouvellent et, en ce faisant, déclenchent des transformations culturelles profondes, n'est donc pas du tout un processus nouveau. Leurs caractéristiques et leur articulation figurent parmi les phénomènes les plus étudiés par la recherche en sciences sociales. C'est plutôt le *type* d'innovation proposé à chaque fois par une « nouvelle génération » d'instruments qui nous interpelle, car ce n'est qu'à rebours que l'on peut retracer les modèles d'interaction et les formes de vie en commun que chaque technologie de communication contribue à créer.

Ce livre se penche sur les dimensions sociales et culturelles du *tournant mobile* dans la communication de tous les jours et les façons multiples par lesquelles ces nouvelles pratiques de communication contribuent à faire la culture quotidienne. Comment les technologies émergentes donnent-elles du sens au quotidien ? Comment produisent-elles les identités des acteurs sociaux ? Comment les acteurs donnent-ils, à leur tour, un certain sens aux technologies de communication mobile ? Comment les incorporent-ils aux allants-de-soi culturels dans leurs usages quotidiens ?

Les technologies émergentes de communication au quotidien

Dès que ces instruments de communication sont devenus partie prenante de notre quotidien, ils nous ont libérés de la plupart des contraintes spatiales et temporelles qui réglaient notre vie. Mais la possibilité de surmonter ce genre de contraintes n'a pas comme seule conséquence la gestion plus efficace des tâches multiples et simultanées qui caractérisent la vie contemporaine. Cette fonction purement pratique n'est que la surface d'enjeux sociaux et culturels bien plus fondamentaux, car ces pratiques de communication mobile nous forcent à repenser les façons culturellement spécifiques de notre vie en commun. Même les plus simples des notions qui constituent ce que l'on appelle la « connaissance de tous les jours » – c'est-à-dire l'ensemble des savoirs pratiques qui nous permettent d'interagir de façon culturellement appropriée – ne peuvent plus désormais être données pour acquises. « Être présent » ou « absent », « être ici » ou « là-bas », « être seul » ou « avec quelqu'un » ne sont que des étiquettes lexicales qui nécessitent une renégociation, chaque fois située, de leur signification. La même chose est vraie en ce qui concerne les rituels de l'interaction quotidienne, c'est-à-dire ces codes culturels partagés qui nous permettent de participer aux rencontres sociales de façon coordonnée et mutuellement compréhensible.

Prenons le cas du téléphone mobile, car il est peut-être l'outil technologique contemporain qui condense le plus et représente le mieux les enjeux culturels du tournant mobile dans la communication quotidienne. Qu'est-ce, qu'aujourd'hui, une conversation au dîner, où les commensaux gardent leur mobile allumé ? Les droits, les obligations, les attentes et même les bonnes manières des participants en vis-à-vis doivent maintenant être négociés en fonction des droits, des obligations et des attentes des «participants fantômes». Ces acteurs – qui habitent un «ailleurs» qui peut devenir un «ici» grâce à la technologie – peuvent se joindre à la conversation à tout moment, en changeant la structure de participation. En permettant de nouvelles formes d'interaction, la technologie nous oblige à repenser les modèles culturels de la rencontre sociale.

Les transformations culturelles mobilisées par les nouvelles pratiques de communication ne concernent pas que les structures de participation ou la forme publique des événements sociaux. Elles ont également déclenché un processus de reconstruction des liens sociaux et des relations interpersonnelles. Dans un contexte où les parents peuvent rester en contact direct et constant avec leurs enfants, même s'ils sont éloignés, le portable est plus qu'une technologie qui facilite la coordination des activités réciproques. Les tâches incompatibles et les paradoxes propres à la culture parentale contemporaine semblent avoir trouvé un point d'articulation potentiel : l'exercice du contrôle et de la responsabilité parentale, d'un côté, et la quête pour l'indépendance et l'autonomie de ses propres enfants de l'autre, se rejoignent dans l'usage du téléphone mobile. *Panoptikon* du contemporain, en permettant le parentage à distance, il nous amène à repenser nos modèles culturels d'«être parent» et d'«être enfant».

Ceux-ci ne sont que des exemples des façons multiples à travers lesquelles les technologies de communication émergentes donnent du sens à la vie de tous les jours. Une fois devenues partie du quotidien, elles en reformulent les significations possibles : les lieux, les acteurs, leurs relations réciproques, les événements typiques qui le constituent en tant que tel s'ouvrent à des interprétations nouvelles et à des modes nouveaux d'accomplissement. Avatars modernes du premier outil inventé par les humains pour surmonter les limites du face-à-face, les nouvelles technologies de communication nous forcent à repenser et à réinventer les formes de la vie sociale et les modèles culturels constitués.

Mais le contraire est aussi vrai. Si les individus se laissent manipuler par les technologies, ils ne les manipulent, en effet, pas moins. Maîtres apparemment souverains de notre vie quotidienne, acteurs capables d'en altérer les moindres détails, les technologies sont néanmoins soumises à un processus systématique de domestication culturelle. C'est au cours de ce dernier qu'elles acquièrent ou perdent des fonctions, qu'elles sont interprétées par les individus selon leurs cadres de référence partagés, que leurs usages et significations sont reformulés chaque fois de façon située et selon l'économie de signifié propre à chaque communauté concernée.

Quand les adolescents européens utilisent le système de courts messages textes (SMS) pour bavarder, pour potiner ou pour flirter, quand ils s'engagent dans des conversations écrites aussi rapides qu'interminables, ils réinterprètent la technologie selon les besoins propres à leur culture spécifique. La logique de la communication asynchronique a été renversée dans la synchronie qui régit la coordination mutuelle et les ajustements en direct de la conversation orale. Dans la culture des adolescents européens et nord-américains, envoyer des SMS n'est pas juste un moyen efficace de faire circuler l'information de façon rapide et pratique. Il s'agit plutôt d'une performance verbale grâce à laquelle ils construisent et maintiennent leurs liens sociaux. Indépendamment des formes de communication inscrites dans la technologie et suggérées par cette dernière, les adolescents ont réinterprété de façon radicale ses fonctions et ses signifiés, selon leurs propres cadres culturels de référence.

Situées dans un contexte donné, les technologies s'intègrent donc à ses dimensions constitutives, leur signification ultime étant définie à la fois par le contexte et par les acteurs qui le peuplent.

Anatomie d'un processus : des aspects visibles aux enjeux cachés

Se laisser interpeller par le rapport entre communication mobile et création culturelle, c'est donc faire l'anatomie d'un processus de coconstruction, car si les technologies construisent la culture, elles sont néanmoins construites par elle. Il y a évidemment plusieurs façons de réfléchir sur un phénomène aussi complexe qu'articulé. Quand on veut aller au-delà de ses aspects les plus visibles et généraux pour en saisir les enjeux les plus subtils et les détails qui font souvent la différence, il faut se livrer à la recherche.

La plupart des propos avancés dans ce livre proviennent en effet de la recherche sur le terrain. Face à l'ampleur du phénomène, nos recherches ont balisé un champ d'investigation spécifique et ceci dans l'hypothèse – propre à tout cheminement empirique – que l'analyse systématique d'une partie bien définie d'une réalité plus large puisse éclaircir les caractéristiques et mettre au jour les processus moins visibles de ce « tout » dont elle est justement une partie.

Parmi tous les phénomènes susceptibles de devenir objets d'une investigation empirique du processus de coconstruction entre technologies émergentes et culture quotidienne, nous avons d'abord ciblé la convergence des technologies dans le foyer et le rôle de cette convergence dans la construction d'une structure et d'une culture familiales. L'analyse de ce microcosme social révèle en effet jusqu'à quel point les technologies d'information et de communication peuvent être utilisées par les acteurs comme instrument de construction d'une structure et d'une culture propres à la famille et comme instruments de définition des identités de ses membres.

objet d'étude

Au fur et à mesure que nous entrions dans cet univers fascinant des usages des technologies de communication au quotidien, nous nous apercevions qu'il nous fallait pousser davantage notre investigation. Les pratiques de communication mobile des jeunes et des adolescents, leurs représentations de cette technologie et de son rôle dans la vie de tous les jours, sont devenues alors l'objet de nos recherches successives. Ces choix méritent explication.

Le téléphone cellulaire réunit en soi un grand nombre des caractéristiques des technologies de communication émergentes. Portable, mobile, cellulaire, *telefonino* (petit téléphone) : même les noms donnés à ce dernier avatar de la communication vocale à distance en soulignent les différents atouts. Bien qu'ils désignent tous le même objet, chacun en propose des connotations spécifiques. Si « cellulaire » met en valeur l'innovation technologique qui est à l'origine de cet outil de communication, *telefonino* met en évidence les aspects morphologiques qui permettent l'incorporation de l'objet au sujet. Si « portable » amorce un déplacement de signification vers l'usager et ses pratiques de communication, « mobile » pousse ce déplacement sémantique vers les dimensions sociales de la technologie. Située à l'arrière-plan de la signification, l'invention technologique n'est plus le noyau sémantique : « mobile » se centre sur les nouvelles chances qui relèvent de la délocalisation du sujet par rapport au contact social.

Cette richesse, cette concentration de caractéristiques dans un même objet technologique, en fait un très bon exemple d'une catégorie de technologies émergentes de communication et de leurs usages sociaux. À ce motif du choix du téléphone cellulaire comme cas exemplaire, il faut ajouter aussi la rapidité étonnante de son adoption et son taux de diffusion (en Europe, en Amérique et en Asie), qui a surpris même les concepteurs et les compagnies.

En effet, nous aurions pu étudier un certain nombre de nouvelles technologies ou de systèmes d'information et de communication (les ordinateurs de plus en plus miniaturisés, les appareils multifonctions, la téléphonie par ordinateur (VoIP), le courriel par téléphone, la messagerie visuelle), mais leur adoption est en cours et leur taux de diffusion ne nous aurait pas permis d'aller au-delà d'une recherche sur les premiers adoptants. Bien que fascinant, ce projet ne rejoignait pas nos intérêts sur les technologies comme ressources culturelles partagées et sur les pratiques de communication comme éléments constitutifs de la culture quotidienne. C'est cet ensemble de traits propres au téléphone cellulaire et à sa vie sociale qui le transforme – du moins pour nous – en un objet « bon à penser ».

Donc, si nous avons choisi d'utiliser davantage la dénomination la plus ancrée sur les aspects technologiques (« cellulaire »), c'est parce que ces aspects-là sont la condition – à coup sûr non suffisante, mais peut-être nécessaire – des transformations culturelles que le cellulaire a contribué à déclencher.

Mais encore, parmi les autres agents de ces transformations – les acteurs sociaux concernés par les usages des technologies émergentes –, pourquoi cibler les jeunes et les adolescents ? Et, surtout, comment les identifier en tant que tels ? Là aussi différentes raisons s'imbriquent.

En Europe, tout comme en Amérique, le marché et le discours social qui lui est propre (la publicité) visent les jeunes comme étant les meilleurs utilisateurs de ce produit. Après une période où la cible était définie selon des catégories professionnelles, l'âge est devenu la catégorie de préférence du discours publicitaire. Cette relation privilégiée entre jeunes et téléphonie cellulaire est par ailleurs confirmée par la recherche et par la saisie des phénomènes sociaux qui relèvent de notre expérience de tous les jours. L'une et l'autre confirment que les jeunes ont non seulement adopté cette technologie, mais aussi et surtout, qu'ils en ont exploité tous les atouts, en les intégrant aux dimensions constitutives de leur quotidien et ceci, de façon aussi rapide qu'extrême. C'est surtout cette *façon* spécifique d'accomplir le processus de « culturalisation » de la technologie qui fait que les jeunes deviennent une catégorie sociale révélatrice des enjeux et des caractéristiques du processus en tant que tel.

Comme nos recherches l'ont confirmé, dans leurs usages des nouvelles technologies de communication, les jeunes sont à la fois extrêmement conservateurs et extrêmement novateurs. Cette double articulation les transforme en un papier de tournesol très efficace – justement parce qu'extrême – du rapport incontournable entre créativité et conservatisme, entre innovation et incorporation culturelle qui caractérise – bien qu'en proportions différentes selon les différents acteurs – le processus d'adoption des technologies.

Malgré des limites méthodologiques évidentes, le choix des jeunes comme sujets de recherche a donc un avantage analytique primordial : comme l'exception qui, dans certaines conditions analytiques, révèle la règle, l'extrême rend visible ce dont il est, justement, l'expression paroxystique. Nuancée et critique, l'analyse de l'excès est un bon raccourci pour mettre au jour ce qui, dans la norme, demeure modéré, et donc moins visible.

Ceci dit, le problème typiquement méthodologique de définir qui sont les jeunes demeure, et sa résolution est une histoire en soi. Passionnante comme toutes les histoires vécues, elle fait l'objet d'un récit que le lecteur trouvera dans les pages de ce livre.

Le point de vue des usagers : interprétations multiples en jeu

Évidemment, il y a plusieurs façons d'étudier les rapports des jeunes aux technologies. Si nous avions voulu un portrait global du phénomène et de ses macro-caractéristiques, nous aurions choisi la vue aérienne propre aux enquêtes statistiques sur une vaste échelle qui nous aurait donné un aperçu incomparable des cadres d'ensemble et de ses traits généraux. Les avantages uniques de cette approche en ce qui a trait à la représentativité et à la possibilité de généralisation sont bien connus. Mais il y a aussi des pertes. Quand on veut, en revanche, saisir et décortiquer les relations multiples et récursives qui relient langage, interaction, culture et technologies au quotidien – ce qui est notre cas –, il convient plutôt de viser le micro-ordre de la vie de tous les jours. Une fois changée l'échelle de grandeur, même les moindres détails deviennent significatifs. Soumis à la loupe grossissante du regard ethnographique, ils révèlent jusqu'à quel point le travail de construction culturelle se fait au fur et à mesure par des acteurs en chair et en os, tout au long de leurs interactions situées. Dans le cas de l'approche ethnographique, ce que l'on perd en possibilité de généralisation on le gagne sur le plan de la saisie des processus de construction du sens. En posant l'interrogation cruciale propre à l'ethnographie – « pourquoi ceci maintenant et de quel point de vue ? » –, l'étrange (ou l'étranger) devient familier et le familier devient suffisamment étrange pour que l'on puisse « voir » comment il se constitue en tant que tel.

C'est donc l'ethnographie et certaines de ses techniques que nous avons retenues dans notre analyse des pratiques de communication mobile des jeunes au quotidien. Ce choix n'a rien d'exceptionnel en soi, car les chercheurs qui s'intéressent aux pratiques de communication en tant que dispositifs de construction culturelle font depuis longtemps confiance à l'ethnographie pour soutenir leurs analyses et leurs propos.

Ceci dit, il faut souligner certaines conséquences majeures de ce choix, car adopter une approche méthodologique est plus que s'équiper de certains instruments : c'est en assumer aussi le paradigme théorique. Le lecteur sera peut-être étonné de ne pas trouver, tout au long de ce livre, certains propos auxquels il pourrait s'attendre. Par exemple, il ne verra pas d'explications des comportements technologiques basées sur des notions telles que l'origine sociale, le genre ou le niveau économique des acteurs concernés. Ce « manque » relève d'une des assomptions fondamentales de l'approche ethnographique : le chercheur n'est pas strictement intéressé à expliquer les événements à travers des concepts qu'il a forgés, il est surtout concerné par les catégories à partir desquelles les acteurs eux-mêmes interprètent leurs propres pratiques. Dans notre cas, cela veut dire que nous ne mobiliserons pas nécessairement des concepts comme « l'origine sociale », « le revenu économique » ou « le genre » pour expliquer certains usages (ou non-usages) d'une technologie, à moins que les acteurs eux-mêmes ne fassent référence à ce genre d'explication pour rendre compte de leurs actions ou de celles d'autrui. Et si Sara explique le fait de ne pas avoir un téléphone mobile en disant « le cellulaire, ce n'est que du *show-off* » plutôt qu'en termes économiques, c'est cette explication qui nous interpelle et qui nous donne des indices sur ce que le cellulaire veut dire pour elle.

Il s'agit, sans doute, d'établir un équilibre entre la perspective de l'acteur et celle du chercheur et d'avancer, non pas des explications, plutôt des interprétations. Multiples et souvent différentes selon le point de vue adopté, elles peuvent se côtoyer. C'est ce que nous avons choisi de faire dans ce livre, pour donner au lecteur averti un aperçu des niveaux multiples de lecture de ce qu'on appelle la réalité sociale.

Comme tout auteur, il nous faut cependant établir un contrat de confiance avec le lecteur à propos de certains choix d'écriture qui relèvent de notre démarche.

Donner une voix aux acteurs : polyphonie et écriture

Choisir la recherche sur le terrain veut dire suivre une démarche dans laquelle les réflexions générales sont issues de l'analyse des cas particuliers et le regard sur le cas singulier est orienté par les cadres de référence théoriques. Il faut donc « donner le cas ». Il y a néanmoins plusieurs façons de le faire. Quand il s'agit d'une ethnographie sur des pratiques de communication situées, donner le cas, c'est donner une voix aux acteurs que le chercheur a rencontrés sur son terrain. Mais laquelle et comment ?

Depuis le tournant dialogique en sciences humaines et la réflexion critique sur les stratégies traditionnelles de représentation de celles-ci, l'écriture en sciences humaines pose problème. Les descriptions, les analyses et les propos du chercheur relèvent toujours d'un certain nombre de pratiques dialogiques dans lesquelles le chercheur est impliqué, au même titre que ses informateurs. Et pourtant, la plupart des fois, ces interactions demeurent cachées au lecteur, qui ne bénéficie que d'un monologue souverain. L'effacement de l'Autre dans l'écriture pose un problème à la fois rhétorique et éthique, car l'apparente légèreté d'un monologue cache une manipulation qui ne peut plus être donnée pour acquise. Il s'agit donc de concevoir un texte qui puisse rendre toute la richesse de la rencontre sociale entre êtres humains, un texte qui représente le croisement complémentaire et parfois conflictuel de plusieurs discours, qui mette en scène les différentes perspectives interprétatives qui sont en jeu.

Dans ce livre, nous avons choisi une écriture polyphonique dans laquelle la parole savante se mêle à la parole « située », en contexte, et vivante qui appartient à la fois aux gens que nous avons rencontrés et à nous-mêmes lors de nos dialogues de terrain. C'est surtout cette dernière parole qui est la source de tous nos propos. Il ne s'agit certes pas d'une représentation qui prétend à l'objectivité, car toute transcription est une traduction. Il s'agit plutôt d'une stratégie rhétorique qui est censée (re)produire la polyphonie et l'hétéroglossie propres à la recherche ethnographique. Le lecteur se trouvera ainsi devant un texte qui lui permettra d'avoir un accès plus direct aux scènes vécues et aux paroles dites, qui lui permettra de voir comment les acteurs accomplissent, représentent, interprètent et rendent compte de leurs propres actions. Voici un exemple des passages que le lecteur rencontrera le long de ce livre.

> Antoine : Y'a fini ça fait une demie-heure qu'y est fini.
>
> Antoine : Hein ?
>
> Sophie : Ayoye, y'a genre duré une heure ton cours, même pas ?
>
> Antoine : Ah y'a duré une demie-heure.
>
> Sophie : Seigneur !
>
> Antoine : Oui.
>
> Sophie : [???]
>
> Antoine : C'est vraiment le fun, faque là, j'ai niaisé en peu, on a parlé de médecine et toute le kit.
>
> Sophie : Avec qui ?
>
> Antoine : Ben avec Martine la bollée. Et là en tout cas.

Malgré un certain compromis pour rendre compréhensible la conversation, il s'agit d'un texte écrit qui néanmoins défie les conventions de la langue standard et surtout de son écriture. Ceci est le prix pour que le sens des mots, et non seulement leur signifié, soit retransmis avec toute la richesse de ses enjeux identitaires sociaux et culturels. Comme on le sait, la langue standard est une abstraction, une invention extraordinaire et nécessaire qui pourtant ne correspond à aucune des pratiques de communication situées et vivantes qui caractérisent notre vie quotidienne. La réalité n'offre que des variantes, historiques, sociales et radicalement situées.

Ceci dit, l'enjeu de cette écriture n'est pas celui de donner des exemples d'une variante régionale d'une langue (le français ou l'anglais parlé au Canada). Il ne s'agit pas non plus de donner une représentation des caractéristiques d'un usage spécifique et situé (celui des groupes informels d'adolescents d'une métropole nord-américaine). Il s'agit plutôt de donner au lecteur le sens de la racine interactive et sociale du parler quotidien, de garder les traces de sa nature fragmentée, apparemment incomplète, linguistiquement si loin du modèle standard. Si les produits (certains mots ou expressions, certains jeux de langage ou innovations) sont tout à fait locaux, les processus sous-jacents renvoient, quant à eux, à un ordre plus général de réflexion.

Cette écriture demande donc au lecteur une complicité et un effort pour ne pas se laisser tromper par la sirène de l'infiniment local. Comme tous les bons récits, la scène du quotidien est là pour évoquer des réflexions bien plus générales.

Mais renoncer à une épuration totale des marques de l'oralité ou à la paraphrase du discours d'autrui est plus qu'un souci envers le lecteur averti, car mettre en premier plan la parole dite, c'est aussi (re)donner aux acteurs leur voix et respecter la richesse – à la limite intraduisible – de toutes les pratiques de communication, qu'elles soient technologiquement médiatisées ou non.

Différents lecteurs, lectures multiples

La délocalisation du sujet, ses nomadismes contemporains, ne semblent plus impliquer ni déracinement ni perte de repères culturels ou d'informations, car les nouvelles technologies sont censées tisser la trame du contact social et garantir la disponibilité de la connaissance. Dans les premiers chapitres, le lecteur trouvera une description critique de ces nouveaux scénarios sociaux créés par les technologies émergentes (chapitre 1), à une réflexion autour des techno-objets en tant qu'acteurs, au même titre que les humains, du processus de construction de la culture quotidienne (chapitre 2), à une analyse de la vie sociale des technologies et de leur rôle dans la définition

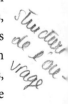
Structure de l'ou-vrage

des identités des usagers, des espaces et des différents moments du quotidien (chapitre 3). Le chapitre 4 est dédié à l'analyse de l'un des discours sociaux qui contribuent le plus à la création du sens des technologies de communication : la publicité. En suivant le dévoilement progressif des stratégies rhétoriques grâce auxquelles les entreprises font le lien entre jeunes et cellulaire, le lecteur rentre ainsi dans l'univers de la culture mobile des jeunes. Les chapitres suivants visent justement à explorer cet univers. En suivant de très près la vie quotidienne d'un groupe informel d'adolescents, d'un couple de jeunes adultes, d'un réseau d'enfants au tout début du secondaire, le lecteur se trouvera au cœur de ce phénomène tout à fait passionnant qui est l'incorporation des technologies dans une communauté de pratiques et leur rôle dans la création de cette même communauté qui les accueille (chapitres 5, 6 et 7).

Acteurs d'une traduction des technologies dans les termes de leur culture spécifique, les jeunes ne constituent cependant pas une communauté fermée. Passeurs de cette culture mobile, ponts sociaux qui relient les différentes communautés de pratiques de l'espace urbain, ils en franchissent constamment les frontières. Dédié aux relations transgénérationnelles, le chapitre 8 s'intéresse à l'une de ces rencontres : celle entre les cultures technologiques des parents et de leurs enfants. Bien que plus discrète que la plupart des facteurs de changement du modèle traditionnel de la famille, l'arrivée de certaines technologies de communication et d'information au foyer doit être incluse parmi eux. Le rôle des technologies dans la construction et la transformation de ce qui compte comme « famille » ne peut pas demeurer sous-estimé. Non seulement elles mobilisent des usages et des représentations différentes chez les membres d'une même famille, mais elles se prêtent aussi à des usages stratégiques. Elles deviennent ainsi un instrument puissant de transformation des pratiques et des modèles culturels qui définissent, entre autres, les rôles parentaux.

En soulignant le rôle des technologies émergentes de communication dans la construction d'une nouvelle conscience de l'Autre sur la scène publique, le chapitre 9 propose une réflexion autour des dimensions éthiques et esthétiques propres à la culture technologique. Conséquences culturelles parmi les moins visibles du tournant mobile dans la communication de tous les jours, elles défient pourtant la plupart des acquis de sens commun.

Quoi que l'on puisse imaginer, la diffusion de ces outils au quotidien ne fabrique pas un individu isolé et insouciant des contraintes sociales ni n'amorce un processus de mondialisation de pratiques sociales standardisées. En mettant au jour les processus de localisation que les technologies de communication ont subi, le chapitre conclut par une réflexion critique sur ces fantômes de la vie contemporaine.

Ce livre a été conçu pour permettre non seulement une lecture linéaire, mais aussi une lecture sur le mode du rhizome. Bien que la séquence proposée des différents chapitres ait un sens (typiquement en allant des propos plus généraux aux cas particuliers, suivis d'un retour), ce sens n'est pas contraignant. Chaque chapitre a une cohérence interne et une autonomie qui permet au lecteur de construire son propre parcours de lecture selon ses intérêts et ses besoins. Et pourtant, les chapitres se renvoient les uns aux autres à travers une trame conceptuelle qui les unit. Ce qui, en première lecture, pourrait paraître de l'ordre de la répétition, répond au contraire à une logique de cohésion et de rappels. Ceci relève de la nature même du territoire communicationnel que nous avons analysé. Nos recherches nous ont permis de mettre au jour des phénomènes complexes et nouveaux. Chacun d'entre eux nous interpelle de façon différente et demande une saisie des facettes multiples dont il est constitué. Ses implications et ses conséquences se déploient sur plusieurs niveaux qu'il faut décortiquer à partir de points de vue différents. Prenons le cas de la migration géographique des objets techniques. Il s'agit d'une notion qui rend compte du déplacement des objets technologiques d'un lieu à un autre. Ce mouvement des objets dans les espaces sociaux engendre des processus de signification multiples ; ceci a des conséquences directes sur plusieurs dimensions de la vie quotidienne. Ce phénomène est analysé une première fois en tant que responsable du changement de signification des objets technologiques eux-mêmes et des lieux où ils se trouvent. Le même phénomène est repris aussi par la suite en tant que processus de définition des identités, des rôles, des pratiques médiatiques propres aux membres d'une famille. Ces rappels et ces reprises constituent la trame conceptuelle qui donne une cohérence à la fois au tout et à chacune de ses parties en permettant ainsi au lecteur une lecture modulaire des différents chapitres.

Bien que la plupart des propos de ce livre dérivent de nos recherches sur l'usage du cellulaire dans la société contemporaine, cela n'empêche pas, bien au contraire, que nos réflexions aient des implications plus générales. Elles concernent, en effet, les processus sociaux et les transformations culturelles qui sont en jeu dans la diffusion capillaire des technologies émergentes de communication. En faisant l'anatomie des façons dont les individus utilisent certains artefacts technologiques, ce livre montre comment et jusqu'à quel point ces technologies de communication jouent un rôle dans la création des identités, des liens sociaux et de la vie quotidienne. Bref, il dessine les dimensions constitutives de la culture mobile contemporaine, à laquelle nous participons tous bon gré, mal gré.

1

DE NOUVEAUX SCÉNARIOS

Les nouvelles médiations technologiques jouent un rôle déterminant dans nos rapports à nos espaces et temps quotidiens. Les changements auxquels nous faisions face depuis le début de ce nouveau millénaire s'avèrent poser des défis à plus d'un titre. De nouvelles balises apparaissent, côtoyant d'anciennes manières de voir et façons de faire qui perdurent malgré tout. Du coup, nos vieux repères s'effritent, de nombreuses certitudes de la vie de tous les jours se trouvent ébranlées, ce qui nous semblait évident hier ne l'est plus aujourd'hui. L'espace et le temps changent et revêtent tout à coup une importance singulière. *Où* sommes-nous lorsque nous interagissons par le biais des réseaux électroniques ? *Quand* existons-nous réellement lorsque nous échangeons instantanément avec des personnes situées à l'autre extrémité des fuseaux horaires ? On ne peut manquer de s'interroger sur la nature du réel lui-même. Qu'est-ce que le « réel » dans un monde où les rapports se font de plus en plus sous le signe du « virtuel » ? Dans une société qui se veut de plus en plus interconnectée, où nous nous trouvons littéralement submergés par un débordement d'informations toujours plus intense et rapide, comment se négocie notre rapport aux autres et aux technologies, aux humains et aux techno-objets ? La réalité de l'expérience sensible perd-elle toute sa force au profit du virtuel, alors que prolifèrent les écrans qui deviennent peu à peu notre principal référent au monde ? Nous engageons-nous de plus en plus dans un monde de réalité virtuelle ou de réelle virtualité ?

Pour faire face à cette « inquiétante étrangeté » si actuelle et pour tenter de trouver quelques réponses à ces questions, nos observations nous ont conduits à envisager trois scénarios qui circonscrivent ces nouvelles médiations technologiques. Nous parlerons donc ici tour à tour de *la délocalisation* et de *la multilocalisation du sujet*, de *l'hybridation des temps* et enfin, de *la mort du silence*.

À la recherche du « où » et du « qui » de nos communications

Bien entendu, l'ordinateur et les réseaux numériques sont déjà depuis un bon moment des incontournables dans les relations économiques et commerciales : guichets automatiques, informatisation des entreprises, produits et services offerts en ligne, etc. Or, l'informatisation effective de la société ne s'est pas déployée dans le seul domaine économique : ce sont toutes les sphères de la vie sociale qui s'en trouvent aujourd'hui investies.

Ainsi, au moins depuis les années 1980, de nouveaux types de médias ont peu à peu fait leur entrée dans l'espace familial. Ces nouveaux médias, que plusieurs appellent les nouvelles technologies de l'information et de la communication (NTIC), bien qu'ils puissent remplir certaines des fonctions qui incombaient traditionnellement à leurs prédécesseurs les médias de masse, se distinguent d'une façon cruciale de ceux-ci. Les ordinateurs personnels connectés entre eux et, depuis 1994, sur Internet, ont tous la particularité d'être *interactifs* et de permettre ainsi des communications bidirectionnelles, voire multidirectionnelles, ce que l'on n'avait jamais pu réaliser avec les médias traditionnels. Si le fait que des millions de personnes entretiennent aujourd'hui des relations sociales et commerciales au sein de réseaux numériques ne nous surprend plus, ce que l'on oublie, c'est que cela se fait de plus en plus sans réel ancrage territorial. Ainsi, même si notre être physique reste bel et bien fixé dans l'environnement réel, une bonne partie de notre vie mentale a déjà émigré vers les lieux et les moments créés par notre accès aux réseaux (Rifkin, 2000). De plus, lorsque nous communiquons à travers les réseaux électroniques, nous sommes généralement seuls (du moins *physiquement*) pendant ces activités.

Certains vont jusqu'à affirmer que, dans une société en réseau, les distances spatiales deviennent moins pertinentes et, inversement, qu'« il s'ensuit que les relations personnelles revêtent une importance très grande sans que personne ne puisse pour autant s'assurer de la fidélité de ceux avec lesquels les liens sont établis » (Boltanski et Chiapello, 1999, p. 201-202). D'ailleurs, on reproche souvent à tort ou à raison aux nouvelles technologies d'être « impersonnelles », de dénaturer la communication soi-disant « naturelle », idéalisée la plupart du temps sous le mode du face-à-face. De fait, si la socialité en réseau, où priment les communications à distance, emprunte au monde domestique (intime ou privé) une partie du vocabulaire au moyen duquel elle s'autodéfinit (relations personnelles, confiance, face-à-face), les actions ou les dispositifs de même nom (amitiés, affinités, rencontres) ont une nature très différente dans les deux cas, dans le monde « réel » et dans le monde « virtuel » (*ibid.*).

Dans la société traditionnelle, la sphère publique peut être clairement distinguée de la sphère privée : des rôles publics et sociaux préalablement définis, et souscrivant à certains principes et devoirs, prévalent en public, tandis que les relations personnelles et intimes n'y sont pas valorisées, celles-ci restant de l'ordre de la sphère privée. Au contraire, dans une société *connexionniste*, où les réseaux traversent de part en part la sphère publique comme la sphère privée (au point de se confondre parfois), l'espace public *physique* perd en partie ses fonctions de rencontre et d'échange au profit d'impératifs de circulation et de visibilité.

La « réalité » des nouvelles technologies est de permettre d'entrer instantanément en contact avec d'autres personnes, sans égard à la distance physique qui nous en sépare ; ceci transforme considérablement les scénarios communicationnels auxquels nous étions habitués. L'interaction synchrone entre individus, par téléphone cellulaire ou par messagerie instantanée, quel que soit l'endroit où ils se trouvent sur la planète, fait désormais partie de notre quotidien. Ainsi, nos expériences avec ces nouvelles technologies nous donnent parfois l'impression que les distances géographiques tendent à disparaître (Cairncross, 1997). Mais ne serait-ce qu'une impression ?

Pour l'acteur social, si les distances physiques sont momentanément abolies par les nouvelles technologies, elles ne disparaissent pas vraiment, elles restent bien réelles, autant matériellement que mentalement. Assistons-nous donc plutôt à une transformation de la notion de distance ? Des parents qui reçoivent des courriels ou des appels réguliers de leur fils qui voyage à travers le monde sentent que ce dernier est moins « loin », mais il demeure qu'il est séparé physiquement de ceux-ci et cette distance est impossible à sublimer. Il occupe un autre espace, un autre lieu lorsqu'il communique de manière synchrone avec ses parents, ce qui modifie leur manière d'entrer en relation entre eux.

On peut penser que cette nouvelle facilité de contact ouvre des perspectives inédites de développement ou de maintien des relations humaines. Communiquer instantanément et à faible coût avec des amis habitant à l'étranger fait dorénavant partie de cette nouvelle réalité. Or, tenir pour acquis que tout en est changé et que nous évoluons désormais dans un monde où tout un chacun sont perpétuellement interreliés serait trompeur. La solitude ou l'isolement social existe toujours : une possibilité de communication ne se concrétise pas obligatoirement dans la réalité effective. Un jeune peut avoir son logiciel de messagerie instantanée allumé sans nécessairement interagir avec ceux qui sont connectés au même moment que lui. Les technologies ne tissent jamais automatiquement des liens indestructibles entre les gens ; le lien social vient toujours *avant*, est toujours « situé » à la fois au-delà et en deçà de l'outil qui le permet ou l'actualise. Ainsi, le concept de *distance* entre les individus perdure, mais s'envisage aujourd'hui de manière différente.

Cette modification de la notion de distance propose deux concepts qui y sont liés : la *délocalisation* et la *multilocalisation* du sujet.

Le brouillage des espaces : délocalisation et multilocalisation, identité et identification

Dans un contexte socio-économique où les déplacements sont à la hausse et où les nouvelles technologies portables et mobiles accompagnent les usagers, de plus en plus d'endroits deviennent des lieux potentiellement communicationnels. L'espace devient mouvant, le « où » perd la fixité d'une localisation spécifique pour devenir une « aura » qui accompagne l'usager. Une réelle redéfinition des espaces tant privés que publics est en cours : elle s'articule à partir d'une interpénétration, voire d'un brouillage manifeste des sphères publique et privée, professionnelle et intime. Dorénavant, nous pouvons être dans des endroits publics tels l'autobus, le restaurant ou la rue et pourtant tenir des conversations très personnelles sur notre cellulaire. Inversement, nous pouvons nous trouver dans des endroits et des moments privés tels qu'une soirée entre amis, une chambre à coucher ou une salle de bains et être sollicités par la sphère publique. Les communications extérieures et professionnelles ne sont qu'un exemple. Ce double mouvement de « publicisation » de la sphère privée et de « privatisation » de la sphère publique n'est pas totalement nouveau ; il suffit de penser au télémarketing pour s'apercevoir que, après tout, les communications téléphoniques n'ont pas attendu de devenir « mobiles » pour envahir l'espace privé. Cependant, avec les nouvelles technologies en général et les technologies de communication mobile en particulier, cette imbrication du privé et du public affecte de plus en plus tous nos lieux de vie et ce, au point de créer de nouvelles tensions à l'intérieur de ces sphères aux contours de moins en moins définis.

Dans ces « espaces mouvants », nous sommes pris au dépourvu et si nous savons *qui* nous voulons contacter, nous ne savons plus *où* nous les contactons. En étant de moins en moins en mesure de pouvoir localiser à l'avance nos destinataires, la nouvelle convention pour l'introduction d'un appel téléphonique devient le « où es-tu ? ». La réponse à cette question demandera un ajustement mutuel concernant la conversation en cours. Puisque les deux interlocuteurs sont conscients que le contexte influencera l'interaction. Une conversation au téléphone cellulaire avec son amoureux dans un lieu publique comme l'autobus ne se déroulera probablement pas de la même manière que dans la solitude du bureau. Quand on contacte quelqu'un sur son cellulaire, on fait souvent face à des « je suis en réunion », « je te rappelle » ou « je te le dirai plus tard » qui visent à nous informer de la situation que notre appel vient interrompre.

La délocalisation des outils de communication sans fil permet à un adolescent d'être en lien direct, depuis la maison, avec ses amis ou sa copine sans qu'un membre de sa famille ne joue un rôle d'intermédiaire ou de filtre. Du fait de cette impression d'échapper au contrôle de ses communications, il se sent plus libre et autonome. On comprend la différence qui sépare ces outils personnels du téléphone fixe autrefois localisé dans une pièce commune de la maison. Par contre, le téléavertisseur ou le cellulaire peuvent à l'inverse aussi devenir un outil de surveillance parentale qui permet de « localiser » l'enfant.

En effet, l'une des transformations majeures du téléphone cellulaire est de modifier les interactions du réseau social et de permettre des formes nouvelles de coordination mutuelle. Les acteurs peuvent aboutir à une forme de vie « en prise directe » où le téléphone cellulaire fonctionne comme un miroir prétendu : il est censé représenter « qui-est-où-et-à-quel-moment-en-train-de-faire-quoi ». Ce scénario a modifié les façons mêmes de structurer le quotidien : le contrôle social aussi bien que la construction coordonnée d'une activité conjointe se jouent maintenant dans l'immédiat d'un « ici-maintenant ». Mais ce changement nous mène à des conséquences inattendues.

Combien de parents d'adolescents se sentent frustrés quand, à la question « où vas-tu ce soir ? », le jeune répond : « On ne le sait pas, on verra quand on va se rencontrer » ? En effet, si dans le passé, chez les jeunes, les rendez-vous étaient fixés et les soirées planifiées à l'avance, aujourd'hui, de plus en plus, les activités s'improvisent à la dernière minute selon les rencontres et l'humeur du moment.

L'un des changements dans la communication effectuée de nos jours par le biais des nouvelles technologies est que le lieu de rencontre n'est plus automatiquement repérable dans l'espace *physique*. La médiation de la technique devient en quelque sorte le point de rencontre des individus qui communiquent. C'est suivant cette idée que l'on peut voir, dans une technologie domestique comme l'ordinateur, un moyen de s'échapper de notre environnement immédiat. *multilocalisation*

Le phénomène de délocalisation que nous venons d'aborder renvoie au concept complémentaire de *multilocalisation* de l'individu. En outrepassant les distances physiques grâce aux moyens technologiques qui permettent une communication délocalisée, les individus peuvent faire partie de plusieurs espaces physiques simultanément. Ceci a pour conséquence de multiplier les rôles sociaux d'un individu dans un même « moment » du quotidien.

En étant à plusieurs « endroits », virtuellement du moins, nous avons une plus grande quantité d'informations à gérer. Nous passons constamment d'un « monde » à l'autre, d'un rôle à l'autre, et même d'une identité à l'autre : par exemple, en faisant les emplettes en famille tout en parlant à un collègue de travail grâce à notre téléphone cellulaire, nous nous trouvons immergé alternativement dans des sphères privée et publique, nous nous investissons simultanément dans des rôles familial et professionnel. Il devient contraignant d'avoir à gérer simultanément les informations relatives à ces deux espaces de moins en moins distincts, comme les relations interpersonnelles « réelles » et « virtuelles ».

L'entourage d'un individu qui parle au cellulaire verra ce dernier s'éclipser momentanément de la relation face à face pour déplacer son attention vers un ailleurs inaccessible aux autres physiquement présents. Il y a une déconnexion de l'environnement que les interlocuteurs partagent, ce qui brise le moment d'être ensemble. On a remarqué que cette phase « égoïste » de la part des utilisateurs est la plupart du temps transitoire, mais qu'étant donné que le nombre de nouveaux détenteurs augmente, cela donne l'impression d'un travail sans cesse à recommencer (Jauréguiberry, 1998). Dans nos recherches, malgré l'importance que revêtent les communications pour eux, certains adolescents nous ont avoué ressentir un certain malaise lorsqu'un ami interrompt une conversation en cours pour répondre à son cellulaire.

Nous nous habituons cependant à percevoir notre environnement comme peuplé d'ubiquistes. Aussi, il arrive souvent que l'utilisation du cellulaire par un conducteur de voiture provoque la frustration des autres usagers de la route. Le chauffeur étant en quelque sorte à deux « endroits » (*sur* la route d'abord et délocalisé *dans* une conversation avec un interlocuteur), sa conduite devient à risque s'il s'absorbe trop dans sa conversation.

Une personne ignorant la présence des autres dans un espace public du fait que son attention est mobilisée « ailleurs » par une médiation technologique provoque indéniablement un certain malaise. Même sans connaître les gens rencontrés dans les lieux publics, des accords tacites s'établissent entre inconnus pour marquer un certain degré de reconnaissance mutuelle (Goffman, 1973). Le fait de côtoyer des personnes prises dans un ailleurs communicationnel et faisant abstraction de notre présence physique entraîne donc naturellement une réelle irritation causée par la perte du respect social auquel on est en droit de s'attendre.

S'ajuster à ces mutations des espaces physiques et communicationnels devient donc un défi. Des lieux qui n'étaient pas destinés originellement à la communication deviennent ainsi de nouveaux lieux communicationnels.

Le trottoir, l'automobile et les transports en commun se découvrent de nouvelles vocations. Ces lieux, traditionnellement réservés pour l'essentiel à des impératifs de circulation, deviennent précisément l'enjeu de la nouvelle donne communicationnelle.

Plus que jamais aujourd'hui, la question du « où » s'élargit aussi à la question du « qui » : à la logique de l'identité *territoriale* se juxtapose une nouvelle logique de l'identification *déterritorialisée*. La question de l'appartenance identitaire est en effet indissociable de la question du territoire, qui ne se limite pas à la seule dimension géographique. L'identité étant à la fois situation et représentation de soi dans le monde (Baudry, 1999), elle s'ancre donc dans un « socle » culturel et politique. Dans une certaine mesure, en produisant en permanence des contacts aléatoires avec des inconnus, les nouvelles technologies effacent les certitudes en ne les remplaçant par aucun autre mode de référence. En ce sens, le propre de ce qu'il est convenu d'appeler les « communautés virtuelles » ne serait pas tant la réalité d'une identité qui se trouve que le simulacre d'une identification captatrice qui se génère. L'utilisation assidue des outils communicationnels qui permettent aux individus un certain « flottement », une nouvelle « mouvance » dans leurs déplacements comme dans leurs communications, suppose ainsi la fin de la fixité des références identitaires. Or, à l'heure où l'identité se fait de plus en plus incertaine et où, immergé dans les réseaux à l'instar du capital, le social se fait de plus en plus fluide, les dispositifs d'identification se multiplient. Codes d'accès, NIP, pseudonymes, mots de passe : nous passons désormais notre temps à nous identifier. Mais force est de constater que plus il y a démultiplication de nos identifications, plus notre identité devient indéterminée ou du moins doit se heurter à une certaine indétermination.

C'est ainsi que nous redevenons nomades sous de nouvelles formes, qui s'articulent autour des technologies mobiles et se conjuguent avec ce flottement identitaire. Paradoxalement, ce nomadisme émergent compose avec une sédentarité non démentie, voire exacerbée, par les NTIC qui, dans un premier temps, inciteraient à un *cocooning* bien actuel (Attali, 1994). De notre domicile fixe, nous pouvons accéder à une foule de services grâce à notre téléphone, notre téléviseur et notre ordinateur. Avec ce dernier dispositif, nous pouvons dès lors, sans même bouger de chez nous, écrire et recevoir des courriels, lire des journaux d'une multitude de pays, visionner des vidéofilms, télécharger notre musique préférée en toute légalité ou illégalité, visiter virtuellement des musées et des coins de pays exotiques, dialoguer en direct, etc. Mais notre transformation en ce type d'individu, archétype de la tendance du repli sur soi, est-elle possible autrement que de façon métaphorique ?

Nous avons donc affaire à une double articulation « ubiquitaire » : les objets de communication se retrouvent dorénavant presque partout, dans les moindres interstices de notre environnement quotidien et, grâce à eux, nous pouvons être presque partout à la fois, dans différents lieux et même dans différents « temps ».

Fluctuations dans le temps : synchronie, asynchronie, polychronie

Le « temps réel » désigne généralement le « temps sans espace » et « instantané » qu'induit l'utilisation des NTIC. En effet, les vitesses de connexion grâce à des interfaces tendent à abolir les *délais dans le temps* qu'obligent traditionnellement les étendues des espaces. Il y a donc de moins en moins de distances à parcourir et de plus en plus de connexions à établir. Cette caractéristique particulière saute aux yeux de tout utilisateur régulier d'Internet, celui-ci lui permettant de créer des rapports communicationnels fondés sur l'instantanéité (Bonneville, 2001). Les NTIC proposent donc l'émergence d'un temps *déspatialisé*. Le seul espace qui subsiste est celui de l'écran. Les connexions par le biais des interfaces permettent précisément de faire ce qu'empêchent naturellement les distances : se parler, se voir, échanger de la marchandise réelle ou symbolique, à distance et simultanément.

Ainsi, les pratiques reliées aux NTIC – de l'ordinateur personnel sur Internet au téléphone cellulaire – s'affirment chez les usagers à travers l'idée récurrente d'« économiser du temps ». Nous ne pensons plus les délais comme des « moments de transition » d'un état à un autre. Dans le cas d'une transaction électronique, tout se fait en « temps réel », sans déplacement : la recherche du site, le choix du bien ou du service et l'achat lui-même sont compressés en un seul et unique « moment ». Seul persiste, le cas échéant, un délai d'attente équivalant au temps de livraison du bien ou du service demandés.

Le mythe du «temps réel» créé par la transaction électronique, ce moment présent qui exclut toute référence au passé et au futur, nous amène à une nouvelle conception culturelle du temps : le temps est perçu dans son rapport à l'instant présent, sa valeur est mesurée sur sa capacité de faire en sorte que le résultat de notre action soit immédiat.

Cette idée de «gain de temps» ou de «temps économisé» est-elle toutefois réelle ou illusoire ? Elle demeure réelle dans la mesure où la vitesse de transmission et le caractère instantané des NTIC peuvent effectivement faire gagner un temps de travail considérable pour l'accomplissement de certaines tâches, par exemple, corriger des textes ou correspondre avec des clients ou collègues physiquement éloignés. En revanche, les NTIC nous font symétriquement perdre un temps précieux en nous exposant à des flux de plus en plus denses d'informations à traiter, filtrer, analyser et gérer. Non seulement pour ce qui est réellement important, mais aussi, par exemple, pour des courriels humoristiques et des canulars, ou encore des pourriels et autres *junk mail*. L'idéologie entourant les nouvelles technologies les associe à la capitalisation du bien le plus précieux de la surmodernité : le temps. Elles en garantiraient le gain, elles augmenteraient le profit de nos actions à travers une économie de notre ressource la plus rare. Cette idée – dernier avatar d'un capitalisme plus ou moins tempéré – est quelque peu suspecte. Combien de temps réservons-nous chaque jour à filtrer, lire, répondre à nos courriels ? Est-ce du temps perdu ou du temps gagné ?

Nous évoluons ainsi dans un environnement où les nouvelles technologies qui font «économiser du temps», donnent paradoxalement l'impression de toujours nous en prendre. En effet, n'est-il pas étrange qu'à mesure que nous fabriquons et que nous nous approprions de nouvelles «machines à épargner du temps», notre angoisse de manquer de temps semble croître proportionnellement ? Selon certains, la vitesse serait même devenue la «vertu cardinale du temps», confinant le repos au registre de la paresse (Fischer, 2001, p. 79). Mais ce «mythe de la vitesse» nous amène-t-il à sacrifier le temps de réflexion au profit d'une vitesse de communication ?

Il suffit de voir les technologies dans le rétroviseur pour nous apercevoir que la capitalisation du temps affecte les modes d'échange aussi d'une autre manière. Alors que nous assistons à une utilisation massive du courrier électronique, le courrier traditionnel semble devenir autrement prioritaire, en ce sens que l'on accorde dorénavant davantage d'importance à une lettre postale adressée personnellement qu'à un simple courriel. Le phénomène n'est d'ailleurs pas unique ni nouveau. En effet, lorsqu'une nouvelle technologie qui en remplace une autre tend à établir un standard nouveau pour l'accomplissement de telle ou telle activité, l'ancienne technologie peut acquérir une valeur nouvelle. La photo noir et blanc, supplantée par la photo couleur dans l'usage courant (souvenir, album de famille, etc.), acquiert de ce fait une nouvelle valeur artistique, de même que les cartes postales de voyage par rapport aux cartes « virtuelles ». Dans un monde où l'écriture électronique devient de plus en plus courante, une valeur ajoutée apparaît pour une carte écrite à la main ou pour un billet calligraphié par rapport à une invitation ou à un faire-part en ligne. Quels sont alors les enjeux de cette valorisation des anciennes techniques de communication ?

Contre l'idéologie du *gain* de temps qui entoure les nouvelles technologies, un billet écrit à la main renvoie à son contraire : il cache et en même temps il affiche la *perte* de temps acceptée par son auteur. Il faut choisir le format, la qualité du papier, l'enveloppe. On prend le temps de l'écrire, d'acheter les timbres, de le poster… Son arrivée chez nous exprime un investissement de temps en notre faveur, donc une valorisation. C'est donc l'arrière-plan idéologique du temps comme capital suprême – idéologie incarnée précisément par les nouvelles technologies – qui donne cette nouvelle signification aux vieilles technologies : en affichant une logique contraire, elles confirment l'équation temps-valeur et peuvent ainsi exprimer la générosité de celui qui est prêt à *prendre* et à *perdre* du temps pour nous.

Mais cette valorisation des anciennes technologies se nourrit aussi d'autres dimensions. C'est par rapport à la dépersonnalisation de la communication technologiquement médiatisée que les anciennes techniques acquièrent de la valeur. Face aux sites qui nous proposent un choix étonnant de cartes virtuelles pour toutes occasions, les papeteries offrent de plus en plus de produits. Le phénomène de rareté, rattaché au caractère personnel et authentique que l'on prête à tort ou à raison aux techniques plus traditionnelles, explique en partie les nouvelles configurations de nos goûts et de nos habitudes communicationnelles.

Face à la standardisation de l'écriture électronique, l'écriture à la main devient le signe physique d'une certaine individualité comme d'une authenticité certaine. Elle acquiert une nouvelle *aura*, selon l'expression de Walter Benjamin (Benjamin, 2000 [1935]), qui, dans le cadre de sa réflexion sur l'œuvre d'art, soulignait que toute copie était forcément, du point de vue de son authenticité, une dégradation de l'original : une *pâle* copie. Pourtant, force est de constater que cette aura, cette authenticité propre à l'original, ne vient qu'après coup, du fait même de sa reproductibilité technique. Pour qu'il y ait une œuvre authentique, il faut bien qu'il existe des objets inauthentiques auxquels l'œuvre d'art puisse se comparer pour acquérir son originalité. C'est donc la reproductibilité même qui produit l'original (Hennion et Latour, 1996) et qui permet ainsi de le qualifier d'unique.

C'est de la même manière que la lettre manuscrite obtient de nos jours ses lettres de noblesses, son aura : dans sa différence de nature nouvellement acquise par rapport à la lettre imprimée et, plus récemment, par rapport au courrier électronique. Perdant de son efficacité technique, de sa fonctionnalité en faveur du courriel qui devient peu à peu le nouveau standard en matière de correspondance, la lettre manuscrite effectue symétriquement un gain symbolique : elle gagne en authenticité. Personne n'écrit comme personne d'autre, l'écriture à la main est ainsi un signe du Moi.

Face à la multiplication des identités possibles, face à la possibilité d'envoyer le même courriel à plusieurs destinataires, face à la possibilité de l'écrire comme s'il s'agissait de quelqu'un d'autre, par réaction envers la dépersonnalisation de l'écriture électronique et la standardisation des cartes virtuelles, l'écriture à la main et la signature manuscrite rétablissent le simulacre d'une identité authentique de son auteur, de l'unicité du message, de la singularisation du destinataire.

Ce phénomène de prise de valeur peut se généraliser à une large gamme de technologies traditionnelles qui acquièrent une certaine aura au fur et à mesure qu'elles se font disqualifier par les nouvelles technologies sur le plan des opérations de tous les jours. On peut penser aux jeunes d'aujourd'hui, qui récupèrent les anciens tourne-disque pour en faire un usage musical réinventé : le *scratch*.

De même, il arrive que les usagers d'une nouvelle technologie utilisent celle-ci de manière quelque peu détournée, en l'investissant, par exemple, d'une forme de communication que l'on pourrait juger au détriment de l'usage courant voulu par ses concepteurs. Ainsi en est-il du téléphone cellulaire dont les usagers, pour des raisons économiques ou stratégiques, usent et abusent parfois des SMS[1] pour communiquer entre eux plutôt que de s'en servir pour des appels téléphoniques.

Quoi qu'il en soit, l'effet d'instantanéité inhérent aux nouveaux dispositifs de communication doit lui aussi être relativisé. Car l'immédiateté des contacts et des échanges qu'ils permettent peut être autant associée à une synchronie neuve qu'à une nouvelle asynchronie, en particulier en ce qui concerne Internet. En effet, en inventant l'asynchronie, Internet fait peut-être encore mieux que le temps réel. Être asynchrone veut dire laisser à autrui le temps de s'organiser pour traiter ou non l'information dont il peut se rendre maître et la possibilité de prendre son temps à son tour (Hafner et Lyon, 1999). C'est le cas du courrier électronique, des forums de discussion, des banques de données numériques, des blogues, etc.

À l'inverse, les dispositifs de communication permettant un télédialogue en ligne, c'est-à-dire une conversation en temps réel et sans délai dans l'échange communicationnel (*chatrooms*, jeux en réseaux, communication de *webcam* à *webcam*, messagerie instantanée, etc.), donnent plutôt une dimension temporelle synchrone et immédiate au médium, qui est aussi celle qui semble privilégiée par les jeunes générations.

Certes, le caractère instantané des communications n'est pas en soi une nouveauté (on n'a qu'à penser au téléphone ou même au télégraphe), mais avec les NTIC, celui-ci s'applique dorénavant à une gamme de plus en plus étendue d'activités et se conjugue à d'autres nouveautés telles que la portabilité des appareils. Bien que l'on insiste beaucoup sur l'instantanéité des NTIC, c'est-à-dire l'instauration d'un temps réel, présent sans passé ni futur, on ne doit pas négliger la dimension asynchrone du médium, peut-être la moins vantée, mais sans aucun doute la plus utilisée.

Les nouvelles technologies, notamment l'ordinateur personnel et Internet, nous permettent et nous forcent d'une certaine façon à nous mouvoir dans un temps simultanément multiple, que l'on pourrait qualifier de polychronique. C'est en ce sens qu'il faut comprendre la nouveauté des

---

1. Étant donné que l'équivalent français, « Service de messages courts », n'est pas couramment utilisé, nous priorisons l'acronyme anglais, autant pour désigner le service que les messages en tant que tels.

polychrone

environnements *multitâches*, où il est possible d'effectuer plusieurs tâches à la fois successivement et simultanément.

Cette polyvalence d'un même moment est très fréquente chez les jeunes utilisateurs d'Internet, souvent sans que ceux-ci perçoivent le caractère nouveau ou original du principe des fenêtres superposées. En effet, il n'est pas rare qu'un jeune visite plusieurs sites Web en même temps, tout en téléchargeant une pièce de musique, en *chattant* avec des amis et en regardant la télévision simultanément.

Alors que le temps devient une notion plus que variable, où les changements, les mouvements de l'économie, le nombre de transactions et la circulation de l'information connaissent une accélération, on peut se demander si les humains et les organisations sont bien adaptés à cette vitesse. Ce qui semble de plus en plus évident, c'est que plusieurs d'entre eux peinent à y faire face. L'univers médiatique étant saturé d'informations, il ne semble plus y avoir de limites à la production et à la diffusion d'informations. Cependant, peut-être y a-t-il bien une limite à la réception...

La mort du silence

Le silence est une notion spontanément associée au vide, au néant. Il est donc souvent défini comme une simple absence de son. Mais le sens générique du mot peut s'étendre à des domaines variés, comme celui des arts, considérant le silence comme une modalité d'expression. Ainsi, le non-dit dans la poésie ou un silence dans un monologue au théâtre est vide de mots sans être vide de sens. La mythologie romaine, en prenant le silence comme une non-action rattachée à la parole, nous donne diverses illustrations du concept. Lara, aussi appelée Muta ou Tacita, est généralement reconnue comme la déesse romaine du silence. S'étant fait couper la langue pour avoir trop parlé, cette dernière est aussi considérée comme la déesse de la médisance. La déesse Angerona est représentée avec un doigt sur les lèvres de sa bouche bâillonnée. Cette dernière a été réduite au silence, mais le commande aussi. Elle est la gardienne du nom secret de Rome. Dans les deux cas, on démontre par une personnification que le silence est parfois préférable à la parole.

Le silence étant ainsi attaché à la parole, on comprend l'intérêt des linguistes pour le rôle du silence dans la communication humaine. Il en résulte le postulat que le silence est un outil de communication puissant. En évitant d'opposer silence et parole et en les considérant plutôt comme des compléments, on donne au silence une valeur communicationnelle éloquente. Ainsi, un silence en réponse à une question peut devenir très significatif. Mais on doit cependant reconnaître que sa nature est ambiguë, car il est susceptible d'être connoté de différentes façons. Le contexte d'un silence est donc important à considérer. D'ailleurs, chaque culture possède ses propres normes qui gouvernent les comportements de parole et le silence n'y fait pas figure d'exception.

Le silence comme notion peut donc être *entendu* de manière complexe et riche en nuances, et non pas seulement comme une absence de son. Quand on s'attarde à écouter ce que les gens ressentent face à la présence des nouvelles technologies dans leur vie, on relève plusieurs traces de négociations entre les moments de communication et les autres moments. L'expression « mort du silence » semble en mesure de décrire le sentiment de plusieurs et s'avère particulièrement évocatrice. Différentes perceptions, significations et valeurs s'entrecroisent et nous révèlent les rapports que les divers acteurs entretiennent avec la communication et ses technologies.

Tout d'abord, l'idée du silence comme un malaise à surmonter revient souvent chez les adolescents d'aujourd'hui[2]. Ayant grandi avec Internet et le téléphone mobile, c'est dans ce contexte qu'ils ont construit leur rapport à la communication ; et c'est pour cette raison qu'ils sont généralement les plus enthousiastes face aux multiples possibilités de communication que permettent les nouvelles technologies. Voilà ce qu'en pensent Rosalie et Anne, deux filles de 17 et 15 ans :

> Rosalie : À l'aide des nouvelles techniques, la communication entre les gens est de plus en plus facile. Alors chacun peut s'exprimer facilement.
>
> Anne : La « mort des silences » signifie que tout le monde a besoin de communiquer avec quelqu'un, à un moment ou l'autre, et que aujourd'hui, avec les nouvelles technologies, c'est devenu simple et facile.

---

2. La définition de qui sont « les adolescents » ne va pas du tout de soi. Bien au contraire, elle est un problème méthodologique bien spécifique pour lequel on renvoie le lecteur aux réflexions proposées dans le chapitre 5.

Les NTIC sont vues comme autant de moyens de briser le silence souvent rattaché à la solitude et l'isolement qu'ils redoutent ; la « mort du silence » implique alors positivement pour eux l'appartenance à un large réseau de connaissances. Dans sa réflexion autour des rapports entre silence et communication, Rosalie nous dit :

> Auparavant, chacun s'enfermait dans son coin et n'avait pas de moyen de communication pour se défouler, s'exprimer... Maintenant, si tu as besoin de parler, tu peux parler à un ami par téléphone ou envoyer un e-mail. En gros, les gens sont moins solitaires.

Alors que le silence semble souvent être associé à la paix et à la quiétude pour les jeunes adultes, le silence est synonyme d'ennui, de temps mort pour beaucoup d'adolescents. Cet éloge du bruit au détriment du silence révèle que les adolescents se laissent emporter par une certaine « ivresse communicationnelle », une course qui tourne même parfois au « fétichisme technologique » (Fischer, 2001, p. 101). Il faut s'affairer à meubler ce silence en communiquant, mais aussi en s'adonnant aux loisirs que permettent les technologies, par exemple jouer à un jeu en ligne. Plusieurs adolescents avouent ainsi utiliser les technologies de communication, qu'il s'agisse de *chatter* sur Internet ou de *jaser* grâce au cellulaire, dans le but premier et avoué de passer le temps. Synthétiques et tranchants, les mots de Chantale expriment cette idée : « J'ai rien à faire pis je vais appeler ma *best* là pis on va se trouver des sujets à parler. »

Pour les plus jeunes, communiquer est donc généralement connoté très positivement, la communication s'avérant d'ailleurs pour eux être une valeur centrale de la vie en commun. Comme nous le dit Anne : « La société est constamment en train de communiquer et cela va continuer pour longtemps. »

Chez les adolescents, d'ailleurs, le processus de construction identitaire se fait par le biais de la socialisation avec les pairs. On comprend donc pourquoi un concept comme la mort du silence évoque jusqu'à un certain point des situations idéales. Considérant, par exemple, que chaque appel téléphonique reçu est un signe d'appartenance à un réseau social, une vie exempte de silence est souvent pour les adolescents le symbole d'un certain prestige social. Nos recherches sur le terrain ont d'ailleurs montré la résurgence d'une certaine urgence de communiquer chez beaucoup d'adolescents usagers des NTIC. Ces derniers se différencient souvent de leurs parents par l'idée qu'il est essentiel d'être en mesure de pouvoir à la fois joindre les autres et être joignable en tout temps et en tout lieu. Être constamment disponible pour les autres membres de sa communauté s'impose comme l'une des valeurs cruciales de la culture adolescente. Pour les adolescents, cela peut toutefois aboutir à une relative contrainte lorsque la communication immédiate que le portable permet se transforme, jusqu'à un certain point, en une obsession d'être toujours en contact et d'être toujours au courant, peu importe avec qui et de quoi. S'il n'y a jamais pour ainsi dire véritable urgence, il y a toujours une impression d'urgence de contact. L'usage abusif du cellulaire peut alors aboutir à une sorte de quête maladive qui tend à se juxtaposer, voire à se substituer aux autres d'activités.

Les adolescents semblent donc déjà être au fait que cette facilité de communiquer peut parfois devenir contre-productive. Devant une multitude d'outils proposant des possibilités de communiquer de plus en plus faciles et à des coûts toujours moindres, les usagers des nouvelles technologies font face à des situations problématiques pour l'organisation de leurs contacts sociaux. Les adolescents sentent aussi la nécessité de gérer leurs contacts afin de contrer l'envahissement. Certains ont ainsi exprimé leur difficulté à mettre de l'ordre dans leur liste de contacts électroniques. Il leur faut déterminer qui mérite de s'y trouver et, même une fois cette étape passée, il reste encore à prioriser et gérer les échanges. Suivons cette discussion entre Pierre et Manon survenue lors d'un entretien[3] :

> Pierre : Mais avant, moi, avant j'allais juste dans Internet tout ça, j'allais chatter, tout le monde qui voulait je le mettais alors je connaissais plus personne là. Y'avait tellement de monde que j'ai tout annulé.

---

3. Les citations suivantes ont été relevées dans le cadre de nos nombreuses recherches sur l'appropriation des nouvelles technologies d'information et de communication. Dans ces recherches, on a eu recours à plusieurs outils d'enquête : les entretiens selon le mode traditionnel où le chercheur posait des questions selon une grille, les *focus groups* conversationnels où la discussion se déroulait entre les jeunes eux-mêmes sans la présence du chercheur, l'ethnographie des pratiques communicationnelles, les expériences d'altération des allants-de-soi du quotidien. L'expérience « Information Zéro » prévoyait l'interdiction de consulter les médias de masse, « NTIC Zéro » consistait à demander à des jeunes adultes de se priver de toutes leurs nouvelles technologies d'information et de communication pendant une semaine.

Manon : C'est ça le problème, c'est trop difficile de savoir pis de juger là, y'a trop de personnes. Faut que t'essaies de minimiser le monde.
Intervieweur : Ça c'est sur les chats ou sur MSN ?
Manon : MSN.

Les silences dans les échanges électroniques instantanés revêtent des significations qui sont à définir. Par exemple, un silence occasionné par le fait de donner priorité au téléphone alors que l'on converse par messagerie instantanée sera-t-il mal perçu ? Est-il correct de poursuivre plusieurs conversations simultanément et d'ainsi produire des délais de réponse ? De par leur nouveauté, certaines technologies donnent lieu à des usages dont les règles et codes ne sont pas encore bien définis. Quoi qu'il en soit, l'accroissement des possibilités de communication contribue à définir le silence comme un choix, un acte de non-échange posé délibérément et, en ce sens, il est bien aussi une forme de communication. C'est ce que nous dit Claire, une fille de 15 ans :

> Les moyens de communication ne permettent plus que les gens aient un prétexte pour ne pas se parler. Les cells, pagets et e-mails sont plus ou moins transportables, ce qui permet une communication en tout temps.

Comme nous l'explique aussi Élise, une adolescente qui ressent une « obligation » de répondre, la personne qui choisit le silence ou même celle qui l'induit involontairement doit alors répondre de ce refus d'accepter la communication de l'autre :

> Mettons que ton amie t'appelle pis là y'est fermé tsé c'est comme, c'est dur de trouver une excuse que de dire ah y'était fermé ça me tentait pas d'y parler. Avec les afficheurs maintenant, tu sais que c'est ton amie et que ça te tente pas d'y parler.

Chez les jeunes adultes qui ont vécu l'émergence et la prolifération des NTIC et qui ont donc déjà connu un relatif silence, l'évocation d'une disparition des silences semble provoquer des réactions un peu plus nuancées. Il demeure néanmoins que leurs perceptions sont souvent teintées d'un certain déterminisme technique, voire d'un certain défaitisme quant au pouvoir de résistance des usagers pour contrer l'envahissement par les technologies. Le concept de bruit, perçu comme principal ennemi du silence, revient alors souvent pour décrire des situations quotidiennes perturbées par un flot incessant de communications. ~~On voit le silence comme une denrée rare dans un espace social colonisé par le bruit.~~ Voici ce que nous dit Marc :

+ selon les adultes

> Lorsqu'on parle de la mort du silence causée par l'avènement des nouvelles technologies, on peut penser de prime abord à la liberté d'expression qui apparaît grâce à elles. [...] Il est vrai qu'Internet permet une véritable démocratisation de l'écriture en donnant voix et oreilles à qui le veut. [...] Le silence en tant qu'« attitude d'une personne qui ne peut s'exprimer » voit donc enfin son règne s'achever. Mais le silence est aussi l'« absence de bruit ou d'agitation ». Sous cette perspective, les nouvelles technologies inspirent moins l'optimisme. Leur surabondance, leur intrusion dans le privé tend à créer un effet de saturation qui contrevient aux notions de calme et de paix.

Tout comme beaucoup d'adolescents, plusieurs jeunes adultes croient que la disparition des silences est attribuable à la possibilité d'être joignable en tout temps ; les nouvelles technologies relient entre eux les individus qui se retrouvent alors dans un état permanent de disponibilité à la communication. Les jeunes adultes reconnaissent que la portabilité et la mobilité des outils de communication permettent une plus grande flexibilité, une plus grande liberté de mouvement. Mais une redéfinition – dans le sens d'une réduction – des délais de réponse jugés raisonnables accompagne cet état de disponibilité constante, et la perception traditionnelle du temps s'en trouve alors modifiée. Les silences, menacés de disparition, acquièrent des significations nouvelles.

Avant de retracer celles-ci, il faut rappeler que l'imaginaire s'alimente à plusieurs sources et donc que les perceptions du silence et de la communication ne relèvent pas d'attitudes solitaires. Tout au contraire, elles se nourrissent des différents discours qui traversent l'espace social. Parmi les sources qui alimentent l'imaginaire collectif et individuel, une place non négligeable est sans doute celle occupée par le discours publicitaire.

renforcement par discours pub.

L'un des objectifs des discours publicitaires entourant le cellulaire, par exemple, est de montrer comment occuper le plus possible ces silences par le biais d'une foule de moyens techniques facilitant les échanges. Implicitement signifiée comme hostile à la communication et au lien social, l'éventualité d'un silence peut devenir alors une véritable source d'inquiétude.

Relatant les impacts d'une journée sans son téléphone cellulaire, Anaïs nous explique ainsi son malaise face à ce silence forcé :

> J'ai eu l'impression de manquer des appels importants et je m'en voulais d'avoir pu oublier cet accessoire dont je ne me sépare pourtant jamais.

Certains font par ailleurs remarquer que le silence d'un individu en vient aujourd'hui à être considéré comme un comportement de réclusion et d'isolement, un repli sur soi. Comme nous le dit Mathieu :

> Comme les silences peuvent être techniquement abolis, tout silence d'un interlocuteur sera considéré comme un comportement manifeste.

Les jeunes adultes sont nombreux à s'inquiéter du fait que cette augmentation de la connectivité des individus puisse avoir des conséquences fâcheuses. La peur d'une dépendance à la communication est palpable. Faire son épicerie en parlant au téléphone cellulaire ou se connecter au logiciel de messagerie instantanée à chaque fois que l'on allume l'ordinateur donne l'impression que la présence de l'autre devient nécessaire à tout moment. Comme le dit Sylvie, les gens semblent pris par une certaine incapacité de supporter un moment de répit, un moment de réflexion, un moment porteur, un moment pour soi... un silence. Comme le silence est souvent associé au recueillement et à l'introspection, les jeunes adultes se demandent si la multiplication des possibilités de communiquer entraîne inévitablement l'élimination du temps que l'on se réserve pour soi. Les nouveaux moyens de communication étant exécutoires, deviendra-t-il de plus en plus difficile de profiter à bon escient des vides qui jadis s'inséraient normalement dans nos communications ?

La communication : entre bruit et silence

En complémentarité à cette propension à meubler les temps morts par des flots d'échange, l'utilisation des médias de masse comme toile de fond des activités quotidiennes est un comportement relevé par plusieurs jeunes adultes. Regarder la télévision ou écouter la radio tout en étant occupé à d'autres activités donne l'impression que le silence est difficile à supporter. Plusieurs personnes interrogées avancent l'hypothèse que les gens font usage des médias pour meubler les silences de leur quotidien et par peur de se sentir seuls. Ces derniers leur apporteraient du réconfort au même titre qu'une présence humaine. En posant un regard réflexif sur sa consommation médiatique d'une semaine typique, Josée a ainsi pris conscience du rôle joué par les médias et les nouvelles technologies dans son quotidien :

> Il m'a toutefois semblé qu'une certaine routine inconsciente se soit installée en ce qui a trait à ma consommation des médias. Certains gestes récurrents paraissaient devenir un automatisme, en particulier concernant la télévision et l'ordinateur. La première action de mes journées est d'allumer l'ordinateur et la télévision.

Par ailleurs, les flots incessants de communication générés par le biais des nouvelles technologies sont souvent associés à un certain désordre, comme nous le dit Marc :

> Internet est un immense champ de libre expression. Mais il faut bien voir aussi que cet espace de discussion libre a laissé la place à un brouhaha inégalable.

Plusieurs ont l'impression que les nouvelles technologies produisent un univers social saturé d'informations. Il peut alors devenir angoissant de ressentir la pression de devoir être toujours informé, et ce, le plus rapidement possible. Aussi, on compare parfois l'individu à un spectateur passif inséré dans un espace social qui l'expose constamment à des stimulations venant de toutes parts. Dépassés par la situation, plusieurs semblent n'avoir d'autre choix que de se réfugier dans le silence. Selon Joëlle, par exemple :

> Avoir voix au chapitre devient difficile pour le citoyen moderne confronté à la rapidité et à la masse exceptionnelle d'informations, il est souvent réduit au silence et à l'anonymat.

Cependant, le silence peut aussi faire référence à de la passivité quand on pense à l'attitude de l'individu silencieux. Faire tomber le mur du silence s'associe alors à la liberté d'expression. D'après Claude :

> La mort du silence réside aussi dans le fait qu'avec Internet, chacun, quels que soient son statut, ses opinions, son appartenance politique, sa notoriété, sa situation géographique, a la possibilité de s'exprimer sur le Web, qu'il s'agisse d'un homme seul, d'un groupe ou d'une minorité, et d'être potentiellement lu ou entendu par des millions de personnes dans le monde.

Dans cette optique, les médias permettent aux gens d'être informés facilement et rapidement sur des enjeux et des problématiques qui les concernent et les intéressent. Le silence comme réponse à une requête ou à une interrogation ne tient plus puisque l'accès aux ressources est grandement facilité par les technologies. De cette manière, les jeunes adultes pensent que les développements technologiques peuvent permettre à une société de favoriser le foisonnement des points de vue. C'est suivant cet ordre d'idées qu'Internet est souvent perçu comme un puissant espace démocratique. En effet, pour certains, les nouvelles technologies permettent enfin de s'affranchir du silence, voire de favoriser en quelque sorte l'essence même de l'homme, qui serait de nature communicationnelle. En réfléchissant autour de ces questions, Geneviève relève que :

> « Si la parole est d'argent, le silence est d'or », dit-on, mais il semble y avoir un retournement de situation aujourd'hui. Nous vivons dans une société de complexité à tel point que se résigner ou rester dans son coin silencieux ne peut nullement procurer ni quiétude ni confort, encore moins de l'or. Communiquer, c'est vivre. L'homme, au lieu de se donner la mort, a préféré la donner au silence. [...] L'homme est devenu partisan de la parole ou plutôt de la communication et par là, tend à vouer le silence à la disparition.

Si on a remarqué que chez les personnes âgées les technologies traditionnelles, notamment la radio et la télévision, venaient souvent combler la solitude et l'isolement, on est en droit de se demander si un phénomène analogue ne serait pas par hasard repérable chez les adolescents. Or, ce n'est plus tellement la radio et la télévision qui seraient en cause, mais plutôt le réseau Internet (courriel, *chat,* messagerie instantanée) et le téléphone cellulaire. Bien sûr, les adolescents communiquent à l'aide des nouvelles technologies, qu'ils utilisent de manière interactive ; ce sont des personnes – d'autres êtres communicants – qui interagissent avec eux à l'autre bout du clavier ou du sans-fil. Mais c'est parfois la même peur de la solitude et de l'isolement qui les pousse à meubler ainsi le silence, et qui leur fait ressentir un malaise lorsque celui-ci survient malgré tout. En ce sens, combattre le silence en clavardant sur Internet n'est peut-être pas si différent que de le combattre en allumant son téléviseur.

Quoi qu'il en soit, la différence intergénérationnelle qui se dégage autour de la notion de mort du silence est frappante : nous sommes en face de deux pôles plus ou moins opposés de perception et de représentation. D'une part, les adolescents hyperconnectés semblent ne pas souffrir de cette perte appréhendée de moments pour soi et même ressentir les silences comme autant de manques à combler ; pour eux, les technologies de communication sont des moyens pour tuer le silence. D'autre part, leurs aînés d'à peine quelques années semblent plutôt voir le silence dans la communication tantôt comme un aveu d'impuissance à se faire entendre, tantôt comme une valeur importante à cultiver du fait même de sa rareté. Pour ces derniers, si les NTIC permettent dans certains cas de briser le silence, elles risquent aussi de le faire disparaître au profit d'un bruit ou d'un vacarme défavorables à toute activité réflexive.

Enfin, on peut donc se demander si cette propension des jeunes à fuir les silences n'est qu'une caractéristique de cette génération qui s'estompera avec l'âge, comme tendent à le démontrer les propos des jeunes adultes, ou si cette urgence de communiquer continuera de les suivre sur le marché du travail, de plus en plus rattaché, lui aussi, aux nouveaux objets communicationnels. Mais laissons le dernier mot à Marcel :

> Du réveil au coucher, l'individu entendra successivement : son réveil, la télé, la radio, la sonnerie de son téléphone, la sonnerie de son cellulaire, le vrombissement de milliers de voitures, la musique jouant dans l'ascenseur (ou encore celle provenant du baladeur du voisin), la sonnerie du micro-ondes, le bip-bip de l'ordinateur (celui du bureau ou du portable), etc. Ce que l'on doit retenir de tout cela ? Pas une fois dans cette journée l'individu ne sera confronté au silence. Attention, on ne parle pas ici d'un faux silence de citadin, lequel n'existe qu'en apparence, ne se substituant jamais totalement au ronronnement sourd de la ville, mais plutôt du véritable silence… Celui qui inquiète, parce qu'inusité, et qui plonge l'individu dans l'isolement. Ce silence qui n'offre aucune échappatoire et qui rend inévitable la rencontre entre l'homme et sa conscience. […] Comme il plonge de plus en plus profondément dans son introspection et commence à soulever des questions primordiales pour son existence, un bruit sourd se fait entendre. C'est la pagette, cet ami vibrant, celui qui rappelle à l'homme qu'il n'est heureusement pas seul au monde. Suite à ce bip-bip amical, la vie normale reprend son cours. Le silence est mort à nouveau.

Du côté des acteurs : des lieux et des liens

Brouillage des espaces, fluctuation dans le temps, disparition des silences :
c'est à de bien étranges scénarios que les nouvelles technologies nous convient. Mais il ne faudrait surtout pas en déduire que, pris dans un incessant
tourbillon technomédiatique, les acteurs de ces nouveaux récits ne savent
plus où donner de la tête. Au contraire, nous le verrons au fil des prochains
chapitres, ceux-ci s'inventent continuellement de nouvelles répliques, tant
dans leur rapport aux autres que dans leur rapport à la technologie elle-
même. C'est ainsi qu'au cœur même du quotidien les individus, ceux des
plus jeunes générations tout particulièrement, sont non seulement les
acteurs, mais aussi et surtout les coscénaristes des défis technologiques
comme des enjeux sociaux auxquels ils sont rattachés.

Dans le prochain chapitre, nous tenterons de formuler une approche
plus théorique de ces observations empiriques. Quelques bases concep-
tuelles seront en effet utiles pour bien comprendre le processus de coscéna-
risation liant les techno-objets aux individus et qui, réciproquement, forme
la matière première de notre quotidien. C'est en s'intéressant à la manière
dont se construisent aujourd'hui nos pratiques de communication – de
même qu'à la manière dont nous nous construisons à travers elles – que
l'on entend montrer l'importance et l'immanence des technologies comme
véritables lieux de significations sociales. Des lieux – et des liens – peuplés
d'une multitude d'acteurs, à la fois humains, trop humains... et non
humains.

2

LES OBJETS QUI PARLENT, LES MOTS QUI AGISSENT : NOUVELLES PRATIQUES DE COMMUNICATION

Productrices de culture, les technologies en sont aussi le produit. Construites par l'humain, elles le construisent à leur tour. Produits historiques d'une société donnée, elles transforment aussi cette société et son histoire.

C'est cette circularité qu'il nous faut saisir, parce que c'est précisément là que la partie se joue, dans l'interaction entre technologies, culture et société ; à la lettre, dans l'*action entre* les humains, bien sûr, mais aussi entre les objets eux-mêmes et entre les humains et les objets (Latour, 2002).

La sociologie des techniques et la sémiotique des objets ont déjà abordé ces questions (Semprini, 1999 ; Landowski et Marrone, 2002). Elles nous ont montré quel genre de travail social peuvent accomplir les médias en tant qu'objets technologiques. Ce sont des objets porteurs d'une ontologie spécifique, reliée à des acteurs humains, tant en amont (idéation, conception) qu'en aval (réception, usage), mais qui néanmoins développent une autonomie par rapport à eux (Latour, 2002 ; Semprini, 2002).

Selon quel processus les objets produisent-ils du sens ? Selon quels modes les technologies de communication, les nouvelles comme les anciennes, accomplissent-elles ce travail – humain, trop humain – de production de culture ? Est-ce que nous jouons simplement ici avec une métaphore ou nous engageons-nous dans une approche nouvelle, qui nous permettra de vraiment saisir le rôle des technologies dans la construction du sens ?

Notre hypothèse pourrait se résumer ainsi : les technologies de communication contribuent à la production de la culture sociale de deux façons. En premier lieu, elles *nous* font communiquer. Cela pourrait paraître banal, mais il demeure que la communication est la pratique primaire de toute construction culturelle. Deuxièmement, elles créent de la culture, car elles sont des textes en soi. Ce sont des objets qui nous font communiquer mais aussi objets qui parlent. Et, comme le soulignait Wittgenstein, dire, c'est faire, c'est créer des formes de vie et donc de culture.

Mais comment ces technologies parlent-elles et que disent-elles ?

Les énoncés que génèrent les technologies sont multiples. C'est d'abord avec leurs composantes matérielles que ces technologies s'expriment et génèrent des modes culturels spécifiques, en proposant à l'usager un répertoire de formes d'action. Ainsi, une caméra numérique va créer une nouvelle culture de l'image photographique, en la faisant migrer du domaine de la permanence de l'analogique dans le monde éphémère du numérique. Mais les technologies parlent aussi d'autres choses, et en d'autres « langues ». Leurs formes, leurs couleurs, leurs qualités esthétiques et les modèles d'usage qu'elles inscrivent dans leurs designs constituent un véritable *récit objectuel* dont le protagoniste est l'usager lui-même. Elles sont elles-mêmes des systèmes de *signes*, et de ce fait, elles contribuent aussi à la structuration du social. La construction de l'identité de l'usager n'est qu'un exemple dont nous reparlerons.

Nous explorerons donc ici le travail accompli par les technologies en tant que sujets d'action, au sens où elles fabriquent des contextes ; ce ne sont « pas vraiment des moyens mais des médiateurs au même titre que tous les autres actants » (Latour, 2002, p. 227). La vie quotidienne n'est pas constituée seulement par nos interactions, et nous ne saurions la réduire à ses seules dimensions sociales et culturelles. Le contexte matériel de la vie quotidienne, les objets domestiques, les outils, les lieux, les moments et le temps que nous leur consacrons sont autant de dimensions significatives qui contribuent à organiser la structure et la culture propres à une communauté donnée – et, qui, bien sûr, sont organisées par celles-ci. Une famille, une entreprise ou un groupe d'adolescents se construisent aussi autour de *paut de l'envir.*

dispositifs techno-matériels qui fonctionnent comme un ensemble de limites et de possibilités. Ils déclenchent et referment des registres d'actions et d'interprétations possibles. Littéralement, ils créent des contextes de vie sociale.

Un dîner entre amis où chacun a déposé son téléphone cellulaire allumé sur la table, ce n'est plus le même contexte social qu'avant l'apparition du cellulaire. Tous se montrent maintenant disposés à sortir du face-à-face de la conversation pour entrer dans une communication téléphonique extérieure, tout en restant à leur place. Le contexte social est ainsi redéfini par ce techno-objet qui lui impose une dimension et une signification spécifiques : *la présence absente* (Gergen, 2002) des sujets humains. Le simulacre de l'Autre – tiers inclus individuel ou social de toute communication (Dupuy, 1982 ; Dufour, 1999) – se voit ainsi actualisé. Matérialisation de la tierce personne, le téléphone cellulaire l'évoque avec sa présence physique.

Mais le travail culturel de cette technologie ne s'arrête pas là. La présence des cellulaires sur la table remet en question aussi la pertinence du scénario canonique de l'événement[1] et suspend les règles conventionnelles qui liaient ses membres. Au code de l'étiquette établi se substitue un nouveau scénario de vie sociale. Le *stand-by* du sujet à table est ainsi toléré, puis légitimé. Il est devenu un comportement social possible et c'est la technologie qui l'a construit.

Ainsi la présence d'un objet technologique dans un contexte donné tend à créer de nouveaux modèles culturels de comportement dans un rituel aussi courant que d'*être à table*. Et ce travail de construction socioculturelle qu'accomplit un techno-objet est multiple. Il n'introduit pas seulement de nouvelles possibilités de comportement (comme de parler au téléphone pendant que l'on est assis à la table avec d'autres personnes). Il induit aussi de nouvelles formes de participation sociale. Qu'arrive-t-il, en effet, quand un groupe de personnes assises ensemble à table doit vivre avec des interlocuteurs potentiels qui peuvent à tout moment s'introduire parmi eux et interrompre leurs échanges ? Face à la présence toujours possible et imminente de ces *ghost participants* (*participants fantômes*), il faut construire de nouveaux

---

1. Il s'agit de ce que Goffman (1974) a appelé *frame* : un modèle partagé et canonique de la situation auquel les participants se réfèrent pour définir ce qui se passe et exhiber un comportement conséquent.

personnages : l'interlocuteur qui se retrouve soudainement en position de *stand-by* doit inventer les gestes de son nouveau rôle. Et finalement, il faut aussi instituer de nouvelles formes d'interaction qui permettent à ces acteurs assis ensemble à table de gérer l'alternance en temps réel de leurs liens soit entre eux, soit avec des interlocuteurs à distance. C'est ainsi le répertoire même des rites d'interactions (Goffman, 1967) qui est appelé à se renouveler.

L'apparition de ces techno-objets nous invite donc à réfléchir aux formes de la vie sociale. Nous devons inventer de nouveaux modèles, les affiner, les rectifier et les légitimer ou les refuser. Il nous appartient d'instituer ces nouveaux types de comportement, d'interaction sociale, ainsi que les codes de leur signification qui vont être admis et partagés par tous.

Le cas du téléphone cellulaire comme partenaire convivial d'une rencontre à table n'est qu'un exemple parmi d'autres du rôle de ces acteurs non humains que sont les techno-objets. De fait, dès qu'ils surgissent dans un contexte social donné, ils lui donnent des significations imprévues et ils créent les conditions pour des comportements inédits. Leur influence dépasse de beaucoup ce genre de situations sociales. Ils agissent dans bien d'autres domaines de notre vie quotidienne dont ils peuvent modifier profondément la définition courante.

Ainsi, les déterminants sociaux selon lesquels on classe constamment les autres en fonction de certains signaux émergents sont eux aussi soumis au travail de redéfinition accompli par les techno-objets. Depuis la généralisation du téléphone cellulaire et de son dispositif d'utilisation mains libres, rencontrer un individu qui parle tout seul dans la rue ne prête plus à une interprétation aussi évidente que jadis. Parler seul dans la rue était – jusqu'à récemment – un symptôme de folie bien établi et connu de tous. Aujourd'hui, ce comportement ne prête plus à une interprétation aussi simpliste et automatique. L'apparition du téléphone cellulaire l'a transformé en un comportement susceptible d'interprétations multiples.

Cette technologie de communication nous invite donc à remettre en question l'automatisme de nos interprétations et la rigidité des identités selon lesquelles nous classons les autres à partir de détails de leurs comportements visibles. Il ne s'agira donc pas seulement ici d'analyser la production de nouveaux comportements (parler au téléphone en marchant) ou de nouveaux acteurs (*l'hybride homme-cellulaire*, Marrone, 1999 ; 2002), il s'agira aussi de redéfinir le champ des significations possibles des comportements humains. C'est dire toute la complexité des processus de construction culturelle accomplis par les techno-objets et leur nouvelle syntaxe.

Les techno-objets, énonciateurs d'usages

Comme on l'a vu, les technologies construisent de nouveaux contextes, nous proposent des définitions nouvelles pour des scénarios habituels, elles induisent des comportements sociaux appelant de nouvelles interprétations. Nous les assumons, nous les refusons, nous les reformulons et nous les mettons en circulation. Et dans l'écart qui surgit entre l'énonciation du sens par les technologies et sa réception par les individus, naissent comme toujours de multiples possibilités d'interprétation qui échappent à une lecture déterministe.

Les lieux et les temps sont autant de composantes de la vie quotidienne soumises elles aussi à l'influence des techno-objets, qui tendent à leur conférer de nouveaux sens possibles (Gumpert et Drucker, 1998). Plusieurs des phénomènes que nous avons étudiés illustrent bien cet aspect. C'est notamment le cas de ce qu'on pourrait appeler la *migration des objets technologiques* (Caron et Caronia, 2001). Le cycle de vie des technologies se manifeste aussi par les changements de leurs lieux d'utilisation. Ainsi, dans le même foyer, les techno-objets transitent parfois d'une pièce à l'autre. C'est le cas de l'ancienne télévision qui passe du salon à la chambre à coucher des enfants. De telles migrations créent aussi de nouvelles significations pour les divers lieux de la maison. Par exemple, la chambre à coucher n'est plus un espace réservé au sommeil et aux activités reliées, mais devient aussi le lieu d'élaboration d'une culture spécifique et privée, la *bedroom culture* (Livingstone et Bovill, 2001). Si la présence de la télévision transforme ce lieu en espace culturel, inversement, cet espace définit l'usage de cette technologie comme privé.

La migration des techno-objets d'un lieu à un autre est donc une énonciation qui détermine le sens de ces technologies en même temps que celui des lieux qu'elles habitent. En reformulant les usages des espaces et leurs significations, les technologies participent à la transformation des lieux physiques en lieux vécus.

Et ce qui vaut pour l'espace de vie s'applique aussi au temps, car les techno-objets contribuent à énoncer également le sens des moments du quotidien. En demandant à des personnes de décrire leurs pratiques domestiques, on s'est aperçus que les technologies de communication et d'information ne reflétaient pas seulement une culture et une organisation familiales préexistantes, mais qu'elles modifiaient aussi profondément cette culture familiale (Caron et Caronia, 2000 ; 2001).

« Pour mon enfant, nous disait une mère, le téléphone c'est après le souper. Pendant le souper, c'est moi qui réponds : "On est en train de manger, rappelez plus tard". Le téléphone est placé stratégiquement. » « Juste devant elle, nous dit son enfant, et même si tu te lèves et tu allonges le bras pour essayer de le prendre avant elle... » « Trop tard ! interrompt sa mère, je suis bien plus rapide ! »

Il en est de même avec la télévision. Dans cette famille comme dans bien d'autres, des règles strictes sont imposées par les parents : « Pendant les repas il n'y a pas de télé, parce que c'est le seul temps où on peut se parler les quatre. » Il s'agit ici d'un conflit entre deux énonciations possibles de la signification du moment familial. Face au discours de l'objet, les parents produisent un contre-discours et, pour imposer leur définition, doivent neutraliser l'interlocuteur technologique.

Les gens ont donc déjà pris conscience de ce phénomène de redéfinition des espaces et des moments que suscite la présence des techno-objets dans la maison, au point parfois de s'y opposer. Poser des règles, c'est, en effet, reconnaître la force énonciatrice des technologies. Le téléphone surimpose une ouverture à l'extérieur comme un des sens possibles du moment du repas ; il énonce la possibilité de sortir de la conversation établie entre les membres présents à la table pour entrer dans une autre communication, qui inclut un absent et exclut les présents. De même, la télévision, si elle reste allumée pendant le repas, redéfinit celui-ci comme un moment de divertissement, d'information, ou de partage familial d'un message énoncé par un étranger. Peu importe. Quand on veut imposer aux moments un sens différent de celui proposé par les techno-objets, il faut émettre une contre-énonciation : les règles ne sont que ça.

Cet espace-temps polémique dans lequel s'affrontent des énonciateurs humains et non humains tend à établir finalement ce qui compte pour « être une famille » ; on y négocie les frontières de la sphère publique et de la sphère privée, on y produit – du moins localement – une culture et une organisation sociales. Loin de *fixer* la signification des temps et des lieux de la vie quotidienne, les technologies énoncent des significations possibles qui peuvent être assumées ou défiées par les individus. Ces conflits d'interprétation qui redéfinissent les moments du quotidien sont, comme toute interaction, des modes de gestation culturelle où les différents sujets de l'énonciation se croisent et négocient la signification des comportements et des lieux de vie.

Dans l'une de nos récentes recherches, nous avons observé un autre phénomène qui confirme clairement ce rôle des techno-objets. Il s'agit de la signification qui est attribuée aux *non-temps* et aux *non-lieux* (Augé, 1992). Nous parlons ici des temps d'attente, des lieux de passage ou de transition, des lieux qui n'ont pas de signification culturelle reconnue et auxquels nous ne nous attachons pas à donner un sens personnel : ils ne sont là que pour être traversés. Il est fascinant de voir comment certains techno-objets peuvent alors leur donner soudain du sens.

Nous avons rencontré Assoum[2] et observé qu'environ 20 % des appels qu'il faisait et recevait sur son téléphone cellulaire survenaient dans des *non-temps* et des *non-lieux* : en attendant l'autobus, en marchant pour se rendre d'un lieu à un autre, dans la rue ou dans d'autres *n'importe où* qu'on ne saurait définir avec plus de précision. Depuis qu'Assoum partage sa vie quotidienne avec son cellulaire, ces *non-temps* et ces *non-lieux* commencent à avoir une fonction : il en profite pour donner des coups de fil, il les investit avec des pratiques technologiques qui visent au maintien de ses

---

2. Assoum est un de nos informateurs impliqués activement dans une recherche ethnographique qui concernait les rôles multiples du téléphone mobile dans la vie des adolescents. Les groupes naturels d'adolescents dont on a suivi les pratiques de communication étaient composés de jeunes qui provenaient de différents milieux ethniques et culturels. Pour les situer selon la classe sociale, on peut les considérer de classe moyenne. On utilise ici une définition assez large de celle-ci, c'est-à-dire un ensemble composite qui comprend des familles de cadres moyens jusqu'aux familles issues de la migration et en voie d'ascension sociale.

contacts sociaux. En effet, le plus souvent, il ne s'agit pas pour lui de s'engager dans des conversations portant sur des sujets importants. L'échange d'information semble plutôt le simple prétexte à une communication relationnelle : il s'agit de profiter de la vacuité de ces espaces et des moments pour maintenir le contact social, pour tisser des liens, pour en fait les remplir, en disant simplement « qu'on y est », et pour savoir que les autres sont là.

Dans l'autobus en allant vers sa maison, Assoum appelle son copain Marc :

Assoum : Ouais.
Marc : Ouais.
Assoum : Euh 8-6-5.
Marc : 8-6-5.
Assoum : 6-8.
Marc : 6-8.
Assoum : 5-5.
Marc : 5-5.
Assoum : Ok ?
Marc : Ouais[3].
Assoum : Ben rappelle-moi ce soir.
Marc : Ok. À quelle heure que j't'appelle ?
Assoum : N'importe quand, man.
Marc : N'importe quand ?
Assoum : Ouais, moi j'vais être dehors avec des amis pis...
Marc : Ok ouais.
Assoum : Ok.
Marc : J'vais t'appeler, ouais.

---

3. Assoum est en train de donner un numéro de téléphone à Marc. Ni l'un ni l'autre n'ont besoin de se dire qu'il s'agit, justement, d'un numéro de téléphone, car cette information est déjà partagée. Échangée lors du coup de fil précédent, elle fait partie du contexte immédiat de la conversation. Cet usage implicite de références qui peuvent rester non dites parce que partagées est un trait typique des conversations naturelles. C'est exactement cette caractéristique qui explique la compréhension mutuelle entre les interlocuteurs et qui rend incompréhensibles ces conversations pour ceux qui n'y participent pas.

Assoum : Ok ciao.

Marc : Salut bye.

Le cellulaire permet de transformer les temps et les lieux vides de sens en des moments et des espaces significatifs, dédiés à quelque chose et donc définis. On en fait quelque chose d'autre, on en profite pour échanger des informations, pour se dire et se répéter que l'on est en contact, pour rétablir le contrat d'amitié qui suppose qu'on se cherche et qu'on se trouvera.

Et que dire des jeunes assis dans les escaliers de l'école en attendant que les cours commencent ou reprennent ? Certains parlent entre eux selon les dynamiques propres aux groupes informels, mais d'autres sont seuls, exclus de toute dynamique collective. Ils ne parlent à personne, ils manient un cellulaire. Équipée de jeux vidéo, d'un certain nombre de configurations toujours susceptibles d'être modifiées, de la possibilité de glisser des petits messages, cette technologie donne un sens à l'attente et redéfinit aussi le sujet : elle l'arrache au vide de l'attente, à l'exclusion de toute dynamique sociale. Le téléphone cellulaire lui permet de prendre le statut à part entière de quelqu'un qui est en train de faire quelque chose. En lui offrant l'occasion de se valoriser sur la scène sociale grâce à une activité précise, le téléphone portable permet à l'individu de ne pas perdre la face et le protège ainsi des répercussions sociales, telles que l'exclusion (Goffman, 1967).

Les technologies qui nous font faire

L'objection ici est facile à prévoir : n'est-ce pas au sujet humain, à son esprit, à sa pensée, de donner aux objets leurs compétences ? N'est-ce pas l'individu qui construit les technologies comme acteurs capables d'énonciation ? Qui les situe dans des « non-lieux », qui les utilise dans des « non-temps » pour leur donner un sens qu'il détermine lui-même ? La réponse ne peut être que oui. Nous le savons tous, l'idéation, la conception, le design ne sont rien d'autre que l'inscription d'un projet d'action dans un objet. En amont de la vie sociale des objets (Appadurai, 1986), il y a l'humain. L'humain génère les technologies, il leur donne une vie, un langage, des compétences. Mais, ce que nous observons aussi, c'est que ces technologies, dès lors que nous les avons conçues et dotées de compétences cognitives, pragmatiques, communicatives, acquièrent *de facto* une sorte d'autonomie relative. Générées par le sens que nous voulons leur donner, elles le génèrent à leur tour.

Par les pouvoirs que nous leur donnons, les technologies *peuvent* transformer les lieux, les temps et donc les humains qui les habitent, en modifiant les significations de leurs comportements. Or, transformer un état en un autre, n'est-ce pas la définition minimale de l'action ? Et si nous passons d'une théorie cognitiviste de la culture pour aborder une approche constructiviste, nous pourrons énoncer ce principe : agir c'est produire la culture. Si dire, c'est faire, faire, c'est aussi dire.

Pouvoir transformer, ce n'est pas transformer, c'est créer des conditions de possibilité pour l'action, c'est définir de nouveaux contextes, c'est proposer des définitions qui ne s'imposent pas forcément. Alliées ou antagonistes, elles entrent dans le répertoire des significations possibles des choses.

Si les technologies sont des acteurs sémiotiques qui proposent des définitions nouvelles de ce qui compte pour nous comme réalité, la ratification de ces définitions, leur canonisation appartient en définitive aux sujets humains. Car, en aval de l'idéation, de la circulation des technologies et de leur support matériel, se situent la réception et l'usage. C'est là que le travail de fabrication de la culture s'accomplit, dans les façons multiples dont nous réalisons les formes de vie inscrites virtuellement dans les technologies qui habitent notre quotidien. La culture s'avère donc être le produit d'un processus distribué parmi des acteurs différents : des objets et des individus qui travaillent – sinon au même titre, du moins ensemble – à la production de la culture.

L'exemple du berger, de ses moutons et de sa clôture donné par Latour (Latour, 2002) illustre bien ce point. Il est bien évident que c'est le berger qui conçoit ou du moins qui installe la clôture, qui va empêcher les moutons de s'échapper. Il inscrit cette intention dans une forme matérielle, la clôture qu'il construit. Mais une fois cette fonction déléguée à l'objet clôture, une fois ce résultat acquis, la clôture prend une vie propre. Elle devient un acteur spécifique qui désormais fait partie du monde social *et* des moutons *et* du berger. Elle n'est ni un instrument ni une prothèse, mais un actant qui produit une réalité (le terrain clôturé) qui avant n'existait ni pour le berger ni pour ses moutons. La clôture a transformé le contexte, a ouvert un champ d'action possible et posé des limites qui sont d'un autre ordre : le berger peut dormir, les moutons ne peuvent plus s'échapper.

Mais cet exemple nous amène également à poser une autre question. On l'a vu, les technologies sont des acteurs, car elles « font » et elles « font » parce qu'elles énoncent des discours et construisent des contextes. Mais elles sont des acteurs aussi parce qu'elles nous font faire. Parmi les compétences que l'homme-Prométhée (Fischer, 2003) inscrit dans les technologies du quotidien, il y en a une qui pourrait déranger son rêve de toute-puissance : *la compétence à faire faire*, c'est-à-dire à (nous) manipuler (Marrone, 2002).

Un certain nombre d'études consacrées au téléphone ont montré que, presque partout en Europe et en Amérique, la sonnerie du téléphone est vécue comme une obligation de répondre. L'action de répondre constitue la deuxième partie de la structure de base de l'interaction sociale : *le pair adjacent*. La sonnerie du téléphone en est la première partie[4]. Et, comme dans le cas des questions que l'on pose, des excuses qu'on exprime, du salut que l'on donne, ou toutes autres premières parties d'une interaction, la sonnerie nous oblige à une action en retour.

Le téléphone se comporte donc comme un interlocuteur, il est capable d'en jouer le rôle de base, celui de poser une action qui est, en tant que telle, condition nécessaire à une contre-action. La syntaxe minimale de l'interaction sociale est là, mais la manipulation n'est pas accomplie dans ce cas par un acteur humain. C'est une technologie qui est devenue le partenaire potentiel de cette interaction, tel un acteur qui peut s'introduire de l'extérieur à tout moment dans une interaction de personnes face à face avec le privilège de pouvoir l'interrompre, aussi bien que toute autre action en cours (Hopper, 1991 ; Schegloff, 2002).

Le téléphone cellulaire, équipé dès sa conception de la possibilité technique d'être mis en position *hors service*, semble toutefois avoir renoncé à cette fonction dans la généralisation de son usage.

Auprès des jeunes, par exemple, la position *off* du cellulaire est tombée dans l'oubli. D'un point de vue phénoménologique, elle n'existe tout

---

4. On doit aux analyses de Schegloff la conception de la sonnerie du téléphone comme un tour de conversation, en particulier comme la première partie d'un pair adjacent (Schegloff, 1968 ; 1979).

simplement plus. Ils se laissent imposer l'obligation de répondre, n'importe où, n'importe quand, même s'il leur faut fouiller dans leur sac à dos pendant qu'ils peinent à se tenir debout dans l'autobus. Heureusement pour les filles, les créateurs de sacs pour femmes ont trouvé la solution : une pochette prévue pour le cellulaire frénétique. La quête spasmodique de l'objet est ainsi adoucie, du moins pour elles.

C'est aussi pour échapper à cette tyrannie de la sonnerie du téléphone que l'on avait pourtant inventé le répondeur, à l'origine pour le téléphone fixe. On se rend bien compte aujourd'hui qu'il ne nous manipule pas moins. Quand on rentre le soir à la maison et que le répondeur clignote, une, deux, trois... dix fois, on sait qu'il nous *faut* écouter les messages et rappeler ceux qui nous les ont laissés (tel que nous l'avons promis dans notre message d'accueil). Ces feux clignotants sont des signaux qui nous forcent à agir. On peut bien sûr ne pas le faire mais, à ce moment-là, un vague sentiment de culpabilité nous guette, claire sensation d'un devoir auquel on a manqué. Et les excuses, voire les mensonges, auxquelles nous aurons recours pour nous justifier auprès de ceux qui attendaient qu'on les rappelle ne seront que des stratégies de réparation sociale : elles nous confirment que oui, on s'est soustrait à une obligation, on a manqué à notre promesse.

C'est précisément la prise de conscience que le techno-objet est capable de nous manipuler qui incite parfois le sujet à se révolter contre cette domination des objets, que nous avons pourtant nous-mêmes rendue possible. Or, s'émanciper est presque plus difficile que de se laisser manipuler : ainsi, il nous faut supporter le sentiment de culpabilité d'avoir délibérément ignoré l'afflux de messages sur notre écran et baissé le volume des sonneries, et donner mille justifications pour un cellulaire éteint ou un courriel non lu.

Comme le dit Landowski, les technologies ne se limitent pas à organiser d'un point de vue pratique nos façons de vivre le temps et l'espace, elles contribuent à définir et à régler nos façons d'être en relation avec les autres (Landowski, 2002). Formuler des excuses, inventer des mensonges vraisemblables, créer des rituels de courtoisie qui nous permettent de laisser en *stand-by* celui qui est devant nous pour donner la priorité à notre interlocuteur téléphonique, la liste des formes de vie sociale dérivées de la manipulation sur nous par les objets est presque sans limites.

Tout comme la clôture du berger de Latour, les technologies, du fait des compétences manipulatrices qu'on leur a données, nous *font agir*. Même si on décide de s'opposer à cette forme de tyrannie, on doit *faire* quelque chose, il nous faut nous engager dans des actions qui nous permettent de *ne pas agir* et qui nous légitiment de ne pas le faire. Se révolter contre la manipulation des technologies ou les laisser nous faire agir, c'est un choix ; et quelle que soit notre réaction, elle aura des conséquences, du moins localement, sur notre vie et sur celle des autres.

Le *Casse-Noisette* contemporain : l'effet cascade et l'interrelation des technologies

Des relations mutuellement constitutives relient donc les technologies et les individus. Mais cette interaction concerne aussi les objets entre eux. Les positions des techno-objets dans l'espace, le jeu de compensation de leurs fonctions respectives – sorte d'entraide *objectuelle* –, la mise en obsolescence des technologies qui sont déjà là par celles qui surgissent dans l'espace phénoménologique des individus, les dispositifs inscrits dans une technologie pour la préparer à accueillir ses prochains avatars, les chaînes de renvois réciproques : tous ces événements produisent un monde spécifique animé par les techno-objets eux-mêmes.

Casse-Noisette du quotidien, ce scénario a déjà un nom. La sémiotique des objets l'appelle l'*interobjectivité* (Landowski et Marrone, 2002) pour souligner la négociation de sens qui se produit dans le monde des objets. Un sens qui bien sûr nous concerne directement en tant qu'acteurs humains.

On a parlé de la migration des objets comme forme d'énonciation du sens des lieux, mais ce phénomène nous permet aussi de saisir les relations des objets entre eux. Que se passe-t-il quand une technologie, dans son parcours migratoire, rencontre d'autres technologies ?

Prenons le cas de l'arrivée du premier téléphone cellulaire dans l'une des familles que nous avons rencontrées. Acheté d'abord comme équipement d'urgence pour la voiture, il entrait de plus en plus souvent à la maison parce que la ligne téléphonique était occupée par l'un des enfants qui était toujours branché sur Internet. La rencontre des deux technologies de communication a donc modifié la signification de l'une des deux. Dès que le cellulaire – qui avait migré de la voiture à la maison – a rencontré Internet, il n'a plus répondu seulement à une fonction d'urgence, mais a pris un nouveau sens, celui de pouvoir maintenir des liens sociaux. On trouve ici un exemple d'interobjectivité minimale : une technologie – dans ce cas-ci Internet – modifie la signification d'une autre – ici le cellulaire – par simple juxtaposition.

Il y a un autre phénomène qui illustre bien la construction d'un monde d'objets par les objets eux-mêmes : il s'agit de ce que nous avons appelé *l'adoption en cascade.* Dans plusieurs familles, l'arrivée d'une technologie entraîne des répercussions que même les membres définissent souvent comme « imprévues » : l'arrivée d'Internet rend l'ordinateur obsolète et en réclame un nouveau, une seule ligne téléphonique ne suffit plus, et voilà que l'arrivée du cellulaire s'ensuit, le cellulaire à son tour s'avère souvent trop immédiat et envahissant, donc le téléavertisseur s'ajoute afin de garantir une communication asynchronique. Le nombre croissant et ingérable des messages reçus sur le téléavertisseur amène un des adolescents que nous avons rencontrés pendant nos recherches à souscrire à un service de boîte vocale. Et chaque fois, les personnes avec qui nous avons parlé nous disaient : « On ne le prévoyait pas. »

Les technologies s'enchaînent donc dans un processus qui, bien qu'engendré par les humains, semble pourtant les dépasser et se construire selon une logique propre.

Même aux yeux d'un chercheur qui résiste aux théories déterministes, le concept d'interobjectivité semble donner une explication à cette sensation qui parfois nous envahit : les technologies semblent nous dépasser et nous contrôler (Lally, 2002). Comme les mots dans une phrase, les technologies ont une certaine redondance : chacune rend prévisible la prochaine, elle l'indique comme appropriée dans le paradigme des technologies possibles. La prochaine technologie est, d'une certaine façon, déjà saisie, annoncée par la précédente, à laquelle elle se lie pour renvoyer, à son tour, à la suivante. Il s'agit d'une véritable structure interactive où chaque technologie devient une étape (un coup, aurait dit Goffman) qui est, en soi, une condition pour l'arrivée de la suivante. Les technologies ne s'enchaînent pas au hasard ni ne suivent nécessairement l'intention des acteurs humains : elles

se structurent plutôt selon la règle de la *pertinence conditionnelle*[5]. Ce principe de base de l'interaction humaine semble régir aussi l'interaction des objets entre eux.

L'interobjectivité donc se présente à nous comme une modalité fondamentale du monde des objets construit par les objets, cet univers matériel dans lequel la juxtaposition des choses et la logique de leur enchaînement ont du sens. Les objets redéfinissent les usages et significations de leurs homologues, mettent en évidence et même créent leurs limites, redéfinissent leur statut et leur valeur pour les humains. Les objets ouvrent des champs nouveaux d'action et nous font prendre des chemins imprévus.

Une fois qu'elles sont installées dans le monde social des humains, les technologies font plus que simplement s'y ancrer. Domestiquées par une *économie morale* (Silverstone, Hirsch et Morley, 1992) qui est déjà là, elles participent activement à la redéfinition de cette même *économie* de pratiques et de significations.

L'interaction entre technologie et culture

Les technologies énoncent et elles nous énoncent, elles font et elles nous font faire, elles se renvoient l'une à l'autre et elles s'enchaînent entre elles. Bien sûr, en amont il y a une délégation de compétences décidée par l'humain, qui lui permet d'agir de façon spécifique, pour augmenter ses propres capacités et pour dépasser ses propres limites. Mais une fois *équipé*, l'objet devient un actant en soi, capable de faire, de dire, de nous faire faire, de nous faire dire, de faire avec nous, malgré ou grâce à nous.

On l'a vu, une table sur laquelle les convives ont posé leur cellulaire n'est plus le même objet. La nature de la rencontre sociale change, du seul fait que les acteurs concernés se multiplient au-delà du visible. Il faut désormais compter avec les interlocuteurs présents en face-à-face, les participants fantômes, et les hybrides homme-cellulaire (Marrone, 1999 ; 2002). Un petit objet technologique (conçu et fabriqué par les humains) redéfinit les modalités de participation sociale, change le paradigme des actions possibles, le sens d'un événement. Notre ami et informateur, Assoum, n'est plus

---

5. *Conditional relevance*, Schegloff, 1968.

le même leader de son réseau amical qu'avant d'avoir un téléphone cellulaire. Cet *Assoum-avec-un-cellulaire* est un acteur nouveau, du fait de l'identité et des possibilités ajoutées que lui confère cet objet.

Or, construire des champs d'action, définir des identités, créer des cheminements potentiels, établir des limites et des possibilités, générer la signification des choses, des lieux et des temps, c'est produire de la culture. En ce sens, les technologies fabriquent la culture. Mais – et c'est là la question centrale de notre proposition –, bien que légitimée par des cadres théoriques solides, appuyée par des données empiriques, argumentée à l'aide d'analyses rigoureuses, pouvons-nous accepter cette affirmation telle que nous venons de l'énoncer? À notre avis, non. Elle n'est que la moitié d'une affirmation plus articulée qui attend d'être complétée et qui ne peut légitimement constituer, selon nous, que la première partie d'une conception plus dialectique des processus en jeu. Dans cet univers techno-humain, la frontière entre celui qui fait et celui qui fait faire, la coupure ontologique entre le sujet intentionnel et l'objet intentionné, telle que le voudrait une phénoménologie trop humaniste, semble impossible à poser. Qui a construit les nouvelles identités en jeu autour de notre table de repas? Qui a pensé à établir ces nouveaux champs d'action possibles? Le téléphone cellulaire avec ses dispositifs technologiques ou celui qui l'a conçu? Celui qui l'a conçu en prévoyant une position *off,* ou celui qui l'utilise comme si cette possibilité technique n'existait pas?

Les technologies fabriquent des champs d'action *potentiels,* des programmes narratifs *possibles,* elles élargissent le champ de *possibilités* des sujets humains. Et c'est dans ce sens et seulement dans ce sens que l'on peut affirmer que les *technologies fabriquent la culture.*

C'est exactement la notion de possibilité qui fait la différence entre le déterminisme subrepticement sous-entendu dans cette affirmation et la perspective dialectique que l'on envisage ici. La relation entre objets technologiques et culture ne se conçoit pas seulement en termes de *technologies comme productrices de culture,* car si elles font et nous font faire, si elles disent et nous font dire, elles sont néanmoins faites et dites.

Nous tenterons ici de repenser la relation entre culture et interaction en termes de *réflexivité*, c'est-à-dire de construction mutuelle[6].

Jusque-là, on a vu comment les technologies travaillent en tant qu'acteurs et en quoi elles contribuent à la production de sens dans la vie quotidienne. Mais comment la vie quotidienne, les contextes de tous les jours, les interactions entre les individus, donnent-ils un sens aux technologies ? Pour saisir ce processus, il faut situer les technologies dans le réseau des interactions sociales et des pratiques de communication qui les concernent, ce qui veut dire observer les modes d'action des individus et leur rôle dans la construction du sens des choses.

Il s'agit là d'un champ de recherche plus exploré et connu que le précédent. L'approche phénoménologique d'un coté et l'analyse empirique de la réception des technologies de l'autre se rejoignent au moins sur une idée : les choses, les objets techniques, les technologies et leurs fonctions ont une nature profondément sociale. Non seulement ils ont une genèse et un destin intersubjectifs, mais leur vie au quotidien, leurs fonctions, leurs significations sont constamment définies et redéfinies par les pratiques qui les concernent, par le tissu discursif dans lequel elles se situent, par les conversations des individus dont elles deviennent le sujet.

L'origine discursive du sens des choses

« Lui ? Il est toujours devant la télé », « Penses-tu te débrancher d'Internet, il y a les autres aussi ! », « On est à table là, le cellulaire tu le fermes, s'il te plaît », « Tu sais, moi je l'allume seulement pour appeler, je ne veux pas être dérangée tout le temps, mais les enfants, eux, c'est fou, ils ne peuvent pas s'en passer », « J'ai plein de courriels, il faut que je réponde – Je connais bien ça, tu passes à mon bureau tout à l'heure, ok ? », « Robert ? C'est le gars technique ».

Le soir à la maison, dans le train, au café, au travail, bref dans presque tous les lieux du quotidien, on participe constamment – même simplement

---

6. La notion de réflexivité renvoie, entre autres, aux travaux de Giddens (1979 ; 1984), à qui on doit le concept de dualité de la structure qui rend compte du processus de construction mutuelle entre pratique et structure sociale.

en les écoutant – à des échanges de ce genre. C'est bien à travers une trame subtile de pratiques et de discours, d'activités et de mots que les individus confèrent un sens et une valeur, des rôles et des fonctions aux technologies. Par la plus envahissante, la plus quotidienne, la plus répandue de toutes les formes de communication, la conversation, les individus négocient et mettent en commun visions et versions des technologies, interprétations de leurs usages, et définitions d'eux-mêmes et des autres en tant qu'usagers (Caronia, 2002).

Au-delà et en deçà de toute contrainte objectuelle, c'est bien au fil des échanges quotidiens, au fil des microrécits de tous les jours, des conversations éphémères, qu'on situe les technologies dans un réseau qui les connecte aux dimensions émergentes de notre monde social : l'identité des acteurs, les normes de la vie quotidienne, les contraintes de la structure sociale, l'écart générationnel.

Les médias de communication et d'information sont donc pour nous des voies d'accès à des mondes communs localement partagés. Non seulement parce qu'ils nous informent et nous permettent de communiquer, mais, de façon plus importante, parce qu'ils ont un rôle d'ancrage dans nos conversations, parce qu'ils instaurent des communications, parce qu'ils facilitent nos rencontres sociales, parce qu'ils deviennent des prétextes pour agir et pour parler avec les autres.

En d'autres termes, les technologies de communication et d'information sont non seulement des objets matériels, mais aussi des objets de discours. En les situant par rapport aux grandes catégories narratives – *savoir, devoir, vouloir, pouvoir* – qui nous permettent d'ordonner la vie quotidienne, nous accomplissons le travail d'inscription des technologies dans nos mondes sociaux et culturels. On pourrait dire, à juste titre, que c'est le langage qui effectue cette transformation. Il ne suffirait pas aux technologies d'entrer dans l'univers objectuel. Pour devenir un élément significatif de notre culture quotidienne, elles doivent être saisies et formulées par le langage. Celui de tous les jours en premier lieu.

Nous croyons que les choses se déroulent à peu près de cette façon : les techno-objets – les représentations du monde et de l'humain qu'ils véhiculent – se présentent à nous comme des objets culturels *possibles*. Ils constituent des éléments potentiels de notre monde, susceptibles ou non de devenir partie prenante de ce monde social que nous construisons et déconstruisons à travers nos interactions quotidiennes. Mais cette intégration à notre monde ne va pas de soi. Il faut que ces objets en attente de signification deviennent des objets de discours, qu'ils deviennent un centre d'attention conjointe et qu'ils suscitent des interactions entre les acteurs humains.

Cela nous oblige à considérer les technologies comme des objets de conversation et des déclencheurs d'interactions, bref comme des émergents de cette culture du quotidien qui se construit constamment à travers le parler de tous les jours. Les technologies deviennent partie intégrante de notre culture parce qu'elles y entrent aussi comme des personnages influents dans nos histoires de tous les jours, comme des choses dont on parle et dont il faut savoir parler, comme sujets de ces microrécits du quotidien à travers lesquels nous construisons le sens des choses.

Le sens que nous reconnaissons aux technologies – ou leur perte de signification –, leur influence cruciale sur notre vie sociale, leur capacité à dire notre appartenance sociale, bref leur *pouvoir culturel et social*, trouvent en fait leur source dans nos propres attitudes humaines. C'est à travers les discours que nous tenons à leur propos, à travers les mots qu'on utilise pour parler d'elles, les références que nous y faisons lors de nos échanges, que nous construisons et déconstruisons le sens de ces techno-objets. Parler de ces technologies et en user, ce sont des activités spécifiquement humaines. Et c'est dans cette rencontre entre les humains et les technologies que s'accomplit ce processus de construction du sens des objets aussi bien que des temps et des lieux sociaux où ils agissent.

En ce sens, notre rencontre avec une technologie, l'expérience que nous construisons avec un techno-objet n'est pas différente d'une quelconque autre expérience : elle est médiatisée par le langage, par la trame subtile des discours qui déterminent le sens des choses, par les mots (dits et entendus) qui confèrent une valeur aux objets, qui les relient à nous et à nos pratiques quotidiennes.

Sens commun, technologies et vie quotidienne

La tradition phénoménologique nous offre une perspective très claire sur le rapport entre sujet et objet. Elle nous rappelle qu'une rencontre, une action, une réaction de l'individu à un objet, qu'il soit matériel, conceptuel ou technologique, est médiatisée par l'ensemble des discours, croyances, savoirs partagés, transmis et communément acceptés qui constituent le sens commun (Schutz, 1971 ; Geertz, 1977).

L'objet serait donc toujours vécu sous une forme médiatisée et serait *construit* par l'acteur humain selon des schémas, des cadres de pertinence, des interprétations données, des signifiés implicites, des conventions, que l'on maîtrise en tant que membres d'une communauté donnée. La rencontre avec un objet – technologies incluses – se situe dans ce que le phénoménologue appelle le *monde de la vie* : un arrière-plan de références allant de soi et partagées par tous, qui constituent la base de toute expérience, y compris celle que nous connaissons avec des objets matériels. Et c'est exactement cette dimension invisible, mais néanmoins opérante, de la culture humaine, qui fait que l'on ne fait jamais l'expérience d'*objets bruts,* mais toujours d'*objets sociaux,* c'est-à-dire d'objets qui circulent accompagnés d'interprétations socialement partagées.

On pourrait objecter que cette idée de construction de l'objet est quelque peu radicale, car les objets que l'on côtoie semblent bien être déjà là, bel et bien constitués, avec leurs formes, leurs fonctions, leurs couleurs, leurs textures, la résistance de leur matérialité et l'éventail des actions possibles qui sont déjà inscrites dans leur design et dans leur technologie. Comme on l'a vu, les objets ont une force performative : ils font, ils nous font et ils nous font faire.

Oui, l'objet est bien là et il nous est bien donné, mais notre expérience de l'objet, ce que l'on fera de ses possibilités techniques, la signification que l'on donnera à son acquisition ou à son rejet, ses usages sociaux, les pratiques dont il deviendra l'acteur, tout cela relève de l'ordre des savoirs, des croyances, des désirs, des valeurs, des signifiés partagés qui font partie de cet univers culturel spécifique qu'on appelle le sens commun.

On ne peut nier en effet qu'il existe un sens commun technologique et que les usages des technologies sont constamment situés dans cet ensemble de théories, de modèles, d'idées incessamment faites et refaites au cours des interactions quotidiennes, et médiatisés par ce même ensemble. Car ce *sens commun* n'est pas tellement un système d'idées, un répertoire d'interprétations qui serait logé dans la tête des gens, il se construit plutôt avec le langage et le parler de tous les jours, à travers les discours médiatiques et les légendes urbaines, tout à la fois dans les cultures savante et populaire. Tous ces champs d'énonciation ne font que cela : ils tissent la trame discursive qui nous permet de penser les technologies et de les utiliser d'une façon culturellement spécifique.

Se plaindre du nombre de courriels qu'il faut gérer ou d'un téléphone cellulaire qui sonne tout le temps, s'énerver, au contraire, parce que celui de l'autre est toujours fermé, affirmer de façon candide qu'un livre n'existe pas parce qu'on ne le trouve pas sur Internet, risquer un commentaire sur les effets des jeux vidéo dans la vie des jeunes, courir répondre au téléphone, mentionner l'apparition d'un nouveau virus informatique dans une conversation, ce sont autant d'éléments qui constituent finalement le discours social entourant les technologies, et qui contribuent à créer les idées et à transformer les comportements humains par rapport aux technologies. C'est de là que naissent les façons de penser courantes et les comportements *allant de soi*.

Or, ce processus a moins à voir avec les techno-objets eux-mêmes qu'avec les connotations qui les définissent en tant qu'objets de discours et de pratiques. Pour saisir le rôle culturel des technologies et les rapports complexes qu'elles entretiennent avec les acteurs humains, il nous faut donc analyser non seulement le sens, les actions, les représentations du monde, voire les discours qu'elles énoncent, mais aussi les discours qui *les* énoncent.

En effet, c'est principalement à travers les façons de parler, les façons d'être dans le monde inscrites dans les façons dont on parle du monde (Duranti, 1997), que l'on construit les dimensions fondamentales de nos expériences et de celles d'autrui. Chacun de nous appréhende donc les technologies de communication et d'information en fonction des idées reçues et des énoncés en circulation, car le langage est une forme de vie : il dessine des modèles d'action et des modes de relation avec les choses et les personnes, il nous suggère aussi des façons d'être en relation avec les technologies.

Les mots, dans ce cas comme dans n'importe quel autre, ne sont jamais neutres. C'est à travers les mots que le sujet se situe, qu'il exprime ses points de vue et que, finalement il contribue à faire circuler un mode culturel d'appréhension de la réalité. Comme Bourdieu le soulignait, quand il s'agit du monde social, les mots *font* les choses, car ils construisent le consensus qui établit le sens des choses et même leur existence. Les mots *fabriquent* les versions canoniques de la réalité et permettent leur circulation.

La relation que nous entretenons avec les technologies de communication et d'information constitue donc une pratique culturelle au moins à deux égards. En premier lieu, celles-ci induisent localement des cultures spécifiques tissées de *know how* et de *know what* particuliers, impliquant des formes de participation et des organisations sociales tout à fait nouvelles et directement reliées aux dispositifs objectuels. En deuxième lieu, elles sont ancrées dans les croyances et les représentations culturelles que nous partageons et reconstruisons constamment et que nous transmettons à travers les façons dont nous en parlons et dont nous en usons quotidiennement.

Admettre que les technologies sont des objets sociaux qui créent du sens mais aussi, et en même temps, des objets de pratiques et de discours qui déterminent leur sens, a plusieurs conséquences.

Tout d'abord, il faut renoncer à toute interprétation unidirectionnelle. Si les technologies *font* (on a vu comment) les acteurs humains, ceux-ci *en font* quelque chose. Ce geste nous interpelle : comment les activités reliées aux technologies s'inscrivent-elles dans la vie de tous les jours ? Comment contribuent-elles à la construction de la culture quotidienne ? Comment ces activités produisent-elles, du moins temporairement, des mondes en commun ?

D'autre part, considérer nos relations aux technologies comme une pratique sociale nous oblige à ne pas isoler les techno-objets du contexte social et culturel dans lequel ils deviennent objets de discours et d'usages. Il nous faut donc mettre au jour le processus constant et inlassable à travers lequel les technologies et nos relations avec elles sont construites par ces discours qui les précèdent, les accompagnent, les suivent, et qui nous permettent de faire place à ces technologies dans nos vies, et de les utiliser.

S'il est vrai que l'on devient membre d'une communauté d'idées et de pratiques en grande partie à travers l'usage du langage (Duranti, 1997), alors il faut admettre que c'est aussi, et surtout, à travers des pratiques langagières qu'on s'approprie les technologies. Vivre dans un monde technologique, c'est aussi l'expérimenter à travers la médiation des discours et des pratiques culturelles qui le caractérisent. Nous tenterons donc d'approfondir davantage le rôle constitutif du langage et de l'interaction sociale dans la construction d'une culture technologique.

Faire avec les mots : langage, interaction et culture

Depuis les recherches de Vygostski et de Wittgenstein, il semble désormais acquis que le langage est un système qui permet de produire du sens, un outil social pour construire ce qui compte comme réalité, un instrument performatif pour coordonner des activités de façon consensuelle, et que les gens l'utilisent en tant que tel. C'est en effet dans les *usages* de la langue (plutôt que dans sa grammaire) qu'il faut chercher ses fonctions premières : celles de représenter *et* de produire l'organisation sociale et la culture. Les pratiques langagières sont organisées par la culture et la vision du monde à laquelle s'identifie une communauté donnée. Mais le contraire est vrai aussi : les pratiques de langage créent des visions du monde valables pour ceux qui partagent ces pratiques (Ochs, 1988). Comme Bruner l'a souligné, à la toute fin, le *comment on parle* se transforme en comment on représente ce dont on parle (Bruner, 1986, p. 131).

Ce principe est plus important qu'on ne le croit. Il nous dit que la langue est un système pour représenter et produire du sens, mais surtout que *la parole* – c'est-à-dire l'usage de la langue en situation – est une action qui présuppose le sens donné en même temps qu'elle le produit. En effet, parler et écouter sont des interactions. Pour que ces interactions soient efficaces et que les partenaires se comprennent mutuellement, elles nécessitent un *background* de savoirs partagés, un ensemble de tenus-pour-acquis, un accord sur des règles de fonctionnement, un partage (au moins partiel) des conventions et des stratégies communicatives. Bref, les usages du langage témoignent de l'existence d'un tissu d'intersubjectivité. En tant que formes de communication, elles permettent la circulation de la réalité sociale telle qu'elle est conçue, définie et partagée par les membres d'une communauté.

Mais parler et écouter sont aussi des *actions* qui permettent aux individus de construire, négocier, redéfinir et transformer constamment cette même réalité. Dire, c'est donc agir.

Comme les rédacteurs publicitaires le savent, les mots peuvent produire des comportements et des choses. Sans même imaginer le cas limite d'un mensonge bien construit, il faut admettre que dans le plus bref et infime des échanges verbaux il y a un élément de création culturelle. Imaginons la scène suivante: quelqu'un répond à son téléphone cellulaire qui sonne pendant un repas de famille, un autre membre glisse un petit commentaire anodin mais néanmoins piquant: « Toi, il faut toujours que tu sois joignable! » Dans ce simple échange banal, il y a une trace de presque tout ce dont nous parlons ici. Le geste du premier personnage semble se conformer à l'une des définitions culturelles désormais acquise de cette technologie: celle du *contact perpétuel* (Katz et Aakhus, 2002). On pourrait apparemment dire que c'est cette définition acquise qui détermine le comportement. En effet, c'est plutôt ce geste public (et d'autres du même genre) qui définit le téléphone cellulaire comme contact perpétuel. Par son comportement, l'acteur réalise (au sens littéral du terme) cette définition, il l'incarne dans ses gestes et il en confirme la pertinence. Dans l'acte de répondre – accompli devant d'autres sujets –, il y a construction et communication de sens, car confirmer la validité des versions canoniques des choses, c'est produire du sens. L'usager aurait pu ne pas répondre. Il aurait alors défié la définition socialement établie du téléphone cellulaire.

Le deuxième personnage de notre histoire aurait pu ne rien dire et reconnaître la légitimité, tout à fait culturelle, du contact perpétuel. En revanche, il produit un commentaire qui se réfère à la définition partagée de ce qu'est un cellulaire, tout en la remettant en question.

Le geste et l'énoncé constituent une interaction minimale, qui se déroule ainsi non seulement à cause de l'existence d'un objet et de *patterns* d'action inscrits dans son design, elle se déroule de cette façon aussi à cause du sens donné à cet objet. Un certain bagage culturel organise donc cette interaction et la rend possible. Mais l'échange est aussi l'occasion de le remettre en question, puisque les deux partenaires négocient l'usage du téléphone cellulaire, l'un en confirmant sa définition établie, l'autre en la défiant. Ces deux attitudes opposées contribuent également à instituer le répertoire interprétatif entourant ce techno-objet constamment confirmé, élargi et renouvelé par le langage en interaction.

Les noms que l'on donne aux choses, ou de l'*intentionnalité*

Sens commun, langage, construction incessante de culture, interaction des individus : comment ces processus se relient-ils à cet univers interobjectif qui nous entoure ? Là encore, le lien se constitue dans les deux sens. L'existence des techno-objets dans notre quotidien induit certaines formes d'action et de parole, du moins ceux-ci nous forcent à en parler, à les nommer, à créer des désignations convenables. Inlassablement, ces discours, ces pratiques langagières *construisent* l'univers des techno-objets. Quand on parle des technologies avec quelqu'un, quand on s'en sert, quand on est attentif à ce que les autres en font ou en disent autour de soi, on peut observer comment ces objets apparaissent, quelles significations y sont inscrites et quelles *formes de vie* elles contribuent à créer. En bref, on fait l'expérience de l'objet culturel, tel qu'il est saisi par les pratiques et le langage de tous les jours. Même la plus banale des opérations langagières – nommer des objets – est une pratique de construction de son sens.

Les mots qui saisissent ces objets ou qui les connotent (y compris les mots du sociologue) déterminent leur sens et participent à leur transformation en objets culturels : *telefonino*, portable, *mobile phone*, « contact perpétuel », « communication nomade », « réalité virtuelle », « réseaux », « World Wide Web », peu importe comment on nomme les objets technologiques et leurs usages, c'est aussi à travers ces *pratiques de désignation* que l'on établit leurs dimensions. Les noms que l'on donne aux choses font plus que se référer à elles : ils en surdéterminent certains aspects, ils les font circuler sous forme de descriptions synthétiques, ils nous livrent non pas l'objet brut, mais un objet culturellement saisi.

Le langage est une technologie fort ancienne mais qui partage avec les nouvelles technologies une fonction première : celle de fabriquer les choses, d'inventer des mondes réels ou possibles, vraisemblables ou plausibles. Les pratiques langagières sont, littéralement, des *Ways of World Making* (Goodman, 1978). Néanmoins, si l'on ne veut pas risquer la dérive d'un situationisme radical, il nous faut aussi mettre au jour le côté sociohistorique de ce processus : le langage et les interactions quotidiennes construisent la culture, mais ils sont aussi construits *par* la culture. Le caractère créatif et constamment émergent de la vie sociale, les processus de négociation quotidienne des éléments les plus significatifs de la réalité pour ceux qui y agissent s'inscrivent en effet dans des logiques plus vastes. On a essayé d'esquisser la logique des choses. Il faut aussi et au même titre reconnaître le rôle des *ordres de discours* qui, selon Foucault (Foucault, 1981), délimitent le répertoire de ce que l'on peut faire ou dire dans une situation donnée.

Mais pas plus qu'on ne saurait parler d'un pouvoir de détermination totale des techno-objets ni de leur logique, on ne saurait attribuer aux ordres de discours un pouvoir de détermination totale. Ne serait-ce que parce que, dans toute communauté, il existe plusieurs ordres de discours concurrents. Ces discours constituent un répertoire très vaste de possibilités de reconstruction de la culture au quotidien. Le discours du design n'est pas nécessairement le même que celui de la publicité, le discours du savant et celui de l'homme de la rue croisent sans cesse le discours médiatique, et tous doivent se situer par rapport aux forces et à la logique du marché.

Chacun de nous, au fil de ses actions et de ses interactions de tous les jours, ne se situe donc pas sous le signe d'un discours unique. Au contraire, il doit prendre en compte un arrière-plan interdiscursif, qui renvoie à une fragmentation des perspectives culturelles faisant écho aux voix multiples des différents énonciateurs présents.

En outre, on ne saurait invoquer un pouvoir de surdétermination impératif ou coercitif des discours institués en raison du caractère transgressif et même révolutionnaire des microdiscours de la vie quotidienne. Comme on l'a vu dans le cas du téléphone cellulaire qui sonne lors d'un repas de famille, les acteurs sociaux semblent garder la liberté d'exploiter toute possibilité de créer, de proposer et de défendre un discours alternatif, compétitif ou imprévu.

Le jeu culturel s'opère entre, d'un côté le pouvoir des choses, du champ social, de l'*habitus* culturel[7], des ordres de discours et, de l'autre, la résistance de l'acteur, notamment lorsqu'il invoque, parfois avec une impertinence intentionnelle, des ordres de discours concurrents. C'est ce que Husserl appelait l'*intentionnalité*, conçue non pas comme une disposition cognitive liée à un but, mais plutôt comme une certaine mise en perspective donnée d'un objet ou d'une idée impliquant sa reformulation par celui qui se livre à des attributions de sens alternatives. En ce sens, l'intentionnalité humaine permet de résister aux contraintes objectuelles, culturelles, sociales et historiques que l'on souhaite repousser.

[note manuscrite : résistance de l'acteur]

Entre la logique des choses et la logique des discours se situe donc le sujet et son *agency* (Giddens, 1979 ; 1984). Nous désignons ainsi sa capacité à exercer un pouvoir sur la structure sociale et la culture, tout comme la culture et la structure sociale exercent un pouvoir sur lui. Le rapport entre l'acteur et le monde – social, culturel, technologique – est donc le produit constamment renouvelable d'une interaction récursive. Et c'est alors, dans son intentionnalité même, que l'acteur découvre l'espace de sa responsabilité. Car là ou il y a choix, il y a responsabilité.

Les théories qui se fondent sur les déterminismes technologiques ou culturels en niant la capacité de résister du sujet dans la construction de son rapport aux technologies nous proposaient un sujet passif et dépourvu de toute possibilité de choix. Au-delà de leurs faiblesses épistémologiques, ces théories enlèvent du même coup au sujet sa liberté de penser, de voir et de revendiquer une responsabilité humaine dans la construction du monde qu'il habite. Il est impossible de tenir une telle position.

---

7. Père de la notion d'*habitus*, Bourdieu le définit comme une matrice générée par les groupes sociaux, et génératrice de pratiques et de représentation, reliée à ceux-ci. Chaque groupe social, caractérisé par une certaine distribution du capital économique, culturel et social, posséderait donc son habitus (Bourdieu, 1980). La notion a été notamment intégrée aux réflexions sociologiques contemporaines qui, pourtant, osent souvent s'éloigner d'un certain déterminisme sous-jacent à la définition bourdieusienne et d'un certain primat de l'ordre économique dans la génération de l'habitus.

Dis-moi comment tu parles et... : le discours *sur* les technologies comme champ d'investigation

La construction du sens des choses, des situations, des dispositifs techno-logiques, de leurs atouts et de leurs fonctions est un processus avant tout social, résultat d'une pratique qui se déroule sur le fil des conversations quotidiennes, du parler de tous les jours, des micronégociations locales. En évoquant une chose, en la nommant d'une façon ou d'une autre, les indivi-dus projettent, voire construisent, les dimensions émergentes de l'objet dont ils parlent.

Selon nous, le discours sur les technologies d'information et de commu-nication fait plus que cela. *Dis-moi comment tu parles et je te dirai qui tu es* : cette idée populaire résume bien l'une des théories les plus stables de la sociolinguistique. Il s'agit d'un principe selon lequel les caractéristiques sociales de celui qui parle s'inscrivent dans sa façon de parler, ainsi que ses propres positions épistémologiques et éthiques par rapport à ce dont il parle et à ceux auxquels il s'adresse (Gumperz, 1982).

Or, il y a au moins deux cadres de référence pour concevoir ce rapport entre langage et projection des identités de l'individu. On pourrait imagi-ner que les façons de parler sont déterminées par la structure sociale. Cer-taines caractéristiques fondamentales telles que le sexe, l'âge, la classe sociale, l'origine ethnique détermineraient comment les individus parlent, expli-queraient leur registre linguistique, les variations de langage qu'ils adop-tent et même ce qu'ils disent (Wilson, 1991). La façon de s'exprimer serait alors une simple variable dépendante de forces qui dépasseraient de beau-coup l'individu. À la limite, elle serait un symptôme qui nous permettrait de situer la position de chaque individu par rapport aux grandes catégories sociologiques habituelles, telles que l'origine sociale, le niveau économique, l'âge ou le genre.

En nous appuyant sur la tradition phénoménologique, nous propo-serons une hypothèse différente, plus ancrée sur la racine interactive des comportements sociaux. Loin d'être déterminés *par* les identités et les appar-tenances sociales, les pratiques langagières sont un instrument *pour* la cons-truction, souvent stratégique, de ces identités mêmes (Zimmerman et Boden, 1991).

Ce microprocessus de construction de l'ordre social et à travers lui des identités sociales relève des usages du langage de tous les jours. À cet égard, Sacks (Sacks, 1984) nous propose de nous demander comment les indivi-dus *se construisent* eux-mêmes, en tant qu'adolescents, pères, enfants, fem-mes, hommes, gars de banlieue, *gamer*, « bollé », *geek*... à travers leurs façons de parler.

Si l'on accepte l'hypothèse selon laquelle parler et écouter seraient des activités de production non seulement de sens mais aussi d'identités sociales, nous comprenons beaucoup mieux pourquoi c'est à travers les pratiques langagières que les gens construisent leur culture, leurs appartenances so-ciales et leur rapport aux technologies (Ochs, 1988).

C'est pour cette raison que nous avons consacré une bonne partie de nos efforts à recueillir des données empiriques qui, apparemment, ne sont que des paroles : propos échangés à travers les technologies et sur les tech-nologies par des adolescents entre eux, conversations avec le chercheur, messages écrits sur des écrans, conversations téléphoniques ou discussions familiales.

Rien de mieux, selon nous, que de suivre ces jeunes qui parlent entre eux au téléphone pour comprendre le rôle qu'exerce le discours *sur* les techno-logies dans le processus de construction sociale d'une culture spécifique, des identités des acteurs concernés, des signifiés des technologies elles-mêmes et de leur rôle dans la vie quotidienne.

Ce dimanche soir, Assoum est à l'ordinateur. Il n'a pas envie de bouger pour atteindre le téléphone fixe. Il prend son cellulaire pour appeler son ami :

Assoum : Ouais.
Chan : Oh God !
Assoum : Quoi ?
Chan : Alien attack !
Assoum : Ok, are you getting dressed ?
Chan : Not really. No I'm...
Assoum : On s'en va chez Karim pis on va checker JackAss.
Chan : Euh : okay I'm not going then.
Assoum : What do you mean you're not going ?

Chan : I ain't going to watch JackAss.

Assoum : Come on bud [Silence]. Ok, boring, but anyway, pas nécessairement JackAss, mais moi j'voulais JackAss. Tu veux v'nir ou non ?

Chan : No no. Not a movie person.

Assoum : Okay. I'm gonna remember this tomorrow.

Chan : Ok. You better.

Assoum : No no not you better. Okay !

Chan : [???]

Assoum : I could have done this like 6 hours ago but I was waiting for you guys and this is what I get ?

Chan : Ah well, I didn't think we were gonna watch a movie.

Assoum : Euh, you wanna go get a coffee or something, what do you wanna do ?

Chan : Nah ! I don't know.

Assoum : You wanna sit at home and play games ?

Chan : Probably. Do you have NS ?

Assoum : What ? !

Chan : Ah ok, you don't.

Assoum : What the hell's NS ?

Chan : NS is good.

Assoum : What is NS ?

Chan : Natural Selection.

Assoum : Ok, well you be the geek. Later.

Chan : Later.

Tout de suite après cette conversation, il appelle un autre ami pour le mettre au courant de l'organisation de la soirée :

Assoum : Allo.

Karim : Yeah yeah.

Assoum : Mouais. Ben là y'a dit [qu'y vient pas].

Karim : Pourquoi ?

Assoum : Y joue à un jeu là.

Karim : Ah mon dieu qu'y'est con !

Assoum : Je sais, c'est ça qu'j'ai dit. En tout cas.

Assoum : Oh mon dieu y joue à un jeu.

Assoum : Y dit : « Ça m'tente pas, j'suis pas un movie person. » J'dis : « Tu joues à un jeu ? », y dit « oui », j'ai dit « ok ».

Karim : Ok, mais tu veux venir toi ?

Assoum : Ben ça m'dérange pas là.

Karim : Amène-toi man [???].

Assoum : Ok.

Karim : Ok, j'attends là ok.

Assoum : Ok.

Karim : Yo Assoum, Assoum.

Assoum : Ouais.

Karim : Do you have euh… P't-être j'vas être en train d'prendre un bain [???] m'appelle [???] qu'on m'appelle ok ?

Assoum : Ok.

Karim : Ok, allez bye.

Assoum : Bye.

Au fil de ces conversations téléphoniques, en organisant leur soirée, ces adolescents font énormément de choses. En premier lieu, notons ce geste : appeler avec le cellulaire de la maison, car « j'avais pas envie de bouger ». À travers cet usage spécifique, Assoum confère un sens (parmi d'autres possibles) au cellulaire : une technologie de communication qui va à la rencontre de cette sorte de paresse culturelle que lui-même revendique comme typique de son âge.

Soyons attentifs ensuite aux mots. Dans leurs échanges, ils confirment la soirée comme un moment crucial de la journée selon leur culture spécifique. Ils affirment la priorité d'« y être » et d'« être avec les autres », ils construisent la nécessité culturelle de considérer comme secondaire « ce que l'on fait » par rapport à « se rencontrer » ; ils négocient – du moins localement – la place qu'il faut donner aux usages des technologies par rapport aux autres activités sociales. Mais il y a plus que cela. Les références aux technologies et à leurs usages deviennent aussi des outils culturels pour dire qui on est, qui sont les autres par rapport à nous, quels sont les univers multiples d'appartenance par rapport auxquels il faut savoir entrer et sortir au bon moment. Ne pas être un *movie person*, « être con », « être *geek* » : à travers les mots sur les technologies, on se définit et on est défini par les autres. Comme ces échanges le montrent bien, c'est exactement là, à travers ces formes spécifiques de discours, qui sont aussi une forme d'action, que les personnes fabriquent leur monde et se fabriquent elles-mêmes.

Lorsque l'on analyse ce genre de conversation en apparence anodine, on découvre un microcosme dont la richesse est immense. On comprend vite qu'un regard en profondeur sur les façons de s'approprier des technologies, d'en parler, d'en faire quelque chose avec les mots et les actions, peut devenir une voie d'accès à des phénomènes beaucoup plus vastes. Il s'agit en effet d'une perspective privilégiée pour saisir non seulement la vie sociale des technologies, mais aussi et surtout le rôle de l'intentionnalité humaine et la fonction des pratiques quotidiennes dans la création des identités et la construction du sens.

Dans les prochains chapitres, nous suivrons de très près ce processus récurrent et circulaire à travers lequel les technologies créent le sens des contextes où elles se situent tout en étant domestiquées par ces contextes, qui finissent par leur donner des significations souvent imprévues. Nous verrons comment les technologies participent à la construction de notre identité tout en étant elles-mêmes soumises à un usage stratégique de redéfinition constante, de sorte qu'elles confèrent des significations nouvelles aux actions qu'elles nous permettent d'accomplir tout en étant elles-mêmes constamment définies par nos actions.

3

LA VIE DES TECHNOLOGIES AU QUOTIDIEN

Les objets du quotidien sont d'une importance certaine pour qui veut comprendre ce qu'est la vie de tous les jours dans ses usages ordinaires et consacrés. Les objets peuvent révéler le sens caché des lieux, mettre au jour les enjeux secrets des pratiques sociales, la signification implicite des différents moments de la quotidienneté que l'on vit sans même y penser et qui ne se résume certainement pas à la présence des personnes que l'on rencontre. Les dimensions sociales et culturelles de la vie quotidienne sont intimement liées aux objets, aux espaces qu'ils occupent, aux moments où ils sont utilisés. Et pourtant, le plus souvent, on n'y pense même pas.

Ainsi, le réfrigérateur, que l'on retrouve au cœur de pratiquement tous nos foyers, c'est-à-dire dans la cuisine, est un exemple typique d'objet banal du quotidien. Sa fonction première de réfrigérer les aliments est évidente, mais il révèle aussi bien d'autres significations à celui qui en observe les usages domestiques. Ainsi, sa porte à fermeture magnétique le prédispose à assumer des rôles additionnels, comme celui d'aide-mémoire ou d'espace d'échange de messages écrits entre les membres d'un foyer (Lally, 2002). Le réfrigérateur devient parfois un lieu de rencontre concret quand les enfants choisissent une collation au retour de l'école. Il symbolise l'interdit quand il est le témoin des fringales nocturnes assouvies en cachette. Voilà autant de fonctions périphériques qui viennent ainsi se greffer à cet objet qui, en apparence, est à usage strictement utilitaire. Ce type d'équipements ménagers, qui forment une sorte d'arrière-plan invisible ou de toile de fond de notre vie quotidienne, est en fait porteur de multiples significations qui dépassent sa stricte fonction technique.

Par leurs formes, leurs dimensions, leurs couleurs, leur matière, ces objets sont avant tout matériels. Ils occupent un espace, bougent et changent avec le temps. Ils interagissent avec d'autres objets et nouent des relations signifiantes avec les individus qui les côtoient. Les techno-objets deviennent ainsi beaucoup plus que de simples *choses*, et ils doivent plutôt être vus comme des acteurs à part entière de notre quotidienneté. Ils se comportent de fait comme des partenaires générant des interactions qui ont des fonctions concrètes et reconnues. Par exemple l'ordinateur, un objet occupant un espace précis dans notre foyer, s'intègre à la dynamique familiale, la transforme et se transforme lui-même au fil du temps.

Les technologies accomplissent un rôle implicite en fonctionnant comme signes, des signes qui parlent et révèlent des choses sur les usages, les relations entre les membres de la famille, leurs positions et leurs statuts. Au-delà de leur utilité fonctionnelle, ces objets renferment un caractère symbolique important. Un usager mentionnera qu'il a un téléphone cellulaire pour souligner qu'il est joignable en tout temps. Il révèle ainsi un désir de communication et une volonté de se mettre dans un état de disponibilité. Inversement, un adolescent pourrait hésiter à disposer d'un téléphone cellulaire de peur de ne pas être appelé. Nous observons donc que les objets nous « parlent ». La manière d'en faire usage est tout aussi révélatrice : toujours garder son cellulaire sur soi, le garder éteint la plupart du temps, le mettre bien en évidence sur la table dans un restaurant sont des comportements manifestes qui nous informent sur le détenteur de cette technologie et sur ses rapports à son monde social. De tels exemples montrent que les objets ne sont pas neutres. Que ce soit à la maison, à l'école, au bureau ou dans les lieux publics, les rapports que nous entretenons avec les autres sont influencés par la présence de ces technologies.

La question des objets est fondamentale pour comprendre les pratiques domestiques, mais elle devient complexe dans le cas des technologies d'information et de communication, étant donné qu'il s'agit de médias (Silverstone, Hirsch et Morley, 1992), qui ont donc la particularité de tisser des liens, de permettre l'échange de messages entre les individus et avec les institutions, de mettre en relation le privé et le public.

Avec les innovations des technologies d'information et de communication, le contexte matériel de notre quotidienneté se complexifie. Ainsi, la multiplication des techno-objets dans l'espace de la maison fait cohabiter plusieurs générations de technologies. Certes, il y a déjà plusieurs décennies que l'on trouve dans une maison plusieurs téléphones et appareils de radio, mais il y a très peu de temps on n'y observait encore qu'un seul téléviseur et un seul ordinateur. L'amalgame de ces techno-objets, autant anciens que nouveaux, modifie les pratiques existantes. Leur intégration dans la vie quotidienne ne se réduit pas simplement à un ajout d'équipement, car elle entraîne des réaménagements de l'espace et une réadaptation des usagers dans leur environnement. Il nous faut donc étudier comment sont redéfinies les technologies domestiques traditionnelles (la télévision, le téléphone), les technologies nouvelles (Internet, le cellulaire, le cellulaire avec courriel intégré, la téléphonie avec image, les appareils photo numériques, la téléphonie par ordinateur) et les rapports que les usagers entretiennent avec elles.

Les études sur les technologies se concentrent trop souvent sur des objets, alors que celui-ci ne fonctionne pas de manière isolée. Il est lié à un système de techno-objets possédant ses dynamiques spécifiques et son propre équilibre. C'est ce que l'on peut appeler une *écologie domestique* (Lally, 2002) qu'il est donc nécessaire d'explorer en analysant les interactions caractérisant l'ensemble des technologies dans la maison.

Comment apprivoiser la technologie

Quand une nouvelle technologie entre dans l'écologie d'un foyer, elle est soumise à un processus de *domestication* (Silverstone, Hirsch et Morley, 1992 ; Caron et Berre, 1995). La domestication comprend différentes étapes, de l'acquisition de l'objet jusqu'à son intégration aux temporalités et aux routines du foyer. À travers ce processus, la technologie acquiert (ou perd) des significations, des fonctions et des valeurs.

Plusieurs auteurs ont recours à une métaphore économique pour décrire le processus de domestication (Kopytoff, 1986 ; Silverstone, Hirsch et Morley,

1992 ; Caron et Caronia, 2001). L'*économie de sens* aborde les processus particuliers qui régissent l'attribution de sens aux objets domestiques. Il faut d'abord comprendre que notre foyer s'organise autour de règles et de structures qui lui sont spécifiques et qui constituent sa culture propre. Tout en restant reliée à l'économie générale de la société, notre sphère domestique développe parallèlement sa propre économie de sens, c'est-à-dire son propre système d'attribution de valeurs. Ces valeurs peuvent être monétaires, sociales ou affectives. Dans ce dernier cas, certaines études ont démontré que l'accès téléphonique dans un foyer est avant tout, indépendamment des besoins réels, un objet de sécurité émotive reliée à la possibilité du contact avec l'extérieur.

L'économie de sens d'un foyer se constitue à travers les pratiques quotidiennes de ses membres qui confèrent ainsi du sens aux objets avec qui ils partagent leur environnement. Le téléphone cellulaire, par exemple, s'inscrit dans l'économie globale d'une société par une gamme de prix déterminée, des fonctions officiellement reconnues, une valeur plus ou moins collectivement partagée. Ces dimensions accompagnent le techno-objet quand celui-ci s'incorpore à un système familial, mais elles s'opposent aussi aux principes économiques de l'écologie domestique déjà présente. C'est ainsi que le téléphone cellulaire prend place au cœur des interactions quotidiennes dans une famille ou un couple en permettant à ses membres de se joindre en tout temps. Ce techno-objet s'inscrit dans les dynamiques déjà présentes, telles que l'autonomie versus l'indépendance, la liberté personnelle versus l'appartenance au couple, la sphère privée versus l'espace commun, mais il participe aussi à leur transformation. Dans le même esprit, le cellulaire du père qui sonne constamment pour des raisons professionnelles peut se voir investir d'une connotation négative par les enfants. Cette économie des valeurs contribue à définir les bases de la culture familiale. À ce propos, voici ce que Patricia, une jeune fille que nous avons rencontrée lors d'une enquête, a dit à un membre de notre équipe :

Patricia : Ben y'a tsé mettons, ben moi c'est avec mon père là, pis on, y vient me chercher, on est en auto, pis y passe son temps à parler au cellulaire. C'est parce que : « Papa, j'suis là aussi tsé, j't'à côté d'toi. » [*rire*] Tsé !

Intervieweur : Donc il est ailleurs.

Patricia : Oui. C'est pas l'fun.

La synergie entre les familles et l'ensemble des technologies qu'elles utilisent quotidiennement au foyer constitue un champ de recherche très riche à explorer. Trop souvent, on est porté à voir les nouvelles technologies d'information et de communication (NTIC) comme des acteurs unidirectionnels dans la société. Il faut plutôt se demander jusqu'à quel point elles contribuent à créer, maintenir et modifier la culture spécifique et l'organisation sociale de la famille.

En outre, la vie domestique ne renvoie pas uniquement à la sphère privée, aux relations intrafamiliales et aux usages personnels des technologies. Il devient de nos jours difficile, sinon impossible, d'exclure les usages professionnels des technologies au sein de la vie domestique, en raison du rapprochement et même de l'imbrication des sphères privée et publique vers laquelle nous tendons de plus en plus. L'environnement domestique s'ouvre aujourd'hui à une foule d'usages qui vont bien au-delà du privé.

Les récits de vie des objets technologiques

Pour comprendre les liens qui unissent les acteurs humains et matériels, le chercheur doit sortir de sa tour d'ivoire. Au-delà des discours de la culture savante, il est nécessaire de comprendre les significations que les individus eux-mêmes attribuent à leurs propres pratiques. L'une des façons d'y accéder est de leur demander de relater la « vie » de leurs technologies domestiques. Les études en anthropologie ont souvent recours aux récits de vie pour comprendre comment s'organise la hiérarchie des modèles valorisés dans une société. Comme les personnes, les objets sont soumis à des biographies idéalisées, des récits de carrières idéales (Kopytoff, 1986) qui nous permettent de comprendre la signification culturelle attribuée aux objets eux-mêmes et de saisir l'économie de sens qui gouverne le foyer dans lequel ils se trouvent.

On se souvient sans doute tous de l'arrivée du premier ordinateur dans notre environnement. Quand l'objet a-t-il été acheté ? Par qui ? Pour quelles raisons ? Qui l'utilisait effectivement ? Où, et à quel moment ? Du fait que les nouvelles technologies sont des acteurs qui évoluent dans un foyer, on peut souvent caractériser leur « biographie » en suivant leur parcours dans cet environnement familial. Les techno-objets ont une vie, ils deviennent presque des membres de la famille ou, du moins, des partenaires d'inter-action significatifs.

Ils n'ont cependant pas une seule histoire, ils en ont plusieurs, puisque chaque membre de la famille articule son récit et le construit selon des dimensions qui lui sont personnelles. Ces récits subjectifs contribuent à révéler aussi les dimensions symboliques reliées aux techno-objets et notre engagement à leur égard. Les membres de la famille ont des souvenirs par-fois contradictoires quand ils tentent de retracer le cycle d'adoption des téléviseurs de leur foyer, et il est fascinant de confronter les points de vue des membres et de voir la dynamique des rapports que chacun entretient avec sa mémoire des objets technologiques ; une mémoire qui devient col-lective au fur et à mesure que les membres d'une famille tissent ensemble leurs souvenirs. Nous avons invité Béatrice et Stephan, des parents dans la cinquantaine et leur fils de 20 ans, Xavier, à réfléchir ensemble sur les tech-nologies de leur foyer. Voici comment différentes perspectives se tissent entre elles pour donner lieu à un récit où l'histoire de l'objet est aussi, et en même temps, l'histoire d'une famille :

> Intervieweur : Quand vous avez décidé de mettre une autre télévision dans cette salle-là, comment avez-vous pris la décision, qu'est-ce qui vous a motivés à changer d'appareil ?
>
> Béatrice : Moi je...
>
> Intervieweur : Ah ! Elle, elle le sait !
>
> Béatrice : Ah, moi j'm'en rappelle ! ! ! [*rires*]
>
> Stephan : Moi j'm'en souviens plus.
>
> Béatrice : Les téléviseurs étaient sortis.
>
> Stephan : Ben non, ben non, on a acheté la Reggie Vision...
>
> Béatrice : Oui, mais après ça.
>
> Stephan : Ah, ahh !
>
> Béatrice : Quand elle est...
>
> Stephan : Ah, ah, la suivante. Celle d'en haut où on a dit on la met, on la met en bas pour les enfants pis on s'en achète un neuf pour nous autres. Euh, mais...
>
> Béatrice : Mais là, mais non, t'en sautes une là !
>
> Stephan : Laquelle que je saute ?
>
> Xavier : La Reggie Vision, quand a sacré l'camp en haut, pourquoi t'as acheté l'autre ?

Stephan : La Reggie Vision, quand j'ai acheté celle-là, est allée en bas.

Xavier : C'est vrai.

Béatrice : Ouais.

Int. : Ok, elle n'est pas allée en haut parce que...

Les biographies des techno-objets confirment qu'au-delà de leur matérialité et de leur fonctionnalité, ceux-ci transforment notamment le sens des lieux et des temps de la vie quotidienne. Il faut par contre voir ces transformations dans l'optique d'un processus de construction réciproque entre les personnes et les technologies. Quatre éléments particuliers se dégagent généralement des biographies formulées par les usagers : la *migration géographique des technologies,* les *usages impertinents,* une *cascade d'adoption et de communication* et les *raisons d'acquisition et d'usage anticipés.*

La migration géographique des technologies

La transformation des usages des technologies s'accompagne souvent d'un déplacement physique des objets dans l'espace familial. Nous avons appelé ce mouvement des objets *migration géographique*, car il ne s'agit pas d'un simple déplacement : il s'agit d'un vrai cycle de vie.

Dans les années 1990, la première grande migration technologique s'effectuait souvent du bureau vers la maison, lorsque l'employeur renouvelait les équipements de bureau de l'entreprise, par exemple des ordinateurs, et permettait aux employés de récupérer les anciens pour les installer chez eux. Aujourd'hui, les transferts entre les deux milieux sont souvent devenus bidirectionnels, en ce sens que les technologies privées de communication entrent aussi dans la sphère professionnelle. Dans ce mouvement à deux directions, beaucoup d'objets deviennent bifonctionnels puisqu'ils peuvent se rattacher à la fois aux usages privés et aux usages professionnels. Le bureau mobile du travailleur autonome équipé d'un ordinateur portable illustre bien cette bifonctionnalité des objets qui oscillent entre les deux sphères.

Le téléphone cellulaire se promène lui aussi entre le bureau et la maison. Si certaines personnes sont équipées de deux cellulaires, l'un pour leur vie privée et le second pour leur vie professionnelle, dans la plupart des cas c'est le même objet qui remplit les deux fonctions. Et ces pratiques de dédouble-ment pourraient devenir de plus en plus courantes car, en Europe, certaines personnes se munissent de deux ou trois puces correspondant à des numé-ros différents qu'ils utilisent en fonction de l'appel à faire. Quelques com-pagnies de téléphonie mobile offrent même à leurs abonnés deux numéros différents sur la même puce afin de faciliter la séparation des usages d'un même appareil. Les journaux relatent souvent des anecdotes concernant les abonnés multiples et leurs motivations parfois illicites. Par exemple, bien des infidélités ont été révélées grâce aux (ou à cause des) appels ou mes-sages textes gardés en mémoire sur le téléphone cellulaire. Les courriels peuvent de la même manière archiver les traces de communications. On voit donc qu'un travail de gestion des communications s'avère alors essen-tiel au bon usage d'un même techno-objet de communication qui devient nomade et remplit des rôles sociaux multiples.

La majorité des migrations d'objets se produisent à l'intérieur même de l'environnement domestique lorsqu'une technologie, par exemple utilisée par tous, est léguée à l'un des membres de la famille pour son usage person-nel. C'est, par exemple, le cas lorsque le téléviseur du salon, remplacé par un plus grand, se retrouve dans la chambre d'un des enfants. Aujourd'hui, il devient fréquent de trouver plusieurs téléviseurs dans un même foyer, alors que dans les débuts de cette technologie, il pouvait arriver que l'on se rassemble chez un voisin qui avait la chance d'en posséder un. Générale-ment, ces techno-objets se répandent tandis que leur coût diminue. Et les usages sociaux s'en trouvent transformés : on passe d'une écoute collective de la télévision dans un lieu commun à des écoutes individuelles dans des espaces distincts du foyer. On peut alors personnaliser son utilisation en disposant du plein pouvoir de décision sur les contenus regardés. Il en résulte des situations courantes, mais néanmoins surprenantes, où les membres d'une famille écoutent la même émission de télévision, au même moment, dans deux pièces différentes de la maison. Que révèle cette priva-tisation de l'écoute, cette autonomie nouvelle de la consommation média-tique ? Suivons de près cette conversation que nous avons eue avec Thérèse et Roger (parents qui sont dans la fin de la quarantaine) et leurs enfants Francis et Ève (16 et 20 ans).

Intervieweur : Écoutez-vous la télévision tous ensemble ?

Thérèse : Tout le monde ensemble ?

Roger : Les quatre... Ah ou... Une fois de temps en temps.

Thérèse : Ça arrive pas souvent.

Roger : Pas souvent, souvent.

Thérèse : Pas souvent.

Roger : De temps en temps, pas souvent.

Francis : Souvent trois par exemple, ou deux.

Ève : Deux ou trois.

Roger : À moins qu'on regarde un programme spécifique là je sais pas... C'est quand la dernière fois qu'on a écouté ?

Ève : Genre Columbine High School.

Roger : Ah peut-être ouais, peut-être là Columbine High School... Peut-être on était toute là là... Ou peut-être le Pape qui crève ou quelque chose là...

Intervieweur : Les grands événements ?

Roger : Les grands événements.

Ève : Ouais, mais faut que ça touche tout le monde.

Intervieweur : Émission plus régulière ? *Omertà* ?

Thérèse : Ouais je l'ai regardée, mais c'est la première année.

Francis : Moi aussi j'l'écoutais, mais j'étais dans ma chambre.

Intervieweur : Écoutes-tu plus la télévision dans ta chambre ?

Francis : Ouais, ou dans le sous-sol. Ou si je suis l'seul dans maison ça va être dans le salon. Sinon ça va être dans ma chambre ou dans le sous-sol.

Intervieweur : Rarement avec ton père, ta mère ou ta sœur ?

Francis : C'est rare. C'est vrai que c'est rare.

À l'ère où les techno-objets se développent très rapidement, leur désuétude est désormais planifiée dans la stratégie de commercialisation des manufacturiers. Par conséquent, la fréquence de leur remplacement et donc de leur migration augmente. Déjà dans les années 1970, la vieille télévision avait migré vers un lieu réservé aux enfants et était devenue la plateforme des premiers jeux vidéo comme *Pong*. Aujourd'hui, c'est l'ancien ordinateur, remplacé par un plus performant, qui est relégué au sous-sol, où il remplit désormais une fonction restreinte, par exemple, de traitement de texte ou de support, pour les jeux vidéo, tandis que la nouvelle acquisition occupe le lieu privilégié plus central. Actuellement, nous observons non seulement des migrations des techno-objets eux-mêmes, mais aussi de leurs contenus. Ainsi, nous écoutons maintenant certaines émissions de télévision ou de radio internationale sur Internet. L'observation de ces migrations nous permet de constater que les parcours des techno-objets s'écartent, à l'occasion, des usages anticipés, particulièrement lorsque ceux-ci étaient spécialisés et restreints.

Ces migrations géographiques produisent donc des changements dans l'utilisation des technologies tout comme elles contribuent à redéfinir le sens des espaces domestiques et les pratiques qui leur sont propres. En s'intéressant aux techno-objets du quotidien, on remarque, en effet, que les individus déterminent des emplacements stratégiques pour eux.

Dans une famille rencontrée au cours de nos recherches, le père insistait pour que l'ordinateur reste dans la cuisine plutôt que d'aller au sous-sol où son fils aurait été seul lorsqu'il s'en serait servi. La cuisine désignait l'*ordinateur-à-la-cuisine* comme technologie collective et, inversement, cet *ordinateur-à-la-cuisine* redéfinissait la cuisine comme un espace de contrôle familial, en tant que lieu de rencontre et de partage des pratiques propres aux membres de cette famille. La décision de refuser la migration de cet ordinateur de la cuisine vers le sous-sol constituait donc une vraie forme de résistance à sa force énonciatrice : l'ordinateur n'ira pas renforcer la signification du sous-sol comme lieu privé où l'on peut s'isoler et se soustraire au contrôle d'autrui, tandis que la cuisine doit demeurer un espace de contrôle invisible mais constant. De telles migrations ou non-migrations tendent donc à reformuler, entre autres, la frontière culturelle entre les activités qui peuvent (et doivent) demeurer communes aux parents et aux enfants et celles qui peuvent demeurer personnelles.

Cet emplacement stratégique de l'ordinateur s'apparente un peu à la disposition ancienne du téléphone fixe, qui était à l'origine situé dans une pièce commune du foyer afin d'en favoriser une plus grande accessibilité pour tous. Évidemment, ce mode de fonctionnement permettait aussi aux parents d'exercer un contrôle dans ce lieu puisqu'ils savaient qui appelait leurs enfants et qui leurs enfants appelaient, à quelle heure et pendant combien de temps. C'est d'ailleurs encore une fois en raison d'une migration d'un techno-objet que cette dynamique familiale a dû se renouveler et trouver de nouvelles formes de réalisation[1].

Cette technologie téléphonique a traversé différentes étapes depuis ses débuts : d'un seul téléphone fixe placé dans une pièce commune du foyer, elle s'est ensuite dispersée dans l'environnement domestique par la multiplication des appareils. Plus tard est apparu le sans-fil, limité encore à la maison, puis le cellulaire, caractérisé par son nomadisme, puis le cellulaire avec courriel intégré. Les changements des supports pour la communication à distance entraînent indéniablement une transformation de ses usages et de ses fonctions.

L'adolescent d'antan qui menait une conversation téléphonique, au bout du cordon tendu de l'appareil, en plein milieu du couloir central de la maison ne disposait certainement pas de la même liberté d'expression que celui d'aujourd'hui qui jouit d'un téléphone dans sa chambre et de sa ligne privée ou d'un cellulaire. Les jeunes cherchent depuis toujours un environnement privé pour échanger avec leurs pairs. Le phénomène de la conversation en cachette n'est certainement pas nouveau en soi, mais il s'articule différemment à chaque fois qu'une innovation technologique offre des possibilités nouvelles pour privatiser les échanges. Que ce soit par le recours à des codes de conversation incompréhensibles pour l'entourage qui en est témoin, en s'engageant dans un *chat* à l'insu des parents, en utilisant la rallonge du fil du téléphone familial fixe pour se rendre jusque dans la garde-robe ou la salle de bains, en profitant de la mobilité du sans-fil pour s'isoler dans la chambre à coucher ou, encore mieux désormais, en envoyant des messages textes sur un téléphone cellulaire, les stratégies des adolescents se sont toujours déployées d'une manière créative et originale et continueront certainement à innover. Lorsque les technologies de communication vivent de telles migrations et se multiplient, les dynamiques d'usage collectif et de contrôle implicite se transforment inévitablement. Les technologies de communication peuvent donc renouveler de façon imprévisible nos perceptions du privé et du public, celles-ci émergeant des usages qu'on invente.

---

1. Le chapitre 8 sur les relations intergénérationnelles approfondit l'idée de transformation des sphères privée et publique dans le foyer familial.

Les usages impertinents : quand les nouvelles technologies accomplissent de vieilles fonctions

Les objets de communication, de par leurs particularités techniques, induisent donc des usages et, inversement, nos manières de les utiliser contribuent à redéfinir leurs significations. Ils ne sont pas voués à des carrières rigidement fixées à l'avance. Nous avons évoqué le cas du réfrigérateur et de ses fonctions périphériques, de l'ordinateur familial qui peut à son tour être utilisé à d'autres fins que celles qui sont les siennes d'habitude. Prenons maintenant l'exemple d'un parent qui place sur l'écran de l'ordinateur un papillon autocollant sur lequel il a écrit un message demandant à son enfant d'aller promener le chien. Ce parent sait très bien que, dès son retour de l'école, l'adolescent se précipite généralement sur l'ordinateur pour vérifier ses courriels urgents. La matérialité de l'ordinateur, qui se présente sous la forme d'une boîte assortie d'un écran qui commande inévitablement l'attention du regard au moment de l'utilisation, permet que l'on y appose un papillon autocollant avec un message s'adressant à un membre de la famille. C'est sa fonction de base, son design et son emplacement qui vont permettre à l'ordinateur d'assumer cette fonction nouvelle de communication, de type ancien, très éloignée de sa destination numérique.

Le cellulaire que l'on garde à côté de son lit comme réveille-matin ou le téléavertisseur que l'on traîne dans sa poche et que l'on consulte comme une montre sont d'autres exemples de fonctions anciennes périphériques que l'on attribue aux objets dits de communication. Cependant, la non-pertinence de telles fonctions n'est pas si imprévisible que cela pour les concepteurs, qui les ont le plus souvent partiellement envisagées et inscrites dans l'objet, faisant un clin d'œil à l'usager en lui suggérant des possibilités d'usages qui se distinguent des fonctions principales annoncées. Les manufacturiers visent ainsi un élargissement des diverses fonctionnalités que peut offrir une même technologie afin de réunir une grappe d'arguments de vente pour un même techno-objet, avec l'espoir de séduire ainsi un plus grand nombre d'acheteurs potentiels. Depuis au moins une décennie, le marketing de ces objets se fonde de plus en plus sur de telles explorations des usages, des connotations et des symboliques possibles, que ce soit pour la mise en marché des ordinateurs, des téléviseurs, des radios, des équipements de cinéma familial ou des téléphones. Le cellulaire est sans doute le meilleur exemple de cette tendance actuelle à la convergence multifonctionnelle des objets technologiques, en combinant la communication verbale, la messagerie texte, l'accès à Internet, la prise de photos ou de vidéos, etc. Il est par contre intéressant de relever que « plus la convergence numérique des médias semble s'imposer, plus nous redécouvrons la spécificité des médias et des usages sociaux qui les distinguent » (Fischer, 2001, p. 197). La convergence proposée par l'industrie ne peut se réaliser à n'importe quel prix, les usages effectifs résultant des choix quotidiens des individus se posent comme preuve de leur pouvoir de résistance et de leur créativité.

En plus de s'immiscer dans l'espace d'un foyer, les technologies incorporent aussi des paramètres spatiaux et temporels de l'organisation sociale de la famille, permettant ainsi que des dynamiques nouvelles, et parfois inattendues, émergent sur le plan des usages. On peut souligner que ces parcours imprévus résultent d'une métamorphose mutuelle des habitudes familiales et de l'équipement technologique lui-même.

La télévision constitue un excellent exemple de la manière dont les technologies interviennent dans l'organisation temporelle de la vie familiale. Les commentaires de certaines familles sur leur usage de la télévision révèlent que celle-ci contribue à structurer grandement le rythme de leur vie quotidienne. Voici comment Charlotte, une fille de 10 ans, nous décrit son quotidien.

> Je me lève, je m'habille, je vais déjeuner... Puis s'il me reste un peu de temps je vais regarder la télé, mais la plupart du temps, je la regarde pas le matin. Après on va à l'école. Le midi, on regarde la télé pendant qu'on mange...

La télévision est invoquée par cette jeune fille comme un marqueur structurant de sa vie quotidienne, qui décide rituellement du début et de la fin des autres activités. En ce sens, l'usage de cette technologie devient un régulateur de temps. Il faut cependant comprendre que l'écoute n'est pas tant une routine en soi qu'une activité qui *produit* une routine (Caron et Caronia, 2000). Elle permet de segmenter les moments de la journée et les activités qui y sont dévolues. Ce médium devient un organisateur de temps bien au-delà de la rigidité liée à la programmation de ses émissions. Un téléroman diffusé toutes les semaines à une heure et un jour précis demandait jusqu'à récemment une certaine discipline de l'écoute qui pouvait créer une habitude liée au contenu. Aujourd'hui, se munir de services comme TiVo (qui enregistre automatiquement de façon numérique toute la programmation) permet de revenir aux contenus manqués quand bon nous semble. On ne doit pas non plus oublier le magnétoscope traditionnel, qui nous donne depuis des années la possibilité de différer l'écoute de nos émissions préférées. Or, les recherches ont démontré qu'il est plutôt rare que les individus incorporent réellement à leurs habitudes ces possibilités d'écoute sur mesure et que la très grande majorité des enregistrements non visionnés dans les 24 heures suivantes ne sont jamais regardés. La télévision reste donc surtout utilisée dans sa logique de flot continu d'émissions, et ce, par un choix qui démontre avec encore plus de force que ce n'est pas l'offre de contenus spécifiques comme telle qui dicte l'organisation de notre temps. D'ailleurs, de plus en plus de chaînes rediffusent plusieurs fois les journaux d'information, qui étaient traditionnellement des rendez-vous assez rigides, tout comme l'étaient aussi leurs émissions vedettes.

Pour les technologies de communication, la logique de fonctionnement pourrait paraître moins structurante. On peut effectivement prendre ses courriels ou faire un appel à n'importe quel moment du jour ou de la nuit par exemple, notamment grâce aux boîtes vocales et de courrier électronique. Mais, il est intéressant de constater que ces nouvelles technologies confirment de plus en plus le même phénomène de régulation du temps qui caractérise l'écoute de la télévision. Même s'il est possible de prendre ses courriels à tout moment, on remarque une tendance de la part des usagers à établir des routines.

Dans le petit récit autobiographique qui suit, Danielle (20 ans), relate les événements de son retour habituel du travail en ponctuant celui-ci de références à ses habitudes technologiques.

> Danielle : Moi c'est sûr que la première chose que je fais en arrivant c'est j'rouve l'ordinateur si y'est pas déjà ouvert. Des fois le matin je l'éteins pas. J'enlève Internet pour pas que la ligne soit occupée toute la journée pis j'laisse l'ordinateur ouvert.
>
> Intervieweur : Toute la journée ?
>
> Danielle : Oui, sinon ben si y'est éteint le soir en arrivant, je sors même pas mon chien, j'mets mes sacs pis j'rouve l'ordinateur pis après ça je reviens.

Intervieweur : Que fais-tu ? Tu vérifies quoi au juste ?

Danielle : Ben là j'attends qu'y se rouvre, pis là après ça j'vais aller loguer Internet pis la première affaire que je fais, c'est j'vais voir qui est sur le chat.

Intervieweur : Ok.

Danielle : C'est la première chose que je fais. Là j'vois que j'ai pas personne bon ben j'vais aller chercher le courrier ou ben j'vais le laisser allumé pis j'vais m'en aller. Là Pat y va passer, là lui y va changer l'utilisateur, là y va aller voir qui est logué sur le chat sur son coté à lui.

Très peu d'entre nous sommes même conscients de ces habitudes non explicitées. Ce n'est qu'en faisant un repérage quotidien, par un journal de bord par exemple, sur une certaine durée, ou en se coupant de ces repères médiatiques et technologiques que l'on peut davantage prendre conscience de leur prégnance dans notre quotidien. Afin de mieux saisir l'impact des technologies sur nos habitudes quotidiennes, nous avons demandé à des jeunes adultes de participer à une expérience qui s'est avérée assez révélatrice. Nous les avons invités à cesser pendant une semaine tout usage des NTIC[2]. Aucune communication par ordinateur (courriel, *chat*, forum), par cellulaire ou par téléavertisseur n'était permise. Les réactions ont été virulentes. Cette petite expérience a par exemple bouleversé Josée, qui a dû prendre conscience de ses propres automatismes. Voici son commentaire :

> Il m'a toutefois semblé qu'une certaine routine inconsciente se soit installée en ce qui a trait à ma consommation des médias. Certains gestes récurrents paraissaient devenir un automatisme, en particulier concernant la télévision et l'ordinateur. La première action de mes journées est d'allumer l'ordinateur et la télévision.

Deux types de réaction sont particulièrement ressortis de cet exercice. Tout d'abord, certaines personnes se sont aperçues que les nouvelles technologies de communication étaient devenues pour elles une nécessité artificielle, non pas tant en comblant leurs besoins communicationnels qu'en en créant d'autres. À l'opposé, d'autres personnes insistaient sur l'absolue nécessité de ces moyens de communication, considérés alors comme des indispensables à la bonne marche de leurs activités sociales. Ces réactions

---

2. Il s'agit de NTC zéro, l'une de nos expériences d'altération des allants-de-soi du quotidien, basée cette fois-ci sur la rupture des habitudes technologiques des participants.

opposées se rejoignent toutefois pour constater que les usages des technologies structurent énormément le quotidien, et que ce « sevrage » imposé
aurait été insoutenable à long terme.

Une cascade d'adoption et de communication

L'organisation temporelle des rapports entre les individus et les techno-
objets se modifie quand l'introduction d'une nouvelle technologie dans
une famille vient interrompre le cours habituel des choses. Ce nouvel arrivant peut susciter un événement imprévu, comme l'adoption d'une autre
technologie ou l'ajout de nouvelles fonctionnalités à une technologie déjà
présente. L'acquisition d'une connexion à Internet, par exemple, a bien
souvent occasionné l'achat d'un ordinateur plus performant ou l'installa-
tion d'une boîte vocale pour prendre les messages quand la ligne était
occupée. L'image de la cascade permet de bien illustrer l'enchaînement progressif qui caractérise souvent ce processus d'acquisition de nouvelles technologies. Au début de la diffusion de l'ordinateur domestique, année après
année, on nous encourageait davantage à l'améliorer par des mises à niveau.
On incitait, par exemple, les consommateurs à augmenter régulièrement la
mémoire de leur appareil. Aujourd'hui, la tendance générale est plutôt de
nous imposer la désuétude pure et simple des objets. En nous suggérant de
remplacer la machine au complet, l'industrie renouvelle constamment son
marché commercial.

Le courriel, la messagerie instantanée, le cellulaire sont quelques-uns
des multiples outils que nous adoptons afin de pouvoir rester en contact
permanent avec notre réseau social. Devant l'élargissement de cette dépendance, certains d'entre nous ressentent maintenant le besoin d'installer des
filtres pour gérer et contenir la masse inflationniste de ces échanges. D'un
côté nous recourons à une technologie qui permet de nous joindre partout
et en tout temps et, d'autre part, nous cherchons simultanément à nous
protéger de ce flux de messages en utilisant un téléavertisseur ou des dispositifs tels que l'affichage des appels afin de filtrer ou bloquer ces messages.
Nous observons là une pratique quelque peu contradictoire puisqu'il s'agit
de se munir d'un outil de communication additionnel afin de se protéger

d'une surcharge de communications. Tout ceci donne l'impression d'une cascade qui déferle de manière un peu paradoxale.

Parfois, c'est l'utilisation même des nouvelles technologies qui prend la forme d'un mouvement en cascade. C'est le cas lorsqu'on veut préserver les traces des communications manquées, volontairement ou non. Au lieu de la cascade d'adoption mentionnée précédemment, on parlera alors d'une cascade de communication.

Suivons-la à travers les mots de Bruno, un garçon dans la vingtaine :

Intervieweur : Et quand vous êtes sur Internet, ça occupe la ligne téléphonique, non ?

Bruno : Oui, ça occupe la ligne, ça embarque tout de suite sur la boîte vocale. Donc ça sonne un coup, et ça embarque sur la boîte vocale. Tandis que si on est sur, si on parle au téléphone et on répond pas à la deuxième ligne ça va sonner 4 coups, 4-5 coups et ça va tomber sur la boîte, la boîte vocale. Quand j'suis sur Internet, des fois j'prends... quand j'y pense, j'y pense pas toujours j'dois l'avouer, je transfère les appels sur le téléphone cellulaire.

Intervieweur : Mais il faut aller chercher le téléphone.

Bruno : Là j'le garde à côté de moi. Ouais. Faut que j'aille chercher le téléphone dans l'auto, pis j'va chercher dans l'garage mettons j'étais à côté du garage donc j'passe par le garage. J'vais chercher le téléphone cellulaire, j'transfère les appels, j'mets le téléphone à côté de moi à l'ordinateur, j'vais sur Internet, mais sinon des fois j'dois avouer que j'transfère pas les appels puis je...

Int. : Comment ça se passe alors ?

Bruno : Les personnes, les gens laissent des messages et puis on rappelle là...

Nous observons une autre variante de ce phénomène de cascade de communication dans l'évolution du choix de la technologie à adopter selon le degré d'intimité de la relation que nous entretenons avec quelqu'un. Ainsi on peut rencontrer une personne par le biais du *chat*, puis transférer cette relation sur la messagerie instantanée, passer ensuite au téléphone et éventuellement en arriver au face-à-face. Pour illustrer ce cas, suivons les propos de Françoise. C'est en effet en remontant cette cascade que cette jeune fille reconstruit les étapes successives d'une amitié :

Françoise : Ben... C'est... C'est mon amie qui l'a rencontré sur le chat pis là ben là elle me l'a passé pis euh... C'est ça là.

Intervieweur : Elle te l'a prêté...

[*Rires*]

Pis elle l'a repris après !

Intervieweur : Par la suite vous vous êtes parlé sur MSN ?

Françoise : Oui.

Intervieweur : Vous êtes-vous déjà parlé au téléphone ?

Françoise : Oui.

Intervieweur : Ok. Et vous allez vous rencontrer bientôt ?

Françoise : Peut-être.

Ainsi, la matérialité des techno-objets qui habitent notre monde quotidien a une réelle portée sur les relations sociales auxquelles nous les mêlons.

Une fois adoptées et domestiquées, les NTIC contribuent à structurer les temps et les espaces de notre vie. Elles deviennent des partenaires, des acteurs concrets dans nos relations humaines mais qui agissent aussi en tant que signes de ces mêmes relations et des individus concernés.

De la communication d'une urgence à l'urgence de communiquer : raisons d'acquisition et usages anticipés

Dans le passé, plusieurs études ont relevé le rôle important de la rationalité dans l'adoption d'une technologie (Haddon, 1992 ; Livingstone, 1996). Ainsi, les récits biographiques commencent souvent par les raisons d'acquisition des technologies, ce qui nous permet de constater qu'adopter un nouvel objet est presque toujours justifié par l'utilité. Pour bien de gens, l'introduction d'une technologie nouvelle dans le foyer ne fait pas partie des décisions allant de soi, mais doit au contraire être justifiée. On invoque alors des besoins (réels ou imaginaires) que les technologies peuvent aider à combler. Ces besoins constituent le répertoire de raisons officielles mobilisées pour justifier l'introduction d'un nouvel objet dans l'environnement familial. Dans les dernières décennies, dans un contexte social placé sous le signe du *virage technologique,* beaucoup de parents désireux d'assurer la réussite scolaire de leurs enfants se sentaient obligés d'équiper le foyer d'un ordinateur. Pour ces parents, la technologie dictait le temps présent et permettait d'acquérir une prise sur l'avenir (Caron, Giroux et Douzou, 1985 ; Lally, 2002).

C'est ainsi que nous sommes souvent soumis à une double pression : celle du discours social – incluant les arguments publicitaires – et celle de nos besoins réels qui détermineront le sens que nous donnons personnellement à ces technologies (Kopytoff, 1986). Cette tension est révélatrice et pourrait expliquer la récurrence de certains discours justificatifs typiques. Les individus ont généralement recours à des répertoires culturellement acceptés pour expliquer leurs actions. Depuis quelques années, l'omniprésence dans les médias de discussions sur les dangers des ondes émanant des téléphones cellulaires constitue un bon exemple d'un discours social collectivement partagé. Les médias font circuler des préoccupations dans la société qui sont ensuite acceptées, refusées ou transformées par les individus. Nous avons ainsi constaté que plusieurs des discours sociaux qui critiquent l'usage du téléphone cellulaire sont repris par des adolescents qui s'en servent pour justifier leur refus d'acheter cette technologie ou pour limiter son utilisation.

Observons comment Alice s'approprie l'argument pseudo-scientifique du danger des micro-ondes des téléphones cellulaires dans son discours pour affirmer sa décision de ne pas en posséder un. Elle recourt aussi à un second argument, assez récurrent dans les médias, dans les conversations quotidiennes ou sur la scène politique, celui des dangers de l'usage du cellulaire au volant. Le troisième argument que la jeune fille déploie est tout simplement qu'elle n'en a pas besoin.

> Ben premièrement on sait qu'il y a eu des études comme quoi que ça peut donner le cancer. Pis y'a aussi qu'il y a de plus en plus d'accidents sur la route, pis c'est pas quelque chose de vital. Y'a encore les cabines téléphoniques quand même tsé, pis on s'arrange, comme si on sort, on sait qu'on prend un 25 cents avec nous[3].

Quand ils parlent des raisons officielles pour lesquelles ils adoptent ou n'adoptent pas ces objets technologiques, les usagers expriment aussi leurs usages anticipés. Le discours sur l'utilisation restreinte des nouvelles technologies, qui revient très souvent, laisse entrevoir une autre forme de rationalisation. Dans de nombreuses familles, le premier cellulaire est acheté par un des parents et il est au départ parcimonieusement utilisé, puisqu'il

---

3. Participante à l'émission de radio *Ados-radio* du 31 août 2003.

est perçu surtout comme équipement d'urgence. La localisation de l'objet correspond également à cette rationalisation de l'usage puisque le cellulaire est généralement réservé à la voiture. Un peu comme le téléphone fixe d'une maison, le cellulaire est au départ le téléphone fixe du véhicule familial. La nouvelle technologie est ainsi utilisée plutôt dans sa fonction traditionnelle, c'est-à-dire en tant qu'objet localisé. Nous avons déjà oublié que ce discours sur l'utilisation en cas d'urgence était, il n'y a pas si longtemps, l'un des plus récurrents dans les justifications de l'adoption du cellulaire dans une famille. Même si ce type de discours est moins fréquent depuis que le taux de pénétration a augmenté, il est encore souvent cité, peut-être parce qu'il permet à l'usager de revendiquer un certain niveau de contrôle sur les techno-objets. On se souviendra aussi qu'à ses débuts le téléphone cellulaire impliquait des coûts assez élevés, ce qui incitait les nouveaux usagers à fortement justifier l'investissement qu'ils consentaient à faire. Ces considérations monétaires, en plus de réclamer une justification sérieuse de l'acquisition, ont pu dicter aussi, à cette époque du moins, la « bonne manière » de l'utiliser, c'est-à-dire de façon plus sélective et donc limitée.

Voyons de près la conversation que nous avons eue avec Maxime, père de famille qui nous parle d'une utilisation restreinte du cellulaire. On notera l'importance des usages acquis au cours de la migration du téléphone cellulaire dans la famille par rapport aux premières raisons invoquées pour l'acquisition :

Intervieweur : Mais dans votre auto, le cellulaire est ouvert ?

Maxime : Jamais. Jamais jamais ouvert.

Intervieweur : Donc vous l'utilisez, mais quand vous ne l'utilisez pas, il est fermé...

Maxime : Absolument.

Intervieweur : Puis ici, à la maison, il est ouvert ?

Maxime : Non plus. Y est pas ouvert.

Intervieweur : Si vous allez au restaurant, au cinéma, n'importe quoi... allez-vous...

Maxime : De plus en plus... on sait pas trop quoi faire avec là, mais... [Rire] On appelle une fois de temps en temps... check ci check ça... mais c'est plus parce que... on l'a pis euh...

Intervieweur : Dans ces moments-là est-ce qu'il est ouvert ?

Maxime : Non plus, ou juste euh... à moins comme, par exemple, j'dirais à quelqu'un ben rappelle-moi spécifiquement sur le cellulaire là... c'qui est encore là très très très très rare là...

Intervieweur : Donc quand vous allez au restaurant, au cinéma, vous l'avez avec vous...

Maxime : J'le traîne, j'le traîne parce que j'me dis bon... eux en n'ont pas besoin quand on est pas là euh... quand même une ligne à deux là y peuvent s'arranger... euh... pis nous ben si jamais on en a d'besoin on peut s'en servir... pis en plus... si on sort le soir les fins d'semaine, la plupart du temps c'est dans les périodes où euh... l'utilisation est gratuite... faque plus souvent qu'autrement on appelle ici voir si tout euh... si tout va bien ou des choses comme ça. On appelle ici pour dire bon on arrive, on n'arrive pas ou euh... on a changé nos plans on s'en va telle place euh...

La diminution très sensible des coûts d'acquisition et d'utilisation du téléphone cellulaire a entraîné progressivement de nouvelles habitudes d'utilisation, correspondant de plus en plus à son caractère mobile. C'est dès lors beaucoup plus l'aspect pratique de cette technologie qui devient récurrent dans les récits biographiques de justification de l'achat et de l'usage. Le caractère portable du téléphone cellulaire permet en effet de nouvelles formes de micro-coordination sociale (Ling et Yttri, 2002), par exemple, le fait que les usagers n'aient plus l'obligation de s'entendre à l'avance sur un point de rendez-vous fixe. Le cellulaire les accompagne physiquement et permet ainsi des ajustements de leurs déplacements selon les besoins. Un tel usage logistique, fonctionnel et instrumental contribue à reconnaître un caractère pratique à l'objet. Dans le même ordre d'idées, son caractère portable lui permet aussi de remplir une fonction de surveillance ou de contrôle. Par exemple, un père inquiet ou une femme jalouse peuvent facilement s'informer de ce qui arrive à autrui grâce à leur cellulaire. Voici ce que Danielle (20 ans, mariée) répond à l'intervieweur :

Intervieweur : Alors donc, avec son cellulaire, il est, si on peut dire, plus rejoignable ?

Danielle : Ouais, ouais, des fois je l'attends là, j'trouve que c'est long. Bon ben là j'vas l'appeler, j'vas dire : « Ben là, t'es où ? » Là y va m'dire : « J'suis encore au magasin. » Là j'vas respirer par le nez : « Ok, tu t'en viens dans combien de temps ? » Y'a des fois que c'est plus long que prévu, tsé. Mais sinon, j'aurais été obligée d'attendre, j'aurais pas pu rien faire, pis là j'aurais dit : « Bon, ben là y'est où ? », pis là, j'aurais été encore plus choquée, tandis que là j'peux l'appeler, y va m'dire qu'est-ce qui se passe. J'va dire : « Bon, ok, j'vas t'attendre, tsé, pis viens-t'en ! »

Comme nous l'avons précédemment souligné, les usagers comme les non-usagers commentent généralement ces techno-objets sous l'angle de la rationalité ou évoquent leurs fonctions utilitaires.

Assoum : Qu'est-ce que ça vous apporte d'avoir un cellulaire ou un paget ?

Sophie : Moi, j'en n'ai pas. Mais mon père y'en a un pour les urgences, quand y doit faire mettons du temps supplémentaire y nous appelle pour nous le dire.

Dans cet exemple, l'accent est d'abord mis sur l'aspect sécuritaire et l'usage anticipé du cellulaire. Celui-ci devient un objet pratique et utile à avoir *pour les urgences*, de manière à pouvoir alerter ou avertir ses proches en cas d'accident majeur ou même d'incident mineur. Nous sommes toujours dans le registre du cellulaire permettant *la communication d'une urgence* dont le leitmotiv semble être : « Moi je trouve que c'est sécuritaire... »

Antoine : Moi c'est surtout si je veux être plus rejoignable. N'importe qui peut m'appeler n'importe quand, je suis sûr de... Si y'a quelque chose d'assez important bon ben, j'suis sûr qu'ils vont me le dire le plus vite possible. Pis moi aussi même chose, si j'ai de quoi à dire à quelqu'un, dans n'importe quelle situation, je vais pouvoir le faire le plus rapidement possible. C'est surtout ça.

Avec Antoine, l'utilisation est justifiée de cette manière : « ... C'est surtout si je veux être plus rejoignable. N'importe qui peut m'appeler n'importe quand... » En fait, ce qui est sous-entendu ici, c'est qu'avec un téléphone cellulaire on est plus facilement joignable qu'avec un téléphone fixe, précisément à cause de son caractère portable et mobile. Toutefois, on ne justifie plus son utilisation par le seul motif de la sécurité, et l'argumentaire se déplace. L'urgence première telle qu'elle est évoquée par Sophie (« Mon père y'en a un pour les urgences ») est abandonnée par Antoine au profit d'une justification plus diffuse : un *sentiment* ou une *impression* d'urgence. Le cellulaire est davantage perçu comme moyen de contacter un ailleurs ou un autrui en temps réel et le sentiment exprimé semble ainsi renvoyer à *l'urgence d'être en communication* plutôt qu'à *la communication d'une urgence*. D'un adolescent à l'autre, le cellulaire passe donc du statut de simple outil de communication utilisé de façon ponctuelle, pour parer aux urgences ou aux imprévus, à celui de véritable médium ubiquitaire supprimant à la fois les attentes et les silences dans la communication. On pourrait parler de l'urgence comme d'un attribut essentiel du temps réel.

Certes, il faut noter une fois de plus l'insistance des jeunes à justifier rationnellement l'emploi du téléphone mobile par l'importance des communications que l'on a à établir : « Si y'a quelque chose d'assez important... », mais on peut noter aussi une certaine contradiction entre ce que les jeunes disent faire de leur téléphone cellulaire et leurs usages réels, comme nous le montrerons dans les chapitres suivants par une analyse des conversations de jeunes en temps réel sur leur cellulaire. Alors que le cellulaire tel qu'il était perçu au début, c'est-à-dire comme un moyen d'entrer en contact avec une source d'aide extérieure quand on se trouve en situation de détresse, supposait des usages plutôt solitaires, au contraire, dans le cas des adolescents d'aujourd'hui, leurs usages les situent dans des contextes sociaux de plus en plus connectés.

Sous cet angle, le cellulaire semble répondre remarquablement aux valeurs primaires des adolescents, qui accordent généralement la plus grande importance aux pratiques de sociabilité et aux loisirs. Ils vivent dans un *temps présent* ou un *temps à court terme* qui leur fait privilégier l'aventure, la flexibilité, la mobilité, à l'intérieur d'un cercle de relations sociales relativement fermé dont le loisir constitue le champ privilégié (Pronovost, 1996).

Cette sorte d'obligation sociale de communiquer induite par l'usage du cellulaire qui tend, sinon à abroger le silence, du moins à le rendre suspect, est très constamment relevée dans les discours des jeunes :

> Assoum : Selon vous, quels sont les avantages de posséder un cellulaire ou un paget, quels sont les désavantages ?
>
> Sophie : Ben les avantages c'est que t'es rejoignable en tout temps, si tu le laisses ouvert pis qu'y rentre, que tes batteries sont correctes euh... le monde peut te rejoindre en cas d'urgence. Pis les désavantages, c'est que y'en a qui vont devenir vraiment accros à leur cellulaire, ils sont pus capables de rien faire sans parler, ou appeler quelqu'un...

Le sentiment de devenir « accro » à son cellulaire, qui évoque cette dépendance aux technologies de communication déjà largement étudiée à propos de la télévision comme de l'ordinateur et d'Internet, semble donc également surgir des discours des jeunes eux-mêmes lorsqu'il est question du cellulaire et de ses usages.

Pour d'autres, cette urgence de communiquer plus ou moins créée par le téléphone cellulaire ne semble pas du tout être ressentie de façon négative, comme l'illustre bien le contre-exemple suivant :

> Bruno : Ça m'achale pas, ça m'a jamais achalé, de de... j'avais jamais eu quelqu'un... bon j'ai des amis moi qu'y a des personnes qui les appellent tout le temps, tout le temps... Moi ça m'a jamais achalé. Je suis une personne qui adore parler à du monde, très sociable... Donc quand les personnes appellent, ça va me faire plaisir de... Ça me dérange jamais.

Dans le discours de Bruno, le cellulaire n'est pas vu comme un objet de dépendance et il ne semble pas se considérer lui-même comme un « accro » du cellulaire. En d'autres termes, le cellulaire n'est pas ici perçu comme une fin en soi, mais seulement comme un moyen d'entrer en contact et d'être contacté par des personnes, des amis. Le cellulaire est utile à Bruno en tant qu'extension de sa personne, « une personne qui adore parler à du monde, très sociable ». Pour lui, ce que l'objet peut lui enlever (temps ou argent, silence ou liberté) n'est rien comparé à ce qu'il lui apporte.

> Antoine : Désavantage c'est ça... Ouais, niveau monétaire, pis aussi j'veux dire un moment donné, tu veux euh... C'est pas pareil, tsé la vie on pourrait dire, a change un peu... J'veux dire tu reçois toujours, t'es toujours, on pourrait dire, lié à la société tandis que c'est sûr que... C'est ça, le désavantage c'est que t'as toujours un contact, un moment donné si tu veux retirer ce contact-là ça se fait pas tout seul...
>
> Sophie : Faut que tu lâches ton cellulaire.
>
> Antoine : Ou faut que tu le lâches ou quoi que ce soit... T'es pas libre, libre, libre... Quelqu'un qui a pas de cellulaire, il le sait qu'y'aura pas d'appels rien, y'est tranquille. Mais quelqu'un qui en a un peut-être on sait jamais « houp, y'en a un » ça sonne y sait jamais, toujours comme connecté là... C'est ça le désavantage moi je dirais d'avoir un cellulaire, c'est que t'as pas vraiment... C'est sûr que t'as une liberté dans le sens que tu peux appeler n'importe où mais si on revire ça un peu c'est que t'es toujours pris avec les appels que tu vas recevoir là... T'es toujours connecté à la société.

Il demeure que cette dépendance subsiste, pas tant à l'objet lui-même qu'à ce qu'il permet : la possibilité d'avoir « toujours un contact », d'être « toujours comme connecté », d'être sans cesse « lié à la société ». Elle se traduit par l'obligation minimale d'être toujours – en tout temps et partout – au moins *disponible* à la communication.

Cette mise en disponibilité, résultat d'une certaine pression sociale (ou du moins ressentie comme telle) qui semble accompagner l'acquisition du dispositif, est vue par Antoine comme une atteinte à sa liberté : « T'es pas libre, libre, libre... », « c'est que t'es toujours pris avec les appels que tu vas recevoir... » La liberté et donc le silence ne seraient apparemment pas faciles à reconquérir une fois que l'on a goûté aux possibilités et aux promesses de la communication mobile. Comme nous le verrons dans le chapitre suivant, c'est précisément ce que le discours publicitaire destiné aux jeunes cherche à démontrer, ou du moins à vendre. Nous parlons là d'une dépendance aux communications sociales. Parfois, nous faisons littéralement corps avec les technologies en les transportant partout avec nous. C'est dire qu'elles font partie de nos vies d'une manière assez intime.

Ces biographies des techno-objets nous montrent que les membres de la famille réfléchissent à la possession et aux usages de ces technologies. Ils se dépeignent comme des acteurs sociaux non naïfs qui savent pourquoi une technologie a été introduite chez eux. Les parents peuvent se remémorer l'arrivée de leur premier téléviseur, leurs débuts avec les ordinateurs, leur initiation à Internet. La majorité des jeunes, pour qui le téléviseur et l'ordinateur ont toujours fait partie de leur espace domestique, se souviennent quant à eux de l'acquisition de leur lecteur MP3, de l'achat de leur téléavertisseur et du moment où ils l'ont échangé contre un cellulaire. Nous sommes donc capables de parler de nos acquisitions technologiques et de l'évolution de nos usages.

Ces discours des usagers se développent en écho avec les différents discours sociaux qui imprègnent l'imaginaire culturel et social et qui participent ainsi fortement à la construction des valeurs symboliques liées aux nouvelles technologies. Dans le chapitre qui suit, nous montrerons jusqu'à quel point et comment les discours publicitaires participent à la définition des significations des NTIC. Et comment celles-ci, en s'insérant dans de multiples univers discursifs, dont l'univers publicitaire n'est pas le moindre, proposent des interprétations culturelles des technologies en tant qu'objets, mais aussi de leurs usages et de leurs usagers.

4

LE CELLULAIRE À L'AFFICHE :
LES DISCOURS DE LA PUBLICITÉ

Les connaissances, les expériences, les croyances, les pratiques déjà acquises et celles qui émergent, les habitudes générées par d'autres technologies, les informations transmises d'individu à individu contribuent toutes à forger ce qu'il faut bien considérer comme un imaginaire (Semprini, 1996) spécifiquement lié au téléphone cellulaire[1]. Celui-ci appelle plusieurs hypothèses quant à son fonctionnement, à ses contextes d'utilisation, à ses propriétés techniques, à ses usagers ainsi que des éléments d'ordre symbolique, mythologique, historique et socioculturel. Cet imaginaire est nourri aussi par les discours sociaux – académiques, normatifs ou médiatiques au sens large – qui traversent l'espace social et qui proposent à leur tour des rapports symboliques autant qu'utilitaires à cette technologie.

Parmi ces différents discours, celui de la publicité demeure l'un des plus puissants. Au-delà du marketing commercial usuel, la publicité nous présente quotidiennement des assemblages de mots et d'images qui constituent de véritables microrécits accomplissant un rôle à la fois de représentation et de construction culturelle. La publicité s'appuie bien évidemment sur la logique et sur les récits des usagers eux-mêmes et elle contribue donc

1. Ce chapitre a été rédigé en collaboration avec Flavie Langlois Caron. Nous aimerions remercier les compagnies de téléphone Bell, Rogers AT&T, Telus et Vodafone de nous avoir généreusement permis de reproduire leurs annonces publicitaires.

à les faire circuler dans l'espace social. Elle est ainsi partie prenante de la représentation que nous nous faisons du monde social qui nous entoure, et de nous-mêmes dans ce monde. Non seulement la publicité met en scène les techno-objets, mais aussi et peut-être surtout, elle contribue à définir l'identité même des usagers de ces technologies.

Dans les discours qu'elle diffuse, la publicité présente l'objet désirable, ainsi que les sujets désirant cet objet, conformément à la grammaire de base de toute communication publicitaire (Landowski, 1989). Elle vise l'efficacité à travers la productivité du signe. Mais pour atteindre ce but, elle doit faire plus que construire un bon simulacre de sujets désirant des techno-objets désirables. Il faut aussi que ce simulacre soit naturalisé, qu'il circule comme un mythe[2], c'est-à-dire comme un discours qui cache sa nature discursive en se présentant comme naturel plutôt que culturel. Les mises en scène des discours publicitaires proposent donc des styles de vie, des modèles d'action et de culture, et contribuent ainsi au processus général d'intégration des usages du téléphone cellulaire dans nos habitudes de tous les jours. Ainsi, par le simple fait de montrer un téléphone cellulaire dans la main d'un usager au moment où retentit la sonnerie[3], la publicité nous propose la représentation d'une *normalité* : être toujours en attente d'un appel devient un fait commun. Le cellulaire nous apparaît comme un prolongement normal du corps, comme une prothèse quasi intégrée. C'est la norme. Évidemment, les discours publicitaires sont rarement de simples créations, car ils s'appuient constamment sur des références faciles à saisir et en concordance avec les habitudes locales. Par exemple, ils tiennent compte de la manière de porter un cellulaire, qui peut varier d'un pays à un

---

2. On fait ici référence, évidemment, à la notion de mythe proposée par Barthes (1957).
3. Entre autres exemples, une publicité télévisée de Rogers AT&T et une de LG, diffusées à l'automne 2003. Notre *corpus* de publicités canadiennes est constitué en large partie de publicités diffusées auprès du public canadien francophone. Parmi celles-ci, certaines sont un excellent exemple de régionalisation du message, voir de localisation d'un produit qui, en tant que tel, circule sur le mode de la mondialisation. En mobilisant certains clichés culturels et linguistiques, elles ciblent les Québécois qui se voient ainsi singularisés par rapport aux Canadiens et saisis en tant que communauté porteuse d'une spécificité culturelle. Allant à la rencontre d'un souci qui est historiquement propre à cette province du Canada, cette stratégie multiplie ses chances de pénétration du marché francophone tout en respectant les politiques culturelles et linguistiques du pays.

autre. Les Occidentaux le tiennent souvent en main ou dans leur poche, tandis qu'en Asie, il est plus courant de le porter dans un étui attaché à la ceinture (Plant, 2000).

Nous le savons, le discours publicitaire cherche à présenter les objets sous l'angle de leur valeur potentielle pour leurs acheteurs, et tente de promouvoir cette valeur comme une évidence (Landowski, 1989). La publicité pour le téléphone cellulaire n'échappe pas à ces principes et construit des représentations des utilisateurs potentiels. Pour cela, elle met en scène des hypothèses sur les besoins, attentes, goûts et compétences du futur usager (Semprini, 1996).

Pour atteindre l'effet de normalisation qu'elles recherchent, les stratégies publicitaires tentent évidemment de donner une valeur aux styles de vie qu'elles proposent. L'étude de quelques publicités pour la téléphonie cellulaire, diffusées tant dans des quotidiens ou des magazines qu'à la télévision depuis une quinzaine d'années, notamment au Canada mais aussi en Europe, montre l'imaginaire du cellulaire proposé par la publicité. Cet examen des discours d'ici et d'ailleurs, d'aujourd'hui ou d'hier, permet entre autres de lire l'état du marché, de voir les valeurs injectées dans la promotion de l'objet et de mieux comprendre la manière dont les usagers sont perçus par les compagnies de télécommunication. Les discours proposés par la publicité trouvent une correspondance dans la société, que ce soit parce qu'ils en sont le reflet ou parce qu'ils en sont d'une quelconque manière le catalyseur. Aujourd'hui, alors que les jeunes constituent une cible commerciale de choix, les concepteurs publicitaires scrutent leur culture sous tous ses angles pour construire les façons de s'adresser à eux et de transformer cette culture afin que le cellulaire puisse y trouver une place.

Discours d'antan, discours d'un futur simple

S'il est vrai que la publicité pour la téléphonie cellulaire que nous connaissons aujourd'hui s'adresse surtout aux adolescents, il n'en a pas toujours été ainsi. Il y a dix ans, les discours publicitaires étaient fort différents et visaient manifestement d'autres publics. Au milieu des années 1990, toutes les publicités des magazines exploitaient des notions de sécurité et de commodité, tout en faisant référence à l'utilité du cellulaire dans les affaires. Les articles de magazines de cette époque annonçaient une démocratisation progressive du cellulaire, car l'industrie courtisait de plus en plus les consommateurs ordinaires en fondant ses arguments de vente sur la sécurité et des raisons pratiques[4]. Et en effet, la publicité avait cessé de présenter le téléphone cellulaire simplement comme un outil de travail, tout en visant davantage le public d'âge moyen. Les textes des publicités étaient généralement longs et très descriptifs, tentant de convaincre l'acheteur potentiel par l'énumération des avantages du téléphone cellulaire dans la vie de tous les jours. Comme nous l'avons vu, lorsqu'une innovation technologique apparaît sur le marché, les premiers acheteurs font souvent d'abord appel à des arguments rationnels pour justifier l'investissement financier exigé par l'acquisition de ce nouvel objet. Il n'est donc pas surprenant que les publicités aient présenté elles aussi des arguments de type rationnel pour s'adresser à leur cible.

À cette époque, on commençait à mettre l'objet en valeur sous l'angle de la connectivité qu'il permet. Par exemple, regroupées sous le slogan général de *Connecting People*[5], trois publicités de Nokia traçaient le portrait de Ralf, Cathy et Mark de manière à d'abord présenter leur emploi du temps chargé et ensuite introduire le cellulaire comme une bonne solution : « Car voyez-vous, Ralf possède un téléphone cellulaire portatif Nokia. Où qu'il soit, il reste toujours en contact, et ses clients peuvent toujours le joindre. » Les textes étaient agrémentés de photos montrant les trois heureux détenteurs de cellulaires dans des situations variées : au bureau, à la pêche, au golf, au chalet, etc. Les textes étaient explicatifs et descriptifs. À cette époque où le taux de pénétration était encore assez bas, on comprend que c'était l'acquisition de l'objet en soi qu'il fallait justifier et valoriser. Cette campagne s'attachait à démontrer les nouvelles possibilités offertes par le cellulaire. On suggérait en fait l'extension du bureau par la possibilité de maintenir des contacts d'affaires jusque dans les loisirs. L'usager représenté était un employé consciencieux, qui gardait toujours son travail à l'esprit...

---

4. On fait référence ici à une analyse d'un certain nombre d'articles parus dans la revue *Commerce*, en avril et décembre 1995.
5. Paru dans les publicités imprimées de 1995-1996, ce slogan caractérise encore les campagnes de *Nokia*.

Ces exemples démontrent bien qu'avant la fin des années 1990, les arguments publicitaires visaient généralement la *conviction-persuasion* ou la *projection-identification* (Riou, 2002, p. 3). Bien que les argumentaires soient aujourd'hui plus variés, il est évident que ces anciens modes de discours publicitaire n'ont pas totalement disparu. On tente encore aujourd'hui de convaincre et de persuader. On en trouvera une bonne illustration dans les arguments économiques souvent déployés par les compagnies pour légitimer l'acquisition d'un téléphone cellulaire. Les deux publicités ci-dessous constituent un excellent exemple de ce type de stratégie. Même si le cellulaire est aujourd'hui assez répandu dans la société, il est légitime que les publicités qui s'adressent spécifiquement aux plus jeunes visent toujours l'adhésion de nouveaux usagers. Ces deux publicités, publiées dans un magazine étudiant, visent explicitement ce groupe cible de non-usagers.

Publicités imprimées de Telus, automne 2003.

Effectivement, par l'emploi de mots comme « passez » et « enfin », on fait référence à un temps révolu pour signifier le passage à une ère nouvelle dans laquelle la téléphonie mobile n'est plus un rêve, mais une possibilité bien réelle. Le cellulaire est accessible à tous, même aux jeunes. On cherche à établir comme norme un comportement qu'on veut généraliser. C'est pourquoi l'objet est présenté comme désirable et attendu, mais aussi normalisé et banalisé par la démonstration qu'aujourd'hui il n'y a plus de raison de s'en priver. Il est important de noter que c'est la baisse des prix qui est invoquée pour justifier cette nouvelle accessibilité du téléphone cellulaire.

Conscientes des limites des ressources financières des jeunes, les compagnies de télécommunications adaptent leur offre de services à leurs budgets. Intituler une offre de communication mobile : *Forfait midi et après l'école*[6] ne laisse aucun doute sur le public ici visé. La compagnie ajuste son offre de service au mode de vie adolescent structuré par l'horaire scolaire.

Les usages professionnels d'affaires, déjà bien intégrés dans les usages courants, sont moins fréquemment mentionnés dans les publicités des dernières années. En revanche, la rationalité des avantages pratiques est encore bien présente. Une récente publicité de magazine montrant un cellulaire dans un sac est coiffée du slogan « Qui a dit qu'il n'y a rien d'utile dans un sac à main ? », suivi de l'énumération suivante : « messagerie texte, boîte vocale, carnet d'adresses, service de commande vocale ». On voit tout de suite que les possibilités techniques énumérées renvoient toutes à l'aspect utile du cellulaire qui est ainsi valorisé pour la commodité de ses fonctions. Mais il y a plus. La nécessité du cellulaire est également mise en scène par son classement au rang des objets banals du quotidien qu'on trouve ordinairement dans un sac à main féminin. Un sac à main accompagne partout sa propriétaire. Son contenu est toujours à portée de main et devient, par association, défini comme essentiel.

Le deuxième mode du discours publicitaire classique que nous avons relevé plus haut, celui de la projection-identification, consiste à associer le produit à une image typique. Il s'agit, la plupart du temps, d'accoler au produit une idée, une opinion, une image couramment partagées par le groupe social visé. Dans ce cas, la stratégie publicitaire ne fait que mobiliser les références culturelles selon lesquelles nous avons l'habitude de comprendre et d'organiser le monde qui nous entoure. Mais, dans certains cas, c'est à un véritable stéréotype que recourt la publicité, en réduisant les acteurs à leurs

---

6. Solo Bell Mobilité 2004.

Publicité imprimée de Rogers AT&T, été 2003.

caractéristiques générales, en exagérant et en simplifiant leurs traits essentiels jusqu'à la limite de la caricature.

En recourant à la projection-identification, certaines publicités mettent en scène des figures types de jeunes et parient sur l'identification qu'elles induiront. En usant de plusieurs registres tels que l'habillement, la coiffure, les gestes, les façons de parler, les goûts, les choix musicaux, les activités privilégiées, les discours publicitaires jouent le jeu du miroir. Mais renvoient-ils la bonne image ?

Type et stéréotype

Rogers AT&T diffusait en 2003 deux publicités télévisées dont les vedettes étaient des adolescents. Dans la première, on voyait un jeune attendre l'autobus, cellulaire à la main, écoutant de la musique grâce au lecteur MP3 intégré à l'appareil. Dans la deuxième, un adolescent dévalait en trombe l'escalier du sous-sol pour se précipiter sur le divan, attraper une pointe de pizza et regarder la télé, tout en envoyant un message texte à son copain.

Ces mises en scène ne sont évidemment pas sans lien avec la réalité, mais elles se limitent à des clichés qui circulent sur les jeunes et leurs modes de vie. Elles semblent donc plutôt s'inscrire dans le registre du stéréotype. Cette représentation simplifie les caractéristiques de la culture des jeunes.

D'ailleurs, nous avons invité des adolescents à s'exprimer sur l'une de ces deux publicités. Leur appréciation était plutôt tiède sans qu'ils ne sachent trop comment l'expliquer. Voici les commentaires de Myriam : « Y'a pas d'originalité, je trouve que c'est trop... C'est trop... Y'a pas quelque chose... C'est banal. »

Les tentatives de faire jeune dans les messages publicitaires se soldent parfois par des échecs. Le jeune public s'avère sensible aux impostures et détecte rapidement les traits caricaturaux. Il ne suffit donc pas de concevoir une publicité autour d'expressions colorées et de quelques notes de musique dynamiques pour que les jeunes se reconnaissent dans les représentations de leur culture qui leur sont proposées. Sans forcément dire que ces deux publicités de Rogers AT&T manquaient leur cible, on peut tout de même déjà noter l'écart entre ce type de discours publicitaire et d'autres plus récents (dont nous parlerons plus loin). Cela tient au fait que les deux premières publicités mettaient en scène la culture adolescente telle que représentée dans l'imaginaire adulte, tandis que les plus récentes s'inscrivent plus subtilement dans les représentations que les jeunes se font eux-mêmes d'une de leur sous-culture, celle du *skate*.

Les publicitaires s'attachent de plus en plus à étudier comment les jeunes se définissent eux-mêmes. Ils ont appris à se méfier des représentations adultes des adolescents. Ils n'hésitent donc plus à sortir de leurs bureaux et à aller recueillir jusque dans la rue des informations de première main sur ces cultures. Ils préfèrent se fier à de telles observations en milieu naturel plutôt qu'à la méthode traditionnelle des groupes de discussion donnant lieu à des propos parfois mal interprétés ou trop dirigés. Le marketing a adopté certaines des méthodes de l'anthropologie ! La recherche de type ethnographique a aujourd'hui la cote. Les agences de publicité développent des approches nouvelles, telles que celle de prêter un appareil photo à un adolescent en lui donnant la liberté de photographier tout ce qu'il désire. En examinant ces images, elles espèrent repérer des traits spécifiques à la culture des jeunes. Cette quête d'authenticité, qui préoccupe de plus en plus les publicitaires, permet d'impliquer des jeunes dans la construction des discours qui leur seront adressés.

Ainsi, à propos de l'ensemble des publicités de téléphones cellulaires, les jeunes que nous avons interrogés ont spontanément désigné une publicité tirée d'une campagne récente de Rogers AT&T comme étant celle qui s'adressait le plus spécifiquement à eux. Celle-ci met en scène un groupe de trois jeunes adolescents de style *skater* :

> Intervieweur : Pouvez-vous me nommer une ou deux publicités qui vous sont spécifiquement destinées ?
>
> Brigitte : Celle avec la caméra photo pis le gars sortait de chez lui pis y sautait sur sa rampe, il faisait comme du snowboard tsé c'est surtout les jeunes qui font ce sport-là.

Il est significatif que ces publicités mettent en scène des jeunes qui s'adressent à des jeunes. Ceux-ci s'adonnent à diverses activités qui montrent les vertus du nouveau sans-fil absolu. Chacune de ces publicités est organisée selon le même scénario ; d'abord, on voit l'un des trois jeunes qui adresse à la caméra une phrase du genre : « Aujourd'hui, nous allons vous démontrer que... » ; et la publicité se termine sur : « La preuve est faite, le sans-fil absolu est... » Le groupe est d'ailleurs baptisé « escouade urbaine », comme si une certaine mission lui avait été confiée. Était-ce celle de prouver que le cellulaire s'adresse aux jeunes ? Cela ne fait guère de doute, car au fil de leurs expériences, ils en arrivent à des conclusions : « C'est facile d'adhérer au sans-fil absolu », « On sait maintenant à qui ça parle le sans-fil absolu » ou « Le sans-fil absolu colle à mon quotidien ». Le ton humoristique, un peu cynique, de leurs propos est à noter puisque l'humour est un registre langagier particulièrement apprécié des jeunes. Nous y reviendrons dans ce qui suit.

En outre, ces publicités sont réalisées selon une facture délibérément amateur – caméra instable, montage saccadé, prises de vues désaxées, son sourd – comme pour laisser entendre que ce sont vraiment des jeunes qui les ont conçues et qui leur donnent ainsi une force d'authenticité. Ces procédés font penser aussi à ceux qui sont utilisés par les canaux de télévision spécialisés comme Musique Plus, Much Music ou MTV, qui visent directement le public jeune. Et on retrouve la même musique, de style « garage », dans chacun de ces messages clairement collé au goût des jeunes :

Marie-Pierre : Ben moi je dirais que c'est des jeunes qui nous présentent le cellulaire, à qui on peut s'associer enfin. Pis aussi y'a la musique qui va avec. L'aspect du cellulaire qui est quand même intéressant. Pis le petit côté humoristique pour nous accrocher un peu plus.

On note que la relation de complicité qui unit les trois personnages de cette publicité présente l'amitié comme valeur fondamentale ; et les activités auxquelles ils s'adonnent ne sont pas sans rappeler la flanerie, cette manière d'occuper les lieux publics qui caractérise les adolescents (Danesi, 1994 ; Ohl, 2001). Les scènes se déroulent dans des environnements urbains susceptibles d'être fréquentés par des jeunes : une ruelle aux murs couverts de graffitis, un parc, un dépanneur, une buanderie, un party dans un appartement, etc.

Lors du visionnement de l'une de ces publicités, les adolescents interviewés l'ont immédiatement comparée avec l'autre publicité de Rogers AT&T que nous leur avions précédemment montrée :

Myriam : Moi je trouve que c'est plus dynamique.
Jean-Marc : À la place d'un gros lard qui est en train de manger sur le divan...
Myriam : C'est ça !

Ces commentaires démontrent qu'on doit porter attention à la manière dont on dépeint le public à qui l'on s'adresse. Les jeunes ont été presque offensés de se voir représentés comme des « paresseux écrasés sur un divan à manger de la pizza ». Ils ont dénoncé le stéréotype de la paresse présentée avec exagération comme le trait culturel distinctif des adolescents[7].

Quétaine et pastiche : un clin d'œil

Les agences de publicité ne recourent pas qu'à des représentations typées ou stéréotypées pour accrocher l'attention des jeunes. Elles font aussi appel à d'autres couches de discours, qui nous renvoient de manière plus diffuse à leur monde spécifique. Quand la compagnie Bell Mobilité met en scène un personnage caricatural de disc-jockey d'une trentaine d'années « qué-

---

7. On abordera ce trait spécifique de la culture des jeunes et son rapport avec leurs usages du cellulaire dans le chapitre 7.

taine » et démodé, elle ne vise certainement pas les adolescents en leur proposant une représentation d'eux-mêmes… Que se passe-t-il alors pour que cette publicité leur parle ? Au-delà du premier regard, on découvre une stratégie qui consiste à toucher les adolescents en s'appropriant l'une de leurs pratiques distinctives : *l'humour discriminatoire*[8]. C'est en présentant une caricature risible que Bell s'allie les jeunes. Elle joue la carte de l'exclusion comme mode de rassemblement, selon un comportement tout à fait caractéristique de la culture adolescente. Les jeunes sont effectivement très portés à faire de la catégorisation sociale et c'est en déterminant des statuts qu'ils se situent et ordonnent leur univers. Le recours à de tels stéréotypes renforce la cohésion interne du groupe en l'opposant à ce qui est caricaturalement différent.

Publicité imprimée de Bell Canada, été 2003.

---

8. Nous verrons dans le chapitre 5 que la parodie est un genre discursif qui caractérise les adolescents.

La publicité se met alors en scène en tant qu'acteur qui partage les codes des adolescents et qui maîtrise le même genre discursif qu'eux. Elle fait ainsi un clin d'œil complice à son public. Il ne s'agit pas, dans ce cas, de construire des stéréotypes sur les jeunes, mais d'atteindre un deuxième niveau, bien plus raffiné, dans lequel la publicité a recours à leurs propres pratiques de stéréotypie. Ce type de stratégie est de plus en plus utilisé par les publicitaires. Le mode de relation que les marques entretiennent avec le consommateur se déploie maintenant dans des registres variés qui dépassent les anciennes approches publicitaires évoquées plus haut. Aujourd'hui, la publicité fait souvent appel à la connivence. Selon certains, c'est de plus en plus la culture médiatique qui se substitue à la culture classique pour faire office de système de références partagées (Riou, 2002). Dans l'exemple du disc-jockey Disco Dan, l'ancrage est socioculturel. Le personnage est construit autour de signes culturellement reconnus comme indicateurs de « quétainerie », tels que la coupe de cheveux, le choix des mots, le clinquant des vêtements, les gestes et les mimiques, les goûts musicaux, etc. On met en scène un ensemble de codes qui construisent un personnage risible. Si c'est la parodie d'une position sociale qui est utilisée ici, la relation de connivence peut se déployer sur plusieurs modes : le kitsch (style considéré comme démodé mais valorisé dans son utilisation seconde), le *no bullshit* (jouer la carte de la franchise), le pastiche (citation ironique) ou la récupération (le pastiche ne passant pas automatiquement par l'imitation) (*ibidem*).

Comme nous venons de le voir, Bell est une compagnie qui exploite habilement les nouveaux registres publicitaires. Après le disc-jockey Disco Dan, ce sont des personnages caricaturaux sortis directement d'une autre époque qui font les frais de la moquerie conjointe du public et de Bell Mobilité.

La campagne de Bell tirant partie du cliché du bon vieux temps produit des effets comiques en opposant un mode de vie traditionnel et un équipement technologique perfectionné. L'absurde de tels anachronismes semble plaire particulièrement à un public jeune. Comme l'humour discriminatoire, l'humour absurde est généralement prisé par ce groupe social. Bien que les jeunes interrogés au sujet de ces publicités aient dit ne pas se sentir directement visés par cette campagne publicitaire, ils ont éclaté de rire lors du visionnement, signe qu'une certaine relation s'établit quand même entre cette publicité et le public jeune. Faire rire, c'est produire un effet sur le public. Le rire est la confirmation qu'une entente vient de s'établir entre l'énonciateur (ici, la compagnie de télécommunication) et le destinataire (ici, les jeunes). Il s'agit d'une entente qui se fonde sur le comique de la scène.

Publicité imprimée de Bell Canada, automne 2003.

Comme ailleurs, le publicitaire utilise la parodie, mais cette fois sur le mode du pastiche puisqu'il reprend un genre artistique particulièrement populaire au Canada, c'est-à-dire les séries d'époque et les références au terroir. Les publicités évoquent en effet des téléromans comme *Le temps d'une paix*, *Les belles histoires des pays d'en haut* ou, en version plus récente, le film *Séraphin, un homme et son péché* qui ont eu un énorme écho auprès du public francophone. Le propre du pastiche est de reprendre les éléments constitutifs du genre et de les déformer pour produire un effet comique. C'est exactement ce qui se produit ici. Par le biais du pastiche, la relation entre le publicitaire et le public s'installe sur le plan du jeu. On peut alors esquisser l'hypothèse que les jeunes se sentent interpellés par le ridicule de ce monde dépassé et que la relation de connivence fonctionne.

Mais la stratégie de communication est encore plus raffinée. Car elle consiste aussi à démontrer que les technologies ne sont plus des objets de luxe inabordables ou des objets compliqués accessibles aux seuls initiés, puisque même ces personnages surannés les intègrent à leur mode de vie. Il est à ce titre intéressant de noter que Bell et Telus ont des slogans généraux misant sur le concept de simplicité : « Bell et bien simple », « Telus. Le futur est simple ». La simplicité de quoi ? D'un avenir technologique accessible à tous ? Cette hypothèse a d'ailleurs été exprimée par Nicolas, l'un des adolescents auxquels nous avons montré cette publicité :

> C'est plutôt une publicité pour adultes, tsé pépère, c'est plutôt une personne âgée, qui dit que tout le monde peut avoir un cellulaire, tsé comme les personnes d'un certain âge, d'un âge avancé, qui peuvent avoir un cellulaire, c'est pas juste les jeunes.

Les publicitaires parviennent donc à un habile renversement de positions. Autrefois le cellulaire était destiné principalement aux gens d'affaires et pouvait éventuellement aussi convenir à des jeunes. Maintenant, ce serait l'inverse qu'on suggère, car on se préoccupe de le promouvoir chez les personnes d'un certain âge. Les jeunes définissent ainsi le téléphone cellulaire comme un objet qui leur est destiné. Il faut ici souligner que les publicités de cellulaires actuelles visent en fait des publics de plus en plus jeunes. On sait fort bien dans le métier que mettre en scène des adolescents de 15-16 ans séduira inévitablement les 12-13 ans impatients d'être pris au sérieux.

Le langage folklorique des personnages de la campagne du « bon vieux temps » est très évocateur et efficace. Le reprendre dans des publicités imprimées dans les quotidiens, sur les autobus ou sur Internet n'oblige même pas à faire intervenir les personnages pour qu'on identifie leur provenance publicitaire. Il suffit que les publicités reprennent en écho l'imagerie de *l'ancien temps* ainsi que les variantes régionales de la langue française et les formulations anciennes pour réactiver la forte présence publique de la marque. Certaines expressions créées spécifiquement pour ces publicités et mises dans la bouche des personnages, telles que *As-tu éteint ton « téléphone-à-poche »* ?, ont presque atteint l'usage courant. On ne peut savoir pour l'instant si cette expression perdurera, mais elle circule beaucoup dans les éditoriaux, les chroniques, les courriers de lecteurs dans les quotidiens, et même dans les conversations entre amis. Chaque fois, on fait un clin d'œil à la campagne de publicité, ce qui participe à refaire circuler l'expression.

Parler jeune, parler pub

Quand on observe que la publicité a ainsi la force d'ajouter de nouvelles expressions dans le langage quotidien, on doit reconnaître son potentiel de création linguistique. À l'inverse, les expressions utilisées dans les publicités sont souvent directement puisées dans la culture des jeunes. Le choix des mots qui construisent les publicités et la manière de les prononcer ou de les écrire méritent alors une attention particulière. Par exemple, les jeunes sont généralement plus portés que leurs aînés à la familiarité. Quand la publicité interpelle son destinataire en le tutoyant, on peut penser qu'elle utilise un code typiquement jeune : « T'as envie de décrocher ? [9] » Dans ce même exemple, le slogan écrit s'inspire de l'oralité et donne par conséquent un effet moins conventionnel à l'énoncé. Nous savons en effet qu'il existe un langage propre aux jeunes qui se distingue du langage plus institutionnel représenté par leurs parents ou par leurs professeurs. Les jeunes développent une façon de s'exprimer qu'ils utilisent entre eux presque comme un code partagé qui définit l'appartenance à leur culture[10]. Les publicités qui parlent aux jeunes comme ils se parlent entre eux font une incursion directe dans leur univers, ce qui peut, par le fait même, contribuer à l'alimenter.

Le langage des jeunes, malgré sa relative uniformité interne par rapport à celui d'autres groupes sociaux, varie cependant d'un petit groupe à un autre (Danesi, 1994). Il constitue même un moyen en soi d'établir des liens et de s'intégrer dans un groupe en partageant des codes communicationnels spécifiques. On peut le constater notamment en observant le langage particulier utilisé dans l'envoi de messages textes[11] par téléphone cellulaire. Les créateurs des campagnes publicitaires ont tout de suite saisi le potentiel expressif de ce nouveau langage dont les caractéristiques particulières, tel

---

9.   Publicité imprimée de Rogers AT&T, automne 2003.
10. Nous irons plus en détail dans le chapitre 5.
11. Nous traverserons l'univers fascinant du langage SMS dans le chapitre 6.

que le souci de concision, vont à la rencontre de l'efficacité de parole propre à la communication publicitaire.

On trouvera une belle illustration de la diversité des codes de messagerie texte et de leur rôle de codage identitaire dans une publicité qui propose un concours demandant aux participants d'essayer de déchiffrer le message texte qui a été envoyé par l'un des personnages[12]. Cet envoi d'un message mystère, incompréhensible pour les non-initiés, marque bien la fonction identitaire et exclusive de ce type de langage. Les compagnies de téléphonie cellulaire exploitent même ce type de comportement social en prétendant l'« enseigner » aux utilisateurs potentiels. Par exemple, le site Internet de la compagnie Rogers AT&T[13] publie un tableau de traduction du langage texto, tandis que Bell Mobilité propose une liste de nombreux codes du jargon texto.

Sinon, les images publicitaires montrent des écrans de cellulaires affichant des messages textes comme « Té la + belle ! », « Rdv sur la terrasse », « Wétu ?[14] » Dans une publicité télévisée, un adolescent envoie à son ami le message : « Té où ?[15] » En récupérant ce langage particulier pour produire

Image tirée du site <www.Rogers.com>.

---

12. Publicité télévisée de LG – Solo de Bell, automne 2003.
13. Site <http: www.Rogers.com>.
14. Publicités imprimées de Rogers AT&T, 2002.
15. Publicité télévisée de Rogers AT&T, automne 2003.

ses discours sur la technologie, la publicité contribue à l'officialiser ou à le naturaliser.

Et ailleurs ?

Au-delà de l'effet de mode du *téléphone-à-poche*, certains vocables acquièrent une relative stabilité dans les langages sociaux. Et la différence des expressions dans divers pays constitue un indicateur culturel de la diversité des rapports à l'objet selon les sociétés. Au Canada et aux États-Unis, les termes *téléphone cellulaire* et *cell phone* sont les plus répandus, ces derniers faisant simplement référence au fonctionnement technique initial de l'appareil. D'autres cultures utilisent par contre des expressions référant directement à la portabilité de l'objet : *le portable* en France, *the mobile* en Angleterre, *el movile* en Espagne, *keitai denwa* (téléphone transporté) au Japon. Les Finlandais ont, quant à eux, adopté le terme *kanny*, qui vient d'un nom de marque mais qui réfère aussi à une extension de la main. Un peu dans le même sens, les Allemands l'appellent le *handy* et les Chinois le *sho ji* (machine à main) (Plant, 2000). Ces dernières expressions désignent le cellulaire comme une extension du corps.

Poser le regard ailleurs permet parfois de mieux se voir soi-même. S'intéresser aux publicités de cellulaires qui circulent dans d'autres pays devient à cet égard révélateur puisque les discours varient selon la culture qui les inspire et qui les véhicule. L'état du marché est d'abord un facteur à considérer. Il est particulièrement intéressant de comparer deux pays dont les taux de pénétration du cellulaire sont bien différents, comme l'Italie et le Canada[16]. Dans les deux ensembles de discours, on retrouve des énoncés semblables qui apparaissent de façon trans-contextuelle, mais aussi des énoncés dissemblables.

Nous avons remarqué que les discours de représentation typée sont beaucoup plus fréquents sur le marché italien. Beaucoup de publicités de cellulaires mettent en scène des jeunes. Et que font ces jeunes dans les publicités ? Ils sont en groupe et ils ont manifestement du plaisir à être

---

16. Chez les jeunes par exemple, 76 % des Italiens de 14-17 ans possèdent un cellulaire (Censis, 2002) contre 35 % des Canadiens de 12-17 ans (BBM, 2002).

ensemble. Bien que le cellulaire ne soit pas visible dans les images, sa présence est implicite dans ces scènes qui montrent des adolescents heureux d'être ensemble, c'est-à-dire qu'on suggère qu'il peut aisément s'intégrer à ces dynamiques de groupe propres aux jeunes. Nous verrons plus loin des exemples de publicités canadiennes qui valorisent elles aussi l'aspect communautaire qui se tisse autour des usages du cellulaire par les jeunes.

Publicités imprimées de Vodafone, 2002.

Dans le même esprit, les deux publicités ci-dessous sont elles aussi typées, mais évoquent plutôt un lien d'intimité. Encore une fois, le cellulaire est absent de la scène. Le lien interpersonnel est soit illustré par une situation de face-à-face, soit représenté par un autre médium symbolisant en quelque sorte le travail de connexion que le cellulaire accomplit. Ainsi, pour promouvoir un objet, le publicitaire choisit de ne pas le montrer et de mettre de l'avant plutôt les implications affectives et relationnelles qu'il permet : ici, le cellulaire pour échanger des secrets entre copines, le cellulaire comme lien de couple, etc.

Publicités imprimées de Vodafone, 2002.

Communiquer à tout prix : « Communiquez à tout prix ! »

Les discours publicitaires canadiens portent eux aussi sur l'aspect relationnel, mais les publicités que nous avons étudiées recourent davantage à la métaphore ou à l'analogie qu'à des représentations typées. Par exemple, un pauvre chien déprimé regarde tristement la photo de sa belle tandis qu'une musique langoureuse se fait entendre : « Je m'ennuie de toi, oh ! ma chérie...[17] » En racontant l'histoire de ces amoureux séparés par la distance mais qui, grâce au forfait interurbain, peuvent enfin communiquer, la publicité met en scène le cellulaire comme lien. La compagnie propose à l'acheteur de lui assurer ce lien. Compte tenu de l'importance fondamentale de l'appartenance au groupe et de la communication entre pairs pour les jeunes, on peut penser que cette valorisation du lien social trouvera un écho favorable auprès de ce groupe cible.

---

17. Publicité télévisée de Fido, décembre 2002.

Le slogan bien connu « Il faut qu'on se parle » illustre d'ailleurs le sentiment d'urgence de communication ressenti par les jeunes. L'image accompagnant ce slogan montre une situation de relation en face-à-face. Comme pour les publicités italiennes évoquées précédemment, le cellulaire est complètement éclipsé du discours, tant et si bien qu'on dirait une publicité pour la communication en tant que telle. Semprini (Semprini, 1996) note que, dans de tels cas, la communication, en devenant elle-même l'objet de communication, participe à la construction d'une rhétorique générale sur la communication. Le discours social construit une idéologie de la communication, entendue comme valeur et comme finalité en soi.

Publicité imprimée de Telus, automne 2003.

Toujours au nom de cette même idéologie de la communication, on propose aujourd'hui l'envoi d'images en remplacement des mots afin de mieux communiquer : « Vous ne trouvez pas les mots ? Dites-le presto avec une photo [18] », « Une image vaut mille mots [19] ». L'importance de l'échange com-

18. Publicité imprimée de Telus, automne 2003.
19. Publicité imprimée de LG, automne 2003.

municationnel devient bien sûr l'argument promotionnel de la vidéophonie, nouvelle innovation de la communication mobile. La communication est tellement valorisée dans les discours publicitaires qu'aucune raison de ne pas entrer en relation ne semble valable. Parlez, écrivez, envoyez une photo : communiquez ! La communication est présentée comme essentielle mais, surtout, comme facile grâce à tous les nouveaux moyens offerts. La publicité exploite donc à des fins commerciales cette valeur socialement partagée qu'est devenue l'importance de communiquer et la représente au premier niveau, sachant que le public l'identifiera aux capacités du cellulaire. Se procurer cette technologie permet de se rapprocher d'un idéal à atteindre dans l'univers des jeunes, surtout qu'on sait que pour les adolescents la réception d'un message ou d'un appel confirme l'appartenance au groupe (Ling et Yttri, 2002).

Publicité imprimée de Telus, automne 2003.

Le slogan « Il faut qu'on se parle » de Telus est une citation indirecte du « On est six millions, faut s'parler » de Labatt dans les années 1970. En tant que tel, il est aussi un clin d'œil aux Canadiens francophones du Québec, qu'il cible donc comme destinataires du message. Les cordes sensibles (Bouchard, 1978) qui caractériseraient les comportements des Québécois et qu'exploitaient les publicitaires dans les années 1970 peuvent encore produire une mélodie efficace. Certaines cordes deviennent moins sensibles avec le temps, elles disparaissent ou renaissent sous de nouvelles formes, mais d'autres peuvent toujours être exploitées, comme l'importance de communiquer « entre nous ». Devenue valeur universelle, la communication est mobilisée par la publicité depuis plusieurs années et ce, à des fins aussi variées que de promouvoir la bière ou le cellulaire. On voit donc qu'une nouvelle technologie n'est pas nécessairement entourée d'une aura de nouveauté absolue. Les mêmes valeurs de base qui animeraient l'être humain et qui se rattachaient à un produit traditionnel peuvent s'appliquer à un objet aussi nouveau que le cellulaire. Comme Labatt à l'époque, les publicités de cellulaires qui s'adressent actuellement aux jeunes déploient nombre de slogans du genre : « Tout le monde le fait, fais-le donc ! », qui incitent à un certain conformisme. On peut aussi penser au « Ne partez pas sans elle » d'American Express, qui pourrait tout aussi bien s'appliquer aujourd'hui au cellulaire.

Tout inclus, même les amis ?

Les jeunes font usage des nouvelles technologies conformément à une culture technologique spécifique qui implique justement de partager des pratiques pour se constituer en communauté (Caron et Caronia, 2001). Et le téléphone cellulaire y trouve une place parfaite. La publicité appuie donc sa démarche sur les compétences constitutives de ces communautés de pratiques. En Italie, où le marché a atteint une certaine maturité, le fait de posséder un cellulaire – et donc de partager les pratiques générales qui en régissent l'usage – s'est généralisé. On voit alors naître des sous-groupes, qui se réunissent autour de pratiques plus spécifiques. Une publicité télévisée nous montre de jeunes Italiens branchés s'amuser dans une fête à s'envoyer des photos par téléphone cellulaire[20]. Et la publicité se termine par le slogan « *E tu* ? » (Et toi ?) qui interpelle directement le téléspectateur en lui faisant miroiter l'insigne privilège d'entrer dans ce groupe. Comment y parvenir ? Par l'adhésion aux nouveaux services qu'offre la compagnie de téléphonie cellulaire, dans ce cas-ci, la messagerie photo.

On trouve aussi dans les discours publicitaires des références à des communautés plus traditionnelles, telles que la famille ou les collègues de classe. Par exemple, on offre les appels gratuits entre membres d'une même famille[21] ou entre amis étudiant au même cégep ou à la même université[22].

La publicité peut évoquer aussi, tout simplement, l'usage du cellulaire en famille, l'importance de cette pratique ressortant souvent dans les discours des usagers que les concepteurs publicitaires savent exploiter parfois à la lettre. Alors qu'il y a encore quelques années les premiers cellulaires étaient souvent introduits dans l'environnement familial par l'un des parents qui s'en réservait généralement l'usage à des fins professionnelles ou pour être capable de faire face à d'éventuelles situations d'urgence, aujourd'hui on voit le téléphone cellulaire passer de main en main. C'est par exemple le cas lorsqu'un adolescent sort le soir et que ses parents lui prêtent le cellulaire pour des raisons de sécurité. Certaines compagnies l'ont noté et proposent aux nouveaux abonnés un deuxième cellulaire gratuit. Il s'agit du forfait famille, appuyé par ce slogan : « Imaginez partager vos minutes, pas votre téléphone[23]. »

Les compagnies tentent aussi de créer des communautés d'usagers de marque par des offres permettant par exemple de communiquer gratuitement entre abonnés d'un même fournisseur de téléphonie. On adhère donc à la communauté Fido, Rogers ou Telus et on incite son entourage à faire de même afin de profiter des avantages monétaires rattachés à l'appartenance à un même réseau. On assiste alors au développement de communautés fondées artificiellement sur l'acceptation d'une offre marketing. Pourrait-on aller jusqu'à considérer l'attachement à une marque commerciale comme signe distinctif de la culture des jeunes ? Une publicité

---

20. Publicité télévisée de Vodafone Omnitel, automne 2002.
21. Publicité imprimée de Bell, automne 2002.
22. Publicité imprimée de Rogers AT&T, automne 2003.
23. Publicité imprimée de Rogers AT&T, été 2002.

télévisée de Fido s'est fondée sur cette idée en montrant un jeune homme « physiquement » suivi par sa communauté. L'annonce commençait par la question : « Désormais les appels entre abonnés Fido sont gratuits. Y a-t-il une meilleure façon de rester près de vos proches ? »

Comme le démontre le slogan de l'exemple suivant, les publicités puisent leurs discours directement dans la dynamique communautaire avec des slogans du genre : « Qui se ressemble s'assemble. Voici le nouveau forfait Telus à Telus. »

Publicité imprimée de Telus, automne 2003.

On dessine les limites territoriales de la communauté en excluant les abonnés de la concurrence, et on renforce la cohésion interne en insistant sur la ressemblance des membres et le lien qui les unit : le cellulaire et ses pratiques. Dans la première publicité, l'effet de miroir entre les deux personnages en face-à-face est évocateur et renforce l'idée de ressemblance entre membres d'une même communauté. Dans la deuxième, les chiens sont ensemble alors que le mouton, au premier plan, est à l'écart du groupe.

L'écart est illustré non seulement par la position du sujet dans l'espace, mais aussi par ses caractéristiques puisqu'il appartient à une autre espèce considérée comme moins noble (chien versus mouton).

Publicité imprimée de Fido, automne 2003.

La différence dans la ressemblance

Parallèlement à toutes ces stratégies publicitaires faisant miroiter aux jeunes l'appartenance à la communauté de leurs semblables par le partage de pratiques liées à une technologie de communication, plusieurs discours optent pour la valorisation de la singularité. Cette tension entre conformité et différenciation n'est pas étrangère aux pratiques adolescentes comme telles. En effet, rien de surprenant à vouloir faire partie du groupe, tout en se démarquant à l'intérieur de celui-ci. Les discours publicitaires soutiennent et alimentent ces dynamiques relationnelles. Les offres promotionnelles qui permettent de personnaliser son téléphone par le téléchargement de sonneries, d'acheter des couvercles aux couleurs et aux motifs variés ou d'acquérir de tout nouveaux services vont toutes dans cette même direction. Personnaliser son cellulaire grâce à des accessoires de mode, c'est acquérir une certaine singularité dans le groupe : une valeur ajoutée à celle de l'appartenance de base. Et on peut se demander si le téléphone portable ainsi singularisé ne deviendra pas à l'avenir encore plus important dans la vie de tous les jours qu'un bijou ou un vêtement pour permettre à son propriétaire d'exprimer son style distinctif.

Publicité imprimée de Vodaphone, 2003.

La question n'est sans doute pas anodine, puisque certaines compagnies ont déjà exploité cette possibilité de valorisation. C'est ainsi qu'en Europe, la compagnie Siemens fait déjà la promotion de ses téléphones-accessoires Xelibri : « Pour nous, le style est l'essentiel. Nous fabriquons des accessoires de mode qui sont beaux, portables, et qui en plus servent à téléphoner ![24] » Tous les six mois, une nouvelle collection de quatre téléphones est lancée, l'idée étant d'émuler le monde de la mode.

---

24. <http://www.xelibri.com>.

Ces images, tirées du site de Siemens (<http://www.siemens.com>),
illustrent la collection de téléphones-accessoires automne-hiver 2003
qui se regroupent sous le thème « Fashion Extravaganza ».

Avec cette nouvelle préoccupation pour l'apparence des objets de communication, la compagnie exploite le système commercial de la mode vestimentaire et décorative, qui permet un renouvellement périodique de la demande des consommateurs et donc assure la multiplication de ses ventes de téléphones. Elle tente d'aller plus loin dans ce sens, plus loin que ce que pouvait faire la seule offre de personnalisation des appareils par des boîtiers de couleur ou le chargement de sonneries. Plus que jamais, nous observons que le cellulaire est devenu beaucoup plus qu'un outil portable de communication. On doit le considérer comme un véritable prolongement du corps, capable, à ce titre, d'exprimer la singularité de son porteur dans un jeu identitaire entre conformisme et différenciation.

Ce nouveau statut du cellulaire comme objet de valeur, et donc comme instrument de valorisation de son usager, ressort aussi dans d'autres stratégies publicitaires, comme celles qui sont proposées au moment des fêtes. Le téléphone cellulaire devient alors fort significativement un cadeau. Attribuer à ce techno-objet une fonction de cadeau, c'est automatiquement en faire un objet désirable et, par conséquent, un objet de valeur.

Publicité imprimée de Telus, automne 2003.

Dans cette publicité, en considérant le cellulaire comme un cadeau *cool*, on vise plutôt les jeunes, *être cool* étant une attitude valorisée par la culture adolescente en général, même si elle se décline de différentes manières selon les groupes et les époques (Danesi, 1994). Avec le slogan « Dire qu'à ce prix-là vous auriez pu recevoir un téléphone cool », on met en scène un personnage qui est déçu par son cadeau de Noël. On adresse donc une mise en garde à ceux qui cherchent des idées de cadeaux pour leurs proches. La publicité interpelle ainsi plusieurs types d'acheteurs qui se trouvent engagés dans les courses de la période des fêtes : les receveurs et les donneurs de cadeaux et, notamment, le couple parents-enfants.

Les publicités des fêtes présentent donc le cellulaire comme un objet aussi agréable à *donner* qu'à *recevoir*. Dans la campagne publicitaire qui suit, l'une des publicités interpelle celui qui donne le cellulaire, l'autre, celui qui le reçoit, et la troisième boucle la boucle en incitant le consommateur à jouer lui-même les deux rôles !

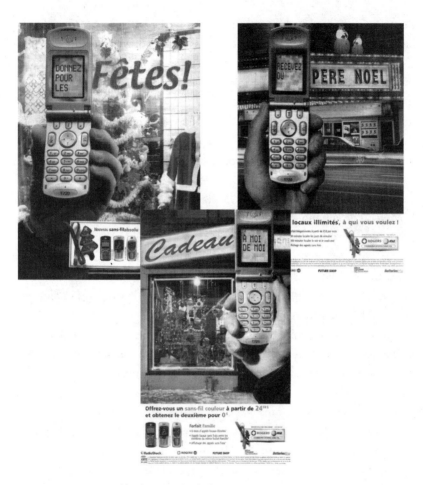

Publicités imprimées de Rogers AT&T, automne 2003.

Le cellulaire à toutes les sauces

Les campagnes publicitaires sur le téléphone cellulaire se trouvent aujourd'hui à un véritable carrefour d'interdiscursivité, tant les discours qui circulent à son sujet sont nombreux, tant dans des émissions de télévision et de radio, que dans les films, la presse et les magazines, sur les sites Web, les *chats* et les forums sur Internet, etc. Le téléphone cellulaire fait de plus en plus partie de la vie et, par conséquent, il est de plus en plus visible dans tous les médias. Du fait qu'il commence à réellement faire partie de nos habitudes de vie quotidienne, on note même une forte présence du téléphone cellulaire dans des mises en scène publicitaires n'ayant aucunement pour objet d'en faire la promotion. Par exemple, une publicité pour une chaîne d'alimentation[25] met en scène un humoriste connu qui fait son épicerie tout en parlant avec sa copine grâce à son téléphone cellulaire. On montre ici le cellulaire comme un objet intégré à la routine quotidienne et qui permet la simultanéité de plusieurs actions. D'autres exemples similaires circulent à la télévision : une publicité nous montre une femme qui rentre chez elle, les mains pleines de paquets et le cellulaire à l'oreille[26] ; un enfant utilise son cellulaire pour appeler sa mère de l'école afin de passer un commentaire sur le contenu de son lunch[27].

Cette apparition de plus en plus fréquente du cellulaire à l'écran traduit le caractère quasi naturel de sa présence au quotidien. Si aujourd'hui fumer dans un lieu public est de plus en plus marginal, utiliser un cellulaire le devient de moins en moins. Serions-nous en train de troquer la pollution de la fumée de cigarette pour la pollution sonore ?

Dans une publicité de bière[28] évoquant une scène de rendez-vous romantique, la jeune femme adopte une série de comportements inappropriés, dont celui de se curer les dents à table. Le deuxième acte déplacé de la jeune femme consiste à parler sur son portable jusqu'à la fin du récit. En se mettant dans un état de présence absente (Gergen, 2002), elle laisse choir son partenaire. Le clou du récit, ou « la goutte qui fait déborder le vase », comme le dit la publicité, est de voir l'impolie s'approprier la bière de son compagnon. Dans cette série d'actes déplacés dédiée à la promotion d'une bière, le cullulaire n'est présent que de façon accessoire, comme responsable d'un comportement jugé socialement inacceptable dans le contexte d'un rendez-vous galant.

La campagne *Parler, c'est grandir*, lancée en 2002 par le ministère de la Santé et des Services sociaux du Québec afin d'encourager la communication sur divers sujets touchant les jeunes, illustre aussi cette nouvelle diversité de la mise en scène médiatique du cellulaire. Une publicité dans le

---

25. Publicité télévisée de Loblaw, été 2003.
26. Publicité télévisée de Winners, automne 2003.
27. Publicité télévisée de Yoplait, automne 2003.
28. Publicité télévisée de Heineken, automne 2003.

cadre de cette campagne montre dans un restaurant une relation père-fille en face-à-face continuellement interrompue par le cellulaire du père. La jeune fille trouve alors la solution en sortant de la pièce et en appelant son père sur son cellulaire pour pouvoir communiquer avec lui. Encore une fois, le cellulaire est investi d'un rôle négatif, puisqu'il est montré comme un objet qui perturbe une relation en cours, et il a été choisi pour souligner que cette campagne porte bien sur le thème de la communication qu'il faut développer entre générations.

Ces deux dernières publicités exploitent des codes d'utilisation sociale du cellulaire pour évoquer chez les spectateurs l'image d'une personne qui est impolie ou manque de respect envers l'autre. Elles témoignent du caractère social prescriptif acquis par le cellulaire et ses usages. Et nous observons que les jeunes développent conformément à leur culture leur propre code de conduite vis-à-vis de cet objet. Comment la publicité intervient-elle dans la redéfinition de cette manière de vivre ensemble avec le cellulaire ? Elle propose des discours qui sanctionnent et d'autres qui cautionnent. Elle normalise certains comportements et en critique d'autres. Les nouvelles technologies, de par leur nouveauté, favorisent ces négociations de sens et d'étiquette proposées par les discours publics.

Les discours publicitaires visant à nous vendre un objet technologique ne se résument pas à des arguments rationnels. Ils véhiculent aussi des propositions de styles de vie, des prescriptions, des valeurs, des codes d'usage, qui finissent par définir ce que signifie le fait de posséder un cellulaire, mais surtout ce que c'est qu'être jeune avec un cellulaire.

On observe qu'il existe un imaginaire important associé à l'idée d'être jeune avec un cellulaire, et que la culture technologique des jeunes se construit à travers l'ensemble des discours sociaux qui s'entrecroisent quotidiennement. En outre, les usages comme tels permettent aux jeunes de se construire une identité et une culture spécifiques. Dans le chapitre qui suit, c'est dans l'univers langagier des jeunes que nous plongerons afin de voir quel est le rôle des discours des jeunes dans la construction de leur culture.

5

LANGAGE, INTERACTION ET CULTURE CHEZ LES TECHNO-ADOLESCENTS

Après leur conception, après leur première adoption par les innovateurs, à travers leur circulation dans l'espace social en tant qu'objets du discours publicitaire, les technologies « rencontrent » les usagers. Et c'est lors de cette entrée dans la vie sociale qu'elles deviennent des instruments de construction de culture. Pourtant, ce passage ne va pas de soi. Ceux que, par convention, on appelle les usagers sont, de fait, des individus en chair et en os, situés dans un milieu social donné et porteurs d'une culture spécifique. Au lieu de réfléchir sur la relation entre usagers et technologies, il faut donc repenser ce processus en termes de « rencontre » entre une technologie et une communauté d'usagers. Cette notion nous aide à nous rappeler que le terme *usager* est une définition de l'individu opérationnelle et partielle. Elle demande à chaque fois d'être mise en relation avec les autres dimensions qui constituent l'identité de l'acteur.

Comment une technologie rentre-t-elle dans une communauté donnée ? Comment son adoption et son usage s'insèrent-ils dans les pratiques de communication, les formes d'interaction, les différents langages qui lui sont propres ? Pour situer ce processus d'incorporation culturelle et saisir les détails et les nuances de son accomplissement pratique, il faut d'abord définir une communauté d'usagers et en baliser les contours. Pour des raisons qui deviendront de plus en plus claires dans les pages suivantes, on a choisi de poser un regard en profondeur sur une communauté d'usagers spécifique : les techno-adolescents et leur rapport privilégié aux nouvelles technologies de communication.

Nouveaux rites de passage : la possession des technologies comme seuil symbolique

On reconnaît depuis longtemps le caractère éminemment social du passage d'un individu d'un cycle de vie à un autre, notamment au moment de l'entrée dans l'âge adulte. Même les théoriciens les plus inconditionnels d'une approche biologique du comportement humain et qui voudraient l'expliquer en s'en tenant aux transformations physiologiques du corps reconnaissent qu'*être un adolescent*, *devenir un adulte*, tout comme *n'être plus un enfant*, constituent des marquages culturels. La littérature abonde d'exemples sur les multiples façons élaborées pour baliser ou, au contraire, pour oblitérer ces étapes de la vie, selon les sociétés et les époques.

Les définitions culturelles de ces cycles de vie varient inévitablement selon l'existence des mots pour les nommer et des seuils pour en baliser les contours (Galland, 1996). Et il est généralement admis que, dans les sociétés industrialisées contemporaines, même si le mot « adolescence » existe, et que cette étape de vie est toujours reconnue, tant dans le langage populaire que dans la culture savante, le marquage de ses seuils symboliques est devenu flou. Selon ce lieu commun, nous n'aurions plus recours à des rites de passage susceptibles de marquer symboliquement l'abandon du statut d'enfant et la conquête de celui d'adulte.

Or, tel n'est pas le cas. La société de consommation et de marché a produit de nouvelles formes culturelles, ses propres rites de passage susceptibles de continuer à marquer ces différences de cycles de vie de l'individu dans la société. Si les rites d'initiation ont disparu de la scène collective et publique, il suffit de les chercher ailleurs. On trouvera ainsi, dans le micro-ordre actuel du quotidien, un ensemble de faits et gestes qui marquent symboliquement l'abandon de l'enfance et le passage à l'âge adulte. Les nostalgiques qui déplorent la disparition des rites d'initiation ne voient simplement pas qu'ils se sont déplacés et transformés, et qu'une pléthore de micro-rites récurrents et même prévisibles accomplissent aujourd'hui cette même fonction de marquage des temps de la vie, mais selon de nouvelles formes.

Ainsi, comment nier que le permis de conduire constitue un rite de passage ? Le *piercing* n'est-il pas une façon de revendiquer l'autonomie de ce que Merleau-Ponty a appelé le *corps propre*, de le soustraire à cette manipulation parentale qui définissait, entre autres, l'enfance ?

On a beaucoup réfléchi et écrit sur la façon de s'habiller des jeunes. Et, en effet, c'est là une expression forte d'appartenance culturelle ; leurs vêtements disent la ressemblance avec les pairs et la différence avec le monde des adultes. Mais il ne s'agit pas seulement du genre de vêtements qui est porté. Il faut aussi considérer une autre dimension très importante : la liberté de choisir ses propres vêtements et, réciproquement, la permission qu'accordent ainsi les parents à leurs propres enfants. L'une et l'autre sont des seuils symboliques qui marquent l'abandon du statut d'enfant et le passage vers un autre cycle de vie.

Et c'est dans ce cadre qu'il faut aussi considérer le rôle symbolique des technologies de communications (Ohl, 2001), alors que nous entrons précisément dans ce qu'on appelle la société de l'information.

Sans sous-estimer les facteurs économiques, on pourrait affirmer que, dans les sociétés industrialisées, c'est l'accès à ces technologies qui marque de fait le passage de l'enfance à l'adolescence. Dès que l'on obtient son premier portable, qu'on cesse de se servir de l'ordinateur des parents, quelque chose a changé : l'autonomie dans la gestion des outils d'information et de communication et la privatisation de leur usage *disent* que l'enfant n'est plus un enfant. En Italie, 19 % des enfants de 10 ans ont leur propre cellulaire. À 13 ans, 68 % d'entre eux en possèdent un[1]. Quoi qu'on veuille dire sur son utilité, y compris dans les rapports parents-enfants lorsque les adultes travaillent (Ling et Yttri, 2002), il faut reconnaître que l'arrivée du téléphone cellulaire dans la vie des enfants nous *dit*, entre autres, à quel âge cette culture et donc cette société situent le début de l'adolescence. Et ce n'est pas un hasard, bien sûr, si ce passage s'accomplit à travers le plus

---

1. Données tirées du rapport Doxa, *Junior*, 2002.

ritualisé des échanges sociaux : *le don*[2]. De façon typique, le cellulaire arrive comme un *cadeau* pour Noël, pour l'anniversaire ou pour la fin du primaire, donc à des moments culturellement définis comme symboliques. Au-delà de toutes les dynamiques sociales déclenchées par l'échange du don[3], l'offre du cellulaire comme cadeau d'anniversaire ou pour la fin du primaire a une fonction symbolique de type identitaire : elle définit les bénéficiaires comme *n'étant plus des enfants*.

C'est donc indépendamment de toute définition biologique, classification psychologique ou convention juridique, qu'en Italie les enfants commencent à se définir et à être définis comme des ados à l'âge de 10 ou 11 ans. Dès lors qu'ils disposent personnellement de cette technologie, les enfants ne sont plus des enfants. Assurément, le marquage symbolique de passage est fort différent de celui des sociétés archaïques où les jeunes pouvaient enfin se vêtir comme des guerriers pour aller à la chasse avec les adultes, mais la fonction demeure la même. Ce n'est pas parce que ces nouveaux rites de passage nous sont devenus familiers qu'il ne faut pas savoir les reconnaître comme tels.

Et si la possession de ces techno-objets, entre autres choses, évidemment, accomplit les fonctions d'un rite de passage, leurs usages semblent aussi de plus en plus devenir des pratiques de construction de l'identité que ce passage provoque. Car ces usages appartiennent aux *répertoires des langages* à travers lesquels les jeunes se disent et se construisent en tant que tels. Les usages de ces technologies, tout comme la mode, les goûts musicaux, une certaine façon de marcher, de tenir sa bicyclette ou sa mobylette, deviennent la base d'une construction identitaire de l'individu qui va s'accomplir surtout et avant tout grâce à un autre outil sociosymbolique très puissant :

---

2. À partir de la théorie du don de Mauss (Mauss, 1950), ce terme indique une dynamique spécifique de l'échange social et sa fonction structurante, le mot « cadeau » se réfère plutôt à l'objet matériel choisi pour accomplir cette fonction. Le cadeau peut varier (selon les groupes humains, la période historique, le marché, etc.) tandis que sa fonction (celle du don) reste une constante. Sur la dynamique du don comme transaction du contemporain, voir Bloch et Buisson, 1991 ; Godbout et Caillé, 1991 ; Dosse, 1995 ; Godbout, 2000.

3. Pour une analyse du cellulaire en tant qu'objet qui satisfait les conditions de « l'échange du don » parmi les pairs et les membres de la famille, on renvoie le lecteur aux chapitres 7 et 8.

la langue. Car c'est le langage principalement qui tisse toutes les autres pratiques sociales, y compris les usages des technologies. Cela nous invite à plonger dans l'univers langagier des jeunes. Et c'est ainsi que nous pourrons mieux comprendre les multiples liens entre les pratiques technologiques, les pratiques langagières et cet accomplissement tout à fait spécifique qui s'appelle devenir un adolescent.

Créativité linguistique et innovation culturelle

Être un adolescent, c'est le devenir, c'est franchir des seuils, conquérir des différences, produire des écarts qui permettent la définition de soi-même. Le langage joue un rôle décisif dans cette construction de soi-même en tant qu'adolescent (Labov, 1972 ; Cheshire, 1987 ; Eble, 1996 ; Eckert, 1988 ; Andersen, 2001). Dans beaucoup de sociétés, il existe un langage spécifique propre aux adolescents. Fait de néologismes et de choix lexicaux, ce langage se caractérise surtout par des manières de parler spécifiques, c'est-à-dire des formes de discours oral qui permettent aux adolescents de se différencier des adultes. On entend souvent parler du mauvais langage des jeunes, de leur laxisme, de leur négligence à s'exprimer correctement, de leur tendance à transformer les mots et leur prononciation sans s'en soucier. Ils inventent constamment des néologismes cacophoniques, ils fabriquent des abréviations et en imposent l'usage, ils francisent des mots anglais et ils anglicisent des mots français. Parents, enseignants, puristes de la langue et conservateurs de tous genres voient ce phénomène comme le début d'une véritable débâcle linguistique.

Le langage des adolescents – cette drôle de façon de parler (dans n'importe quelle langue) qu'on reconnaît tout de suite – nous interpelle : pourquoi le langage des ados est-il si différent de celui des adultes ? Quels sont les enjeux sous-jacents aux bouleversements phonétiques, pragmatiques, lexicaux de la façon de parler des jeunes ?

On sait désormais que l'usage d'un registre linguistique spécifique chez les jeunes constitue l'un de leurs modes de construction identitaire. C'est une manière d'exprimer leur différence par rapport aux adultes et leur style de vie, et donc d'affirmer leur appartenance à un groupe spécifique et la cohésion sociale de ce groupe (Andersen, 2001).

Bien que les groupes d'adolescents se stigmatisent entre eux en faisant référence à la façon de parler de l'autre groupe (par exemple, les adolescents du centre-ville par rapport aux adolescents de banlieue), la différence globale de leur langage par rapport à celui des adultes est bien plus marquée que les écarts qui s'établissent entre les manières de parler des différents groupes[4]. Bien qu'en fonction de leur niveau d'éducation et leur origine sociale, tous les adolescents utilisent et créent sans cesse de véritables argots, usent de façon surprenante d'onomatopées et enrichissent constamment leur répertoire de gros mots, d'insultes et d'imprécations. Les adolescents adoptent souvent une prononciation non standard des mots et un style de parole exprimant une forte implication personnelle[5]. Ils développent de grands talents d'expressivité du langage pour traduire des jugements de valeur forts, critiquer, s'enthousiasmer, adhérer à une idée. D'une façon ou d'une autre, les adolescents semblent toujours s'impliquer personnellement dans ce qu'ils disent. Le style – le *comment on en parle* – est pour eux plus important que *ce dont on parle*.

Leur gestion du discours est frappante. Ainsi, les conversations des adolescents semblent être régies par un principe d'urgence, assurant la survie de celui qui est le plus adapté[6] et qui fait mouche. Être le plus rapide est une règle de base de l'interactivité et de la compétition : les jeunes parlent considérablement plus vite que les adultes et leurs énoncés sont généralement plus courts.

L'un des traits caractéristiques du langage des jeunes, c'est aussi leur aptitude à se lancer dans la narration passionnée d'histoires, à recourir à des anecdotes, à des discours rapportés et leur transformation dans le plus

---

4. Dans certaines conditions équivalentes (comme le niveau économique, le milieu culturel ou le lieu de résidence), il semble en effet que, dans le choix et l'usage de certaines façons de parler, l'appartenance à une certaine tranche d'âge joue un rôle majeur (Eckert, 1988). Cela ne veut pas dire que les différents groupes d'adolescents utilisent le même argot ou adoptent les mêmes façons de parler. Le langage des jeunes varie d'un groupe à un autre ; cependant, il maintient une relative uniformité interne et certains écarts par rapport à celui d'autres groupes sociaux, comme le groupe des adultes.
5. *High-Involvement Style*, Andersen, 2001, p. 7.
6. *Survival of the Fittest*, Andersen, 2001, p. 6.

typique des jeux de langage des jeunes : le potinage. Rien n'est plus frappant que de voir comment les jeunes *scénarisent* leurs conversations :

> Pis après j'y dis genre « ben si tu veux » pis là y dit « tu veux qu'je lui demande demain ? », pis là y dit « ben si tu veux » pis j'y dis « tu veux » pis là y répète, y demande la même chose quatre fois.

Ce type de construction narrative est très courant, comme nous avons tous pu l'observer. Il s'agit d'une façon de parler fondée sur des emboîtements successifs, sur le modèle : « Alors elle a dit qu'il lui avait dit que moi j'avais dit. »

S'y ajoute aussi *l'usage de la parodie des façons de parler d'autrui*. Les adolescents aiment caricaturer les profs, les parents, les filles, les garçons, les ados de banlieue, ceux de la ville en parodiant leur façon de parler. Et c'est là bien la preuve que, pour eux, la façon de parler (en tant que telle) est non seulement utilisée mais aussi perçue comme une marque d'appartenance sociale. Ils semblent parfaitement conscients de la signification des variations qu'ils introduisent dans leur langage d'ados et dont ils jouent habilement (Andersen, 2001 ; Cheshire, 1987). Contrairement à ce que pensent la plupart des adultes, les variantes linguistiques des jeunes ne relèvent donc pas du tout d'un laisser-aller ou d'une indifférence pour la langue. Tout au contraire, cela nous montre l'énorme importance que les jeunes donnent aux pratiques langagières. C'est en construisant ces écarts de langage par rapport aux adultes, c'est en inventant des manières de parler spécifiques, que les adolescents s'affranchissent des parents et construisent leurs propres références d'appartenance sociale.

On pourrait parler ici d'*insouciance stratégique* par rapport aux formes de la langue standard. L'écart qu'ils établissent par rapport au *straight speech* leur permet de se servir du langage pour se construire et se mettre en scène en tant qu'ados.

Mais comment répondre à ceux qui y voient quand même le début d'une dégénérescence de la langue elle-même ? La fonction identitaire de ces altérations fait que la plupart d'entre elles sont temporaires : elles sont abandonnées par les adolescents eux-mêmes au fur et à mesure qu'ils grandissent. Difficile d'imaginer un adulte qui adopte la manière de parler de ses enfants ou qui parle encore comme lorsqu'il était lui-même adolescent. Le ridicule dont il deviendrait alors l'objet (surtout aux yeux des adolescents eux-mêmes) confirme la signification sociale de ces usages langagiers déplacés. Quand un adulte parle « ado », il ne s'agit aucunement d'une dégénérescence linguistique, mais d'une mise en scène de soi-même comme « jeune » à travers une régression linguistique consciente.

Le recours au *slang*, à un argot, à la vulgarité et à des prononciations particulières des mots ont donc une valeur identitaire. Cela dit, il est incontestable que les bouleversements lexicaux, phonétiques, syntaxiques propres aux adolescents, bien qu'ils se tempèrent avec le temps, laissent quand même des traces dans l'évolution de la langue et contribuent naturellement à la faire évoluer. Certaines de ces innovations sont récupérées et relativement stabilisées par d'autres pratiques communicatives, de sorte qu'elles finissent par être acceptées et standardisées dans la langue courante. À cet égard, les groupes d'adolescents sont incontestablement des *innovateurs linguistiques* et jouent un rôle central dans l'évolution de la langue.

Le rôle du discours

Les pratiques langagières constituent donc des instruments puissants de construction identitaire pour les jeunes. Voyons maintenant leur lien avec les technologies de communication.

Au risque d'une simplification extrême, nous soulignerons quatre liens hypothétiques :

- Les pratiques langagières et les usages des technologies sont les unes comme les autres outils sociosymboliques. La possession des techno-objets et les façons de s'en servir, tout comme les styles langagiers, marquent l'appartenance à un groupe.
- Les technologies de *communication*, parce qu'elles multiplient les outils, les scénarios et donc les formes possibles d'échange verbal, permettent aux adolescents de disposer d'une gamme extraordinaire d'outils sémiotiques pour construire et afficher les marques identitaires de leur adolescence.
- Les échanges, les activités partagées, les interactions ont toujours été pour les jeunes prétextes à créer et recréer un monde de significa-

tions spécifiques. Les nouvelles technologies, parce qu'elles s'insèrent de plus en plus de façon cruciale dans ce genre de dynamiques, les amplifient, voire créent de nouvelles formes d'interaction et de participation sociales parmi les jeunes.

- Les nouvelles technologies de communication sont non seulement des instruments d'échange et de coordination de leurs activités, mais aussi des *objets de discours* en soi. Non seulement les jeunes les utilisent pour communiquer entre eux, mais ils *en* parlent. C'est ainsi qu'ils *domestiquent* véritablement ces technologies en les accordant aux traits de leur culture et, d'une façon tout à fait circulaire, c'est ainsi qu'ils construisent leur culture d'adolescents comme, entre autres, une culture technologique.

Ce dernier point mérite peut-être une explication, car ses enjeux ne sont pas évidents. Le langage est en soi l'un des plus puissants médias de la socialisation, c'est-à-dire du processus à travers lequel on devient membre actif de sa communauté. Ce que l'on pense, ce que l'on croit, ce que l'on sait faire et comment on le fait, nos représentations des choses qui nous entourent, le sens et la valeur qu'on leur donne, sont, en premier lieu, le produit des échanges langagiers de tous les jours. C'est à travers le fait, presque banal, qu'*on parle* du monde, des objets, des personnes, que, comme Bruner le soulignait, on en construit et on en partage des versions culturelles.

Ce genre de socialisation, qui s'accomplit à travers le langage, ne concerne pas seulement les enfants et leurs premiers apprentissages. Il s'agit en effet d'un *long life process* (Ochs, 1988), un processus qui se poursuit tout au long de la vie et qui concerne toutes les expériences, les savoirs, les objets, les compétences, les phénomènes sociaux et les événements historiques qui deviennent objets de référence discursive. C'est-à-dire à peu près tous les aspects de la vie de tous les jours.

Cela veut dire que ce que les adolescents pensent des technologies et comment ils les utilisent dépendrait largement du comment ils en parlent tous les jours avec les autres. C'est aussi – et peut-être en premier lieu – à travers le langage qu'ils en construisent les interprétations, qu'ils inventent et partagent des usages déviants et éventuellement créatifs par rapport à ceux qui étaient prévus, qu'ils y puisent une dimension émergente de leur identité et de leur culture quotidienne.

Leur discours *sur* les technologies serait donc à la fois un moyen de devenir des acteurs compétents dans l'univers des nouvelles technologies, un moyen d'intégrer celles-ci à leur propre culture, et un moyen de construire leur culture à travers les technologies. Bref, c'est sur le plan du langage que se situe l'interaction fondamentale entre ces technologies de communication et la culture des jeunes.

La techno-culture des adolescents: chronologie d'une recherche

Quels sont donc les multiples enjeux de ces pratiques techno-langagières à travers lesquelles les jeunes construisent les significations du monde, d'eux-mêmes et d'autrui qu'ils vont partager? Cette question ouvre un très vaste champ de réflexion qu'il nous faut définir davantage. Mais comment l'aborder? Il suffit d'observer ce qui se passe dans la rue, dans les cafés, dans le bus ou le métro pour noter le lien privilégié que les jeunes établissent avec les nouvelles technologies de communication. Branchés à leur ordinateur presque n'importe où, en train de manipuler un cellulaire dans les endroits les plus bizarres, toujours attentifs à la petite fenêtre qui, sur l'écran, leur dit que « Mélanie vient de se connecter », les adolescents habitent ce monde technologique avec aisance et nonchalance. Leur *habitus* culturel semble leur donner les moyens d'intégrer les technologies dans leur vie quotidienne sans difficulté aucune. Mais comment les technologies contribuent-elles à établir cet *habitus*? Et comment participent-elles au processus de construction de l'identité et de la culture des jeunes?

Impossible de répondre à ces questions sans plonger dans leur univers. Quand on se met dans la position du chercheur pour passer d'une observation impressionniste à une réflexion scientifique, des faits apparemment évidents deviennent problématiques. Qui sont les adolescents? Des chercheurs qui veulent se plonger dans l'univers fascinant de la culture technologique des adolescents éprouvent une grande difficulté au moment de définir qui sont les acteurs concernés. Que signifie être un ado? Entrer dans une certaine catégorie d'âge ou être membre d'une communauté qui partage des modes de vie, des langages et une culture?

Une définition fondée sur l'âge, bien que conventionnelle, fixe et donc sécurisante[7], ne donne aucune importance aux processus de désignation identitaire effectués par les acteurs eux-mêmes. En outre, une décision aussi tranchée fige l'acteur dans une identité sociale qui lui appartiendrait comme une caractéristique ontologique préalable, un trait essentiel indépendant de ses actions spécifiques à leur contexte. Or, nous savons bien que les identités sociales se *font* constamment, qu'elles sont activées et désactivées, affichées ou abandonnées par les acteurs eux-mêmes selon les moments, les situations et les scénarisations. Est-ce que les adolescents utilisent d'une certaine façon les technologies parce qu'ils *sont* des adolescents, ou est-ce qu'ils *font* les ados parce qu'ils utilisent les technologies d'une certaine façon ?

Il nous est rapidement devenu évident que nous ne pouvions pas catégoriser les adolescents en fonction seulement de leur âge. Bien que plus séduisante, la définition sur une base culturelle ne pose pas moins de problèmes. Que veut dire être membre d'une communauté ? Est-ce s'identifier en tant que tel ou être identifié par le regard d'autrui ? Et de quel regard s'agirait-il ? L'auto-identification suffit-elle pour définir une appartenance ou faut-il aussi, et peut-être surtout, partager des modes de vie, agir de façon appropriée, avoir des pratiques et des cadres d'interprétation communs ? Et si c'est le cas, qu'est-ce qu'il faut partager, et jusqu'à quel point, pour être identifié et s'identifier comme membre d'une communauté donnée ? En outre, bâtir notre approche sur l'idée que les adolescents forment une communauté culturelle présente des difficultés : on assume et on tient pour acquis ce qui, au contraire, ne va pas du tout de soi.

Quelles que soient ces difficultés, propres à toute recherche sur le terrain, il nous fallait bien commencer quelque part. Le fameux regard éloigné du chercheur prêt à figer les acteurs dans des catégories prédéfinies était le seul point de départ qui nous permettait une première identification des acteurs concernés. L'âge devenait donc notre indice identitaire. Cependant,

---

7. Et même dans ce cas, il faut demeurer prudent. Car, par exemple, il y a toute une réflexion sociologique qui propose, avec raison, de situer le seuil supérieur de l'adolescence et le passage à l'âge adulte au moment où les enfants quittent la maison familiale. On pourrait donc parler, dans certains cas, d'une adolescence qui dure jusqu'à 30 ans.

cette première identification devait rester provisoire et notre défi consistait à voir si et comment l'appartenance à une classe d'âge peut devenir une identité dans laquelle peuvent se reconnaître les acteurs eux-mêmes.

Dans l'une de nos dernières recherches, nous avons choisi d'utiliser l'une des techniques d'enquête bien connues de la sociologie contemporaine : l'étude de cas. Il nous fallait alors trouver tout d'abord une personne qui appartienne à la tranche d'âge considérée et qui aurait accepté la présence d'un chercheur dans sa vie quotidienne pour une période de quelques mois. Nous étions donc en présence d'un jeune de 17 ans, de sa vie quotidienne, de son réseau de relations, de ses univers de référence, de ses façons de les partager avec les pairs et d'intégrer les technologies au quotidien. Mais à partir de là, notre catégorisation d'Assoum comme adolescent – car c'est de lui qu'il s'agit – devenait plutôt une hypothèse à explorer qu'une base sur laquelle nous appuyer pour décrire ou expliquer de façon satisfaisante certains usages technologiques ou langagiers. Au-delà ou en deçà de son âge, se serait-il défini lui-même en tant qu'adolescent ? Aurait-il fait le lien entre cette définition de lui-même et de ses amis et des façons spécifiques d'utiliser les technologies ? Aurait-il jugé important de marquer sa différence identitaire par rapport à d'autres classes d'âge ? Où et comment ? Étions-nous en droit de supposer l'existence de quelque chose comme une culture spécifique qui lui fût propre ?

Un jour, pendant l'une des premières rencontres consacrées à recomposer le cadre de ses pratiques quotidiennes, il nous a dit :

> Dans les adolescents, nous, y'a comme des clans. Y'a des gens qui font du skateboard, y'a des gens que c'est des yo, on appelle ça, c'est des gens qui écoutent du rap, qui s'habillent comme des rappeurs, pis qui se promènent dans la rue comme des rappeurs. Les skaters souvent c'est comme les droits de l'homme. Des fois c'est l'anarchie, le communisme, l'anti-mondialisation. Très écologistes, comme pro-nature. Et puis t'as les geeks, les nerds. Les nerds c'est genre les élèves qui étudient, qui font leurs devoirs, des fois y font comme : « Oh je peux pas sortir j'ai un examen demain. » Pis là tout le monde s'en va pis y comprennent pas pourquoi la personne veut pas sortir, parce qu'elle a un examen le lendemain, ça marche pas ! Après il y a les geeks, ben là y sont craqués de la technologie, c'est genre y'ont le cellulaire, l'ordi portable, le MP3, le Cd player, ils ont comme tous les trucs électroniques pis quand on les rencontre dans le corridor c'est souvent : « Eille t'as vu ma nouvelle page Web ? J'ai reprogrammé en DHTML, pis en Java script, pis j'ai changé le

protocole PHP. » Pis il y a les musiciens, les musiciens c'est bizarre souvent ils s'habillent en noir, pis y'écoutent du Metallica. Comme Chan c'est un gamer, gamer c'est un autre groupe, les gamers c'est des gens qui font juste des jeux vidéo, y passent leur temps à jouer des jeux.

Ces mots nous rassuraient, finalement on avait trouvé ce que l'on cherchait : une trace du processus de définition identitaire. Du moins dans ce contexte, c'est-à-dire face à des adultes, être des ados s'avérait être une identité pertinente pour expliquer certains comportements du quotidien, et ceci du point de vue de l'acteur.

Mais il y avait plus que cela. Être ado n'était pas seulement une question d'âge, c'était aussi le fait de partager certaines façons d'agir, de s'engager dans certaines activités et de s'identifier par rapport à celles-ci : faire du *skateboard* ou écouter du rap, s'habiller et marcher dans la rue selon un code précis, déplacer rituellement les travaux scolaires en fonction des sorties avec les amis, faire partie d'un groupe qui avait sa propre culture opérationnelle mais savoir aussi en sortir au bon moment.

Parmi ces modes de vie qui étaient censés faire la différence, il y avait aussi la possession et les usages des technologies. Indépendamment de ceux que l'on pouvait identifier comme des *accros* des technologies, nous pouvions observer des compétences et des usages que les adolescents considéraient eux-mêmes devoir respecter : un ado n'écoute pas la musique sur n'importe quel support, il l'écoute à « l'ordi parce que c'est ça qui est cool ». Et c'est cool parce que « c'est plus pratique et puis c'est visuel ».

À partir de ce genre de repères, nos hypothèses devenaient de plus en plus précises. Au lieu de considérer l'âge comme un élément descriptif ou descripteur satisfaisant de certains usages des technologies, il nous semblait bien plus intéressant de renverser l'hypothèse : comment ces usages étaient-ils des outils de construction d'identité et d'appartenance à une communauté culturelle ? Comment Assoum et ses amis, à travers des manières de parler et des pratiques quotidiennes reliées à l'univers des objets technomédiatiques, accomplissaient-ils le travail d'*être un ado* ?

La culture des jeunes : les contours flous d'un objet à saisir

Parler de la culture des jeunes comme de quelque chose qui se constituerait – et que le chercheur découvrirait – dans les replis de leur vie quotidienne, dans leurs mots de tous les jours, dans les façons dont ils parlent d'eux-mêmes et des autres, pourrait paraître bizarre.

Il est difficile de repérer les caractéristiques d'une culture parmi nous, dans la vie de tous les jours à laquelle le chercheur participe et qu'il connaît (ou croit connaître), dans les lieux qu'il habite, parmi ses proches. Il n'est pas facile de voir ou même de soupçonner l'existence d'une culture spécifique parmi les jeunes de classe moyenne qui habitent une métropole nord-américaine, qui pourraient être les enfants d'un collègue ou les amis de ses propres enfants. Difficile de se laisser interpeller avec la même disponibilité d'esprit que nous imposent des comportements culturels étrangers à notre propre culture et visiblement différents. Et pourtant, le défi de la recherche culturelle, c'est bien cela : rendre familier ce qui nous est étranger et rendre étranger ce qui nous est familier.

La tradition phénoménologique nous l'a appris : il nous faut nous engager dans une *époké cognitive* et soustraire les pratiques du quotidien à leur caractère d'évidence. C'est seulement à travers cette distanciation cognitive que l'on peut découvrir les significations implicites, les conventions tacites, les codes de comportement, le sens donné aux choses, aux mots, aux actions de tous les jours qui constituent finalement ce qu'on appelle la *culture invisible*.

Il s'agit des croyances culturelles, des valeurs, des définitions du monde, du sens donné aux pratiques, bref d'une culture qui nous échappe (en partie), car on y est plongé et on la partage (du moins en partie) avec nos sujets de recherche. Le chercheur a été lui-même un adolescent, il est probablement un parent d'adolescents, il les fréquente dans sa vie quotidienne, il les rencontre dans ses lieux de travail, parfois il est issu du même milieu social que ses sujets d'enquête et, surtout, il est lui aussi un usager des technologies de communication et d'information. La mise en lumière des enjeux culturels des pratiques de communication des jeunes requiert donc un grand effort, afin de dépasser le niveau de première évidence de leur rapport aux technologies, de décortiquer son caractère « naturel » et d'y découvrir des indices de construction culturelle.

Face aux comportements des jeunes vis-à-vis des techno-objets de communication, il faut savoir mettre entre parenthèses toute signification apparemment évidente ou naturelle et nous réinterroger plus intensément, comme dans toute recherche ethnographique, sur le *pourquoi ceci maintenant* ?

Il nous fallait aborder cet univers en acceptant l'hypothèse que telle pratique technologique pourrait ne pas être du tout la même pratique technologique quand c'est celle des jeunes. Harvey Sacks l'avait remarqué il y a longtemps : la question qui se pose au chercheur, ce n'est pas ce que les humains font ou ce qu'ils sont mais *comment ils font ce qu'ils sont*. Même et surtout face à ce que l'on perçoit comme normal, il faut mettre entre parenthèses le jugement de normalité et se demander comment cette normalité est construite (Sacks, 1984).

Si l'on accepte d'adopter ce regard face à des phénomènes sociaux tels que les adolescents ou leur culture spécifique, la question devient : comment les adolescents accomplissent-ils le travail d'être des adolescents ? Comment fabriquent-ils une culture qui nous est partiellement invisible mais qui est néanmoins opérante ? Et quel est le rôle – s'il y en a un – des technologies dans ce processus ? Mais surtout : où nous faut-il regarder pour saisir le travail de construction de soi des ados et de leur appartenance à une communauté culturelle ?

Là encore une longue tradition d'études vient à notre secours : comme le disait Garfinkel, les caractéristiques de la vie sociale, les dimensions constitutives d'une culture partagée et les traits saillants des identités sont régulièrement construits dans des occasions spécifiques et à travers des pratiques en situation (Zimmerman et Boden, 1991). Ce sont les conversations et les dialogues de la vie quotidienne qu'il faut analyser pour voir comment les adolescents fabriquent leur propre identité et leur culture commune, comment leur rapport aux technologies devient pour eux un outil important pour être adolescent.

La culture en action : à la recherche de traducteurs culturels

L'une des questions les plus difficiles à considérer, lorsqu'il s'agit de comprendre les mots et les pratiques de quelqu'un d'autre, tient évidemment au poids relatif des deux points de vue impliqués. Qui en est le meilleur interprète ? Le chercheur, dont le regard distancié lui permet de voir ce qui échappe même à la conscience de l'adolescent sur lequel porte l'enquête ? Ou celui qui connaît mieux le sens de ce qu'il dit et de ce qu'il fait, précisément parce qu'il est l'acteur de ces actions ?

Selon une perspective consacrée en sciences humaines, le sens des pratiques sociales et des enjeux qui sont inscrits dans les mots utilisés se situerait au croisement de ces deux regards, celui de l'enquêteur et celui sur qui porte l'enquête. Il s'agit de ce que Geertz a appelé – il y a longtemps – une description dense[8] qui entrecroise la représentation des événements avec une interprétation *polyphonique* de leur sens. Cela signifie que la voix des acteurs et la voix du chercheur se mélangent pour composer leurs limites, multiplier les perspectives et produire finalement une interprétation de la réalité sensible aux explications des acteurs et à leur travail de fabrication du sens, mais capable aussi d'aller au-delà de ce dont les membres de cette communauté peuvent saisir d'eux-mêmes, parce qu'ils y sont trop impliqués pour pouvoir facilement s'en distancier et s'observer eux-mêmes.

Faire en sorte que les regards du chercheur et des acteurs impliqués se croisent, c'est plus qu'un souci méthodologique. Parfois, c'est une nécessité incontournable du terrain.

Un jour, on se trouvait face à des notes du cahier de bord de l'un des adolescents impliqués dans l'étude. Dans l'espace prévu pour décrire rapidement ce qu'il était en train de faire pendant qu'il recevait ou faisait un appel, il avait écrit « vedger ». D'autres fois, c'était : « Je ne faisais rien, je regardais la télé. » La compréhension de ces notes n'était pas évidente : que voulait dire « vedger » ? Comment pouvait-il écrire qu'il ne faisait rien, alors qu'il regardait la télévision ? À moins de traiter l'informateur comme un *idiot culturel*, il fallait supposer que « vedger » et « faire rien » étaient des expressions qui désignaient des activités précises du quotidien. Spécifiques

---

8. *Thick description*, Geertz, 1973.

à cet adolescent ? Aux adolescents en général ? Aux adolescents francophones d'une métropole nord-américaine ? Parfois, ce même genre de frustration nous prenait en analysant des conversations que les jeunes avaient sur le cellulaire.

> Antoine : Y'a fini, ça fait une demi-heure qu'y'est fini.
>
> Sophie : Hein ! ? !
>
> Antoine : Sauf que on a jasé un peu dans la classe là. Sérieux, y'a donné une demi-heure ⌈ de
>
> Sophie :   ⌊ [???]
>
> Antoine : Hein ?
>
> Sophie : Ayoye, y'a genre duré une heure ton cours, même pas ?
>
> Antoine : Ah y'a duré une demi-heure.
>
> Sophie : Seigneur.
>
> Antoine : Oui.
>
> Sophie : [???]
>
> Antoine : C'est vraiment le fun, faque là, j'ai niaisé un peu, on a parlé de médecine et toute le kit.
>
> Sophie : Avec qui ?
>
> Antoine : Ben avec Martine la bollée. Et là en tout cas.

Qu'est-ce qui se passait ? Quels étaient les enjeux de ces usages des technologies de communication dans la vie de ces jeunes ? Et qu'est-ce qui nous permettait de comprendre par exemple qu'il s'agissait de la conversation d'un couple ? Où et comment s'affichaient-ils comme adolescents ? Même si on pouvait aisément comprendre la signification de certaines expressions bien reconnaissables, il y avait aussi beaucoup de mots ou d'expressions tout à fait inconnus pour nous. Et c'était peut-être précisément ceux-là qu'il fallait étudier de plus près pour essayer de comprendre ce que les interlocuteurs étaient en train de faire en disant ce qu'ils se disaient.

Ce genre d'échec du chercheur devient alors une donnée de recherche. On pouvait faire l'hypothèse que c'était là précisément où l'on ne comprenait pas que se situait une signification implicite, un arrière-plan culturel qui nous échappait, certes, mais qui, en revanche, permettait en fait aux jeunes de coordonner leurs conversations, de se comprendre, de construire leur vie quotidienne sur le fil des échanges sans fil. Il s'agissait donc de mettre en lumière cette dimension invisible de leurs échanges.

Il y avait tout d'abord un problème lexical : quand les jeunes parlaient avec nous, ils ne parlaient pas de la même façon que lorsqu'ils parlaient entre eux ou prenaient des notes pour eux-mêmes. Ils utilisaient une façon de parler qu'ils partageaient, mais qui nous excluait, du moins en partie. Cela donnait plusieurs niveaux de langage et l'analyse du sens de leurs conversations nécessitait plusieurs niveaux de lecture.

Il y avait des mots que certains chercheurs de l'équipe, adultes et ayant le même *background* linguistique et culturel que les informateurs, pouvaient aisément comprendre comme « niaiser » ou « jaser ». Mais il y avait d'autres expressions qui étaient totalement inconnues, même à ceux d'entre nous qui parlaient la même langue maternelle que les adolescents de ce réseau.

Cette constatation nous révélait évidemment l'existence d'un registre langagier autre, partagé par ces seuls adolescents. Quand nous rencontrions des expressions comme « la bollée », *geek* ou « vedger », il nous fallait demander à l'un de ces jeunes, Alex, de nous les traduire, tout en nous confirmant qu'il s'agissait bien de termes typiques du langage de ses pairs. Et puis il fallait apprendre à comprendre des mots tels que « LOL », « *pop out* » ou des échanges téléphoniques tels que :

> Assoum : « Yes still can't ping. Ping m-s-n dot com send ok thirty two bites of data pinging msn dot com, request timed out hu::[9]h? »
>
> Chan : What could that mean ?
>
> Assoum : Request timed out ?
>
> Chan : What could thaz ⌈ be ?
>
> Assoum : ⌊ Please-work-please-work-please-work-please-work request timed out. Ok that means we are very slow.
>
> Chan : Possibly.
>
> Assoum : Package sent four lost hundred per cent.
>
> Chan : Ouch.

---

9. Le signe « :: » est une convention de transcription qui indique la prononciation allongée de la voyelle.

Assoum : Ok. w-w-w- dot ping w-w-w dot videotron dot c-a tron dot c-a and send reply from videotron dot c-a tome seven milliseconds eight-eight-seven lost, 0 per cent four package received four maximum seven millisecond average issss.

Mais il ne s'agissait pas seulement d'apprendre des listes de vocabulaire. Il nous fallait non seulement comprendre le sens de ces mots, mais aussi et surtout le sens de certains échanges. Et pour cela, il fallait interroger les acteurs eux-mêmes. Assoum devenait l'interprète de ces pratiques technologiques qui caractérisaient son réseau. Lui, comme d'autres adolescents, pouvait nous expliquer que « faire rien » ne voulait pas dire « rien faire », qu'appeler avec le cellulaire de la maison n'est pas nécessairement une question de ligne occupée, mais signifie aussi un désir d'accéder à un territoire secret de communication, qu'un ami *geek* est toujours en ligne et que, lorsqu'on lui parle au téléphone, il a toujours simultanément un autre partenaire : l'ordinateur.

C'est en essayant de comprendre ce qu'une expression comme « le téléphone fixe est dans l'autre chambre » voulait dire que l'on découvrait que la plupart des nouvelles technologies de communication étaient au diapason d'une *paresse culturelle*, valorisée par les jeunes comme une façon de vivre et qu'ils étaient prêts à reconnaître comme un trait spécifique d'eux-mêmes[10].

Petit à petit, on s'apercevait que les jeunes étaient pour nous des *traducteurs culturels* : leur interprétation était indispensable pour comprendre le sens et les enjeux de leurs pratiques, car l'arrière-plan culturel où il fallait les situer et les cadres de référence nécessaires pour les comprendre nous échappaient en partie. L'écart que nous constations entre le chercheur et les adolescents et qui nous empêchait de comprendre leurs échanges marquait nettement leur appartenance à une communauté culturelle qui leur était propre, et dont nous étions exclus.

Mais cet écart nous disait plus que ça. Nous n'étions pas seulement face à une culture spécifique, différente de la nôtre, mais nous avions aussi découvert un outil privilégié d'étude de leur élaboration quotidienne de cette même culture. Car la spécificité d'un langage ne reflète pas seulement

---

10. Pour une analyse des liens multiples entre usages des technologies et culture spécifique des jeunes, on renvoie le lecteur au chapitre 7.

des contextes et des identités donnés, mais elle contribue à créer ces mêmes contextes et identités. Les différentes façons dont les jeunes parlaient entre eux et avec nous étaient autant de moyens pour eux de se définir et d'être définis comme jeunes, comme techno-experts, comme membres d'une communauté culturelle spécifique et pour déterminer constamment quelles activités étaient propres à leur communauté. Leurs discours étaient non seulement des indices d'une culture spécifique, mais aussi des moyens pour la construire et l'entretenir. Et c'était donc là, dans les détails de leurs pratiques discursives liées aux nouvelles technologies de communication, que nous pouvions observer le processus de construction de leur culture différentielle de jeunes.

Mais, parmi toutes les pratiques langagières propres au quotidien des jeunes, lesquelles aurait-on dû privilégier ?

La conversation au téléphone : un microcosme social et culturel

La conversation quotidienne nous est apparue comme l'une des activités ordinaires dans lesquelles la force du langage en tant qu'instrument de construction culturelle, identitaire et sociale s'exprime le plus. Dans la plus brève des conversations, on peut retrouver tous les indices dont on a besoin pour reconstruire le monde dans lequel elle se déroule, les identités des acteurs impliqués et leur relation. Quand les gens parlent entre eux, ils construisent leur relation et leur conversation tour à tour en fonction de leur identité et de leur biographie. Et, bien évidemment, leurs choix de mots et leurs propres façons de parler expriment aussi leur propre position vis-à-vis de ce dont ils parlent (Wilson, 1991, p. 24).

Véritable « architecture de l'intersubjectivité » (Héritage, 1984, p. 259), la conversation ordinaire permet la construction coordonnée et partagée d'une compréhension mutuelle de ce dont on parle, de qui on est, de la situation ou de l'activité dans laquelle on est engagé. Or, cette compréhension mutuelle ne naît pas de rien. Elle résulte de l'interaction des individus qui s'appuient sur les stratégies conversationnelles qu'ils mettent en place, et qui deviennent alors aussi des outils de compréhension, non seulement pour ceux qui s'impliquent dans ces conversations, mais aussi pour les chercheurs qui écoutent, analysent et essaient d'interpréter ces échanges (*idem*, p. 259).

C'est ce qui nous a amenés à considérer l'analyse des conversations comme une méthode précieuse pour celui qui veut saisir le travail social de construction de soi-même et des univers culturels de référence. Ce choix méthodologique n'implique pas d'*a priori* sur les identités culturelles éventuellement en jeu, sur les points de vue exprimés par les acteurs ou sur les références utilisées. Tout au contraire, il permet de rechercher *dans* les échanges des indices du sens de ce qui se passe, tels qu'ils sont fournis par les acteurs eux-mêmes.

L'analyse des conversations semblaient donc se prêter très bien à notre objectif de recherche. Mais on pouvait trouver encore mieux : la conversation *au téléphone*.

En effet, la conversation au téléphone présente un avantage unique pour le chercheur : sa pauvreté sémiotique. L'impossibilité d'avoir recours aux signes non verbaux et aux éléments visibles du contexte oblige les participants à user du seul langage pour exprimer toutes les nuances de ce qu'ils veulent dire. Quand on est au téléphone, on n'a que les mots, les composantes vocales, les silences, l'alternance des tours de parole. Bref, parler au téléphone est une activité radicalement conditionnée par les caractéristiques techniques du médium (Bercelli et Pallotti, 2002).

Prenons le cas de l'identité. Quand on est au téléphone, on ne peut pas se fier au regard pour se dire mutuellement qui on est : il faut s'identifier. Que ce soit en ayant recours aux mots, au son de sa propre voix, à des formules d'identification, il nous faut projeter notre propre identité et celle (supposée) du destinataire sur le discours. Et les différentes façons de dire l'identité sont aussi des moyens de dire le genre de relation qui relie les interlocuteurs.

Quand Assoum commence l'un de ses coups de fil par « Hey man » (plutôt que « Ici Assoum » ou « Bonjour Chan »), il est en train de se définir comme ami du destinataire et de le définir de la même façon. Il est aussi en train de définir l'action en cours comme un *appel à un ami de la gang* et d'identifier un des univers culturels pertinents : celui du monde *rap*.

Que se passe-t-il quand Antoine commence une conversation téléphonique avec Sophie avec un « Allô Sophie, c'est moi » et que Sophie lui répond « Oui, alors... » ? Il se passe pas mal de choses que l'on peut saisir tout comme les participants peuvent le faire : les mots non dits par Antoine disent : « Ma voix te suffit pour savoir qui je suis », l'acceptation de ce manque par Sophie dit : « Ta voix me suffit pour te reconnaître. » Bref, les deux amis de cœur sont en train d'exprimer et de renforcer leur intimité.

Au téléphone, les identités, les relations, mais aussi les références partagées, sont discursives et il ne peut en être autrement. Pour comprendre ces enjeux identitaires, sociaux et culturels, l'analyste doit donc se pencher sur ces mêmes moyens verbaux qui sont utilisés par les participants eux-mêmes pour définir leur identité.

Si l'on rapproche ces caractéristiques de la téléconversation avec les avantages méthodologiques que nous avons notés à propos de l'analyse des conversations en général, on comprend que les échanges téléphoniques constituent un champ privilégié d'étude de l'interaction entre technologies, langage, structure sociale et enjeux culturels (Hopper, 1991).

Mais il y a encore un autre aspect de la conversation téléphonique qui la rend très précieuse. Une conversation téléphonique est un événement aux contours bien balisés. Le commencement et la fin d'une téléconversation sont posés par les acteurs eux-mêmes. Cela nous permet d'isoler cet événement de façon non arbitraire et de l'analyser comme un *microcosme* capable de refléter et même de constituer les dimensions cruciales du macrocosme social et culturel auquel il appartient. Beaucoup de chercheurs ont déjà abondamment étudié et même disséqué dans ses modalités spécifiques la conversation au téléphone, mais il n'en est pas de même pour les conversations qui ont lieu au téléphone cellulaire et sur d'autres supports technologiques numériques.

Or, nous savons que, si l'on veut comprendre les significations que certaines nouvelles technologies de communication prennent pour leurs usagers, il faut analyser comment ceux-ci parlent *d'*elles et *avec* elles. C'était déjà là une première raison pour nous intéresser aux conversations des jeunes au cellulaire et nous plonger dans ce nouveau territoire communicationnel. La deuxième tient au fait que les nouvelles technologies ont beaucoup modifié les caractéristiques spécifiques de la conversation au téléphone.

Prenons le cas du cellulaire. Cette technologie de communication a déclenché, entre autres, une transformation radicale des schémas de la conversation téléphonique en tant que telle.

La conversation téléphonique traditionnelle est un exemple parfait de la communication à deux : deux interlocuteurs sont en présence, engagés dans un échange discursif dans lequel ils doivent exprimer l'attitude de chacun envers l'autre et par rapport à l'événement en cours. Dès son invention, le téléphone est l'exemple d'une technologie construite pour la parole à deux. Cette technologie a été déterminante dans l'élaboration du modèle inter-actif de la conversation à deux et en a fait un phénomène social en soi (Hopper, 1991).

Bien des changements dans ce modèle établi ont été introduits par des innovations technologiques comme les conférences téléphoniques, la mise en garde, les boîtes vocales, etc., mais c'est le cellulaire, avec sa très forte pénétration, qui a vraiment bouleversé le modèle canonique de la conver-sation téléphonique. Et nous ne parlons pas ici que du plan empirique, car il s'agit en apparence, encore et toujours, de deux personnes qui interagis-sent au téléphone. C'est plutôt la définition culturelle de la conversation téléphonique qui a changé. Un appel téléphonique par cellulaire est perçu comme une performance sociale, une communication à deux toujours prête à se transformer en une conversation à plusieurs. L'usage du cellulaire suppose implicitement l'existence d'une audience, et comme dans toute performance verbale, l'audience influence la construction du discours[11]. Plus ou moins concerné, réel ou fantasmé, ce *tiers inclus* ne se présente plus comme une exception (comme cela pouvait être le cas dans les conversa-tions au téléphone fixe) : il devient la règle. Même si son intervention ne se traduit pas en paroles qui viennent se mêler à la conversation, le seul fait qu'on le sache présent entraîne des contraintes, et ouvre des possibilités qui affectent le déroulement de la conversation. Le cellulaire n'a pas nécessaire-ment changé la façon dont on parle au téléphone, il a modifié le modèle cul-turel de conversation au téléphone.

---

11. Certains des enjeux de cette version canonique de l'usage du cellulaire seront ana-lysés dans les chapitres 7 et 9.

Les structures typiques de la conversation à distance ont été remises en question également par d'autres nouveaux dispositifs technologiques. Prenons le cas de l'échange qui ouvre une conversation au téléphone. Il s'agit du moment où les interlocuteurs règlent la question de l'identification réciproque et traditionnellement ils le font selon des routines verbales codifiées.

Ces routines ont étés bouleversées par deux dispositifs technologiques : l'écran qui annonce de quel numéro vient l'appel et la possibilité de choisir des sonneries spécifiques selon les différentes personnes qui ont l'habitude de nous appeler.

Pensons aussi aux changements introduits par les technologies numériques qui ont fait passer la téléconversation de l'oralité à l'écriture, par exemple dans les messages textuels sur l'écran du téléphone cellulaire ou sur celui de l'ordinateur.

Au-delà des changements linguistiques radicaux que cela a entraînés, nous observons aussi des bouleversements majeurs sur le plan des composantes sociales de la conversation. Alors que le téléphone avait fait disparaître l'aspect visuel de l'identification des interlocuteurs, ces nouveaux médias ont fait disparaître aussi le son de leur voix. L'authentification sensorielle de l'identité de l'interlocuteur ne semble plus être une condition préalable au déroulement d'une conversation à distance. Afficher notre propre identité comme unique et authentique et pouvoir reconnaître celle du partenaire de la conversation est devenu une décision optionnelle.

Cette disparition non seulement du visage de l'autre, mais aussi de sa voix pour pouvoir l'identifier avec certitude, a de fait permis que l'interlocuteur actuel joue avec la multiplication de ses identités possibles. Face à ce nouveau phénomène, les acteurs ont aussitôt inventé de nouvelles stratégies d'identification (comme la camera Web ou le vidéotéléphone) ou ils ont accepté – et c'est une décision tout à fait culturelle – que l'identité hors de l'écran ne soit plus une des composantes de base de la conversation. Bref, les nouvelles technologies de communication sont en train de changer les structures et le modèle culturel d'une des activités sociales de base de notre vie quotidienne, qui a toujours été aussi l'une des plus structurées et standardisées, bien que de façons différentes selon les cultures. Un tel changement, et les phénomènes qu'il déclenche, demandent à être étudiés. Mais comment ?

En choisissant d'analyser les conversations des jeunes au téléphone cellulaire, leurs échanges de messages sur écran, et leurs propos sur ces nouvelles technologies de communication, nous avons pris conscience des changements importants introduits par ces technologies également dans la structure des téléconversations.

Dans les chapitres qui suivent, nous plongerons dans ce microcosme des conversations, orales et écrites, des jeunes au cellulaire. Ces performances verbales nous donneront un accès privilégié à l'univers de la *culture mobile* des adolescents ; elles nous permettront de le voir de plus près et d'en suivre la construction au quotidien.

6

ETHNOGRAPHIE D'UNE LANGUE SECRÈTE : COMMENT LES JEUNES PARLENT-ILS AU CELLULAIRE ?

Les téléconversations comme *patchwork* linguistique

La culture des jeunes se constitue inlassablement à travers leurs échanges et le langage qu'ils partagent, lors des rencontres au bar, au cours d'interminables conversations téléphoniques ou d'une chaîne de messages textuels sans fin pour l'organisation d'une soirée, ou d'appels téléphoniques devant l'ordinateur pour partager la même recherche sur Internet. Ce qui est fascinant, c'est de voir comment ces pratiques quotidiennes non seulement génèrent la culture des jeunes, mais aussi dépendent des caractéristiques fondamentales de cette même culture.

Il faut écouter les jeunes parler au cellulaire, observer leur façon de l'allumer ou de l'éteindre, de le porter sur eux, les raisons pour lesquelles ils se tournent vers leur ordinateur, pour comprendre comment – à travers les usages des nouvelles technologies de communication – ils définissent leurs appartenances symboliques tout en apprivoisant ces médias selon leur propre culture.

L'un des phénomènes les plus frappants que nous avons notés dans nos recherches sur les conversations au cellulaire, c'est le mélange de différents registres langagiers des jeunes. Leurs conversations nous sont apparues comme d'incroyables *patchworks* linguistiques. Elles étaient ponctuées d'expressions locales qui échappaient totalement à la compréhension de ceux qui ne connaissaient que le français standard, de termes d'un jargon que seuls les membres les plus jeunes de l'équipe comprenaient sans effort, d'expressions technologiques absolument inconnues de la plupart d'entre nous. De toutes les conversations émergeaient aussi des expressions et des façons de parler qui n'étaient compréhensibles que par les partenaires mêmes de ces échanges. Et on pouvait aussi percevoir différents codes langagiers d'initiés dont la fonction était manifestement non pas tant de produire du sens que de marquer l'appartenance de ceux qui parlaient.

Parler « ado » au cellulaire

En écoutant les conversations téléphoniques des jeunes entre eux, on avait la nette sensation d'entrer dans un monde à part dont nous, les adultes, nous nous sentions exclus. La première frontière perceptible de ce monde était le langage.

Antoine et Sophie parlent au cellulaire... du cellulaire et de leur quotidien : l'école.

> Sophie : Tu disais c'était toute fucké là à cause du message là sur la boîte vocale.
>
> Antoine : Non, non, non, non ça je vais m'arranger avec ça parce que là il faut que mettons si je réponds pas ou mon téléphone est fermé, là je vais voir mon message ça va dire : « Oui, oui, vous avez rejoint la boîte de », tu vas entendre : « Antoine Boileau-Paquin, veuillez laisser un message. » Mettons là je vais savoir comment aller les chercher, pis tout là.
>
> Sophie : Ok. Tu devrais trouver quelque chose de plus original que « Antoine Boileau-Paquin », ça fait téteux.
>
> [...]
>
> Antoine : En tout cas, peut-être, c'est pas grave là, fuck eille Sophie !
>
> Sophie : Oui mon examen est fini.
>
> Antoine : Oui chanceuse...
>
> [...]
>
> Sophie : Toi ton cours y'a vraiment fini de bonne heure.
>
> Antoine : Y'a fini, ça fait une demi-heure qu'y'est fini.

Sophie : Hein ! ? !

Antoine : Sauf que on a jasé un peu dans la classe là. Sérieux, y'a donné une demi-heure ⌈ de

Sophie :   ⌊ [???]

Antoine : Hein ?

Sophie : Ayoye, y'a genre duré une heure ton cours, même pas ?

Antoine : Ah y'a duré une demi-heure.

Sophie : Seigneur.

Antoine : Oui.

Sophie : [???]

Antoine : C'est vraiment le fun, faque là, j'ai niaisé un peu, on a parlé de médecine et toute le kit.

Sophie : Avec qui ?

Antoine : Ben avec Martine la bollée. Et là en tout cas.

Assoum et Sharif sont en train de parler. À un moment donné, Assoum commence à parler d'un film qu'il envisage de faire. Sharif se montre très intéressé.

Sharif : Mais c'est quoi vraiment le film ?

Assoum : Ok, vite vite vite là.

Sharif : Huh huh.

Assoum : C'est comme une fille qui est comme spéciale et là… tsé, elle est pas comme les autres filles [???] en tout cas, elle tombe amoureuse d'un gars ben ben ben ordinaire.

Sharif : Ok.

Assoum : Tsé comme un gars super gentil tsé comme [???] là elle essaie de devenir ordinaire parce que elle l'aime.

Sharif : Ok.

Assoum : Pis là ben elle essaie plein de trucs, ça marche pas.

Sharif : Huh huh.

Assoum : Pis là après elle va lui dire pis lui se suicide genre. Il laisse une lettre pis lui dit de pas changer. Mais là je le dis vite pis y'a pas beaucoup de péripéties là mais ça s'en vient.

Sharif : Ah ok, c'est toi qui l'a écrit ?

Assoum : Oui, c'est le synopsis là, on n'a pas encore écrit l'histoire.

Sharif : Ah ok.

Assoum : Pis y'aura là comme plein d'affaires là pis ça va être cool.

Sharif : [???]

Même si nous ne comprenons pas tous les enjeux de ces conversations, nous n'avons pas de problèmes à identifier Antoine et Sophie, Assoum et Sharif comme des adolescents. Et pourtant, ils proviennent de milieux très différents d'un point de vue social, culturel et ethnolinguistique !

« Toute fucké », « Ça fait téteux », « C'est vraiment le fun », « Faque là, j'ai niaisé un peu », « Sérieux », « Ayoye, y'a genre... », « Ah cool ! », « Super gentil », « J'ai pas des super-bons billets », « Trois kilos de déodora::nt, trois kilos de gel », « On va l'louer man, c'est tro::p malade ! », la liste des mots et des expressions du jargon que ces jeunes partagent pourrait s'allonger. Il s'agit bien d'un langage avec son propre répertoire lexical, ses expressions récurrentes (« genre », « comme »), ses anglicismes et ses façons spécifiques de parler. L'usage de l'hyperbole n'en est qu'un des exemples les plus frappants.

Rapide et très impliqué, le style de parole d'Antoine et de Sophie, tout comme le jargon d'Assoum et de ses amis, ne posait un problème de compréhension qu'aux chercheurs adultes : les membres plus jeunes de l'équipe n'avaient aucune difficulté à comprendre. Au contraire, ils ne s'apercevaient même pas qu'il y avait là une spécificité linguistique quelconque, car ils la partageaient totalement. Il s'agissait donc d'une langue spécifique à une tranche d'âge : nos informateurs parlaient « ado » au téléphone. Ils se comprenaient, ils partageaient un code de communication qui les identifiait comme différents aux yeux des adultes et comme « pareils » aux yeux des autres de leur groupe d'âge. Parler « ado » est donc un dispositif de catégorisation de l'appartenance : au delà et en deçà de ce dont ils parlent et de ce qu'ils font avec le cellulaire, en parlant de cette façon, Antoine, Sophie, Assoum, Sharif et Karim sont constamment en train de s'identifier et de se construire comme adolescents, comme membres d'une communauté culturelle spécifique qui partage en premier lieu un langage.

Bien entendu, ce jeu de langage n'est pas le produit, en tant que tel, du téléphone lui-même, ou de son avatar contemporain, le cellulaire, car la création et l'usage d'un langage spécifique ont toujours été pour les jeunes un instrument de construction d'identité et de cohésion.

Mais les nouvelles technologies de communication ont multiplié les rencontres et les occasions sociales de mettre en scène ce processus de construction de soi-même en tant qu'adolescent. Elles en ont aussi amplifié le répertoire. En s'ajoutant aux autres formes de (télé)communication, le cellulaire remplit de nouveaux espaces (dans la rue, dans le bus) et de nouveaux moments (l'attente des cours, la sortie de l'école) où parler au téléphone, ce qui augmente considérablement les occasions de communication. Les échanges anodins se multiplient et le langage quotidien peut compter sur de nouveaux scénarios pour l'accomplissement de certains de ces enjeux cruciaux : la construction d'une identité spécifique et l'appartenance à une communauté culturelle.

Bad speaking et nouvelles technologies : une synergie identitaire

L'usage des gros mots et des insultes fait partie des stratégies verbales à travers lesquelles les jeunes projettent leur identité sur la scène sociale. L'usage du cellulaire s'insère aussi dans ce processus : il leur offre une autre scène – plus ou moins publique – pour se définir et s'affirmer comme ado.

> Sophie : Ok ben tu disais tantôt que ça marchait pas.
>
> Antoine : Comment ça marchait pas tantôt ?
>
> Sophie : Tu disais c'était tout fucké à cause du message là sur la boîte vocale.
>
> Antoine : Eille c'est ça, je t'ai pas dis ça hein ?
>
> Sophie : Quoi, quoi donc ?
>
> Antoine : Une petite proposition.
>
> Sophie : Ok.
>
> Antoine : Y'a un voyage qui s'organise là heu, à Miami à Noël.
>
> Sophie : Ok.
>
> Antoine : J'sais pas, en tous cas, r'garde, on on regardera ça mais j'ai capoté là.
>
> Sophie : Avec l'école ?
>
> Antoine : Sérieux, oui oui avec.
>
> Sophie : Eille ça coupe hein ?
>
> Antoine : Oui, ça fait chier.
>
> Antoine : Eille, c'est de la matière malade, c'est vraiment poussé, là. Faque en tout cas, je te raconterai tout ça tantôt hein, pour pas, pour pas trop parler, Sophie ?

Sophie : [???]

Antoine : Hein ?

Sophie : Oui.

Antoine : Voyons ostie [???] crissement bogué.

Dans les échanges les plus anodins, hors de toute situation susceptible de les rendre pertinents, les gros mots font partie du lexique des jeunes. Ils vont avec les termes du jargon (« capoter »), avec les néologismes créés à partir du lexique informatique (« bogué »), avec des expressions orales conventionnelles (« eille »). La signification sociale de ces paroles d'adolescents ne renvoie pas au fait d'être plus ou moins polis ou bien élevés. Il s'agit d'une autre stratégie verbale à travers laquelle les adolescents se disent et se reconnaissent en tant qu'adolescents. Le cas le plus frappant est peut-être l'usage des insultes (Labov, 1973 ; Godwin, 1990).

Suivons cette partie d'une longue conversation entre Karim et Assoum :

Assoum : Elle m'a appelé samedi, c'est correct avec elle. J'vais l'appeler demain, on va voir c'qu'on va faire là.

Karim : Yé::! No.

Assoum : Why yé ?

Karim : C'est beau, on ira samedi, c'est cool.

Assoum : T'es correct avec ça là ?

Karim : Ben oué.

Assoum : You're happy I called for you ?

Karim : What ? No::! [???] [*en riant*]

Assoum : [*rire*] You're busted.

Karim : [???] don't fuck with me ok !

Assoum : ⌈[???]

Karim :   ⌊[???]

Assoum : [???] Après y vont m'croire.

Karim : [you don't know me] man ! Fuck you [???] je sais que vous écoutez la conversation ! [*en criant*] Non, qu'est-ce que j'dis là man ?

Assoum : [*rire*] T'es fou... [*en riant*]

Karim : What ? Fuck I have a bomb. [???]

La conversation se déroule pendant que Karim est à la maison ; dans la pièce il y a du monde qui, sans peut-être le vouloir, joue le rôle d'une audience et assiste à cette performance. Entre autres, comme Assoum et Karim le savent très bien – la conversation est enregistrée. Ce dispositif propre à la situation d'enquête introduit un autre personnage sur la scène : le chercheur qui écoutera les conversations[1].

Karim est à l'ordinateur en train de jouer à un jeu vidéo qui devient non seulement l'un des sujets de la conversation, mais aussi l'un de ses partenaires. Il s'agit d'un scénario de plus en plus commun : deux jeunes qui peuvent agir de façon coordonnée et simultanée, à distance à travers deux technologies qui les relient et qui travaillent pour eux et avec eux, dans une sorte de co-présence. On y reviendra. Laissons pour le moment de côté la question de ce dont ils parlent et de ce qu'ils sont en train de faire, pour n'étudier que leur *façon de parler*.

Anglicismes, *code switching* entre le français et l'anglais, prononciations non standard des mots, etc., nous retrouvons là tout le répertoire du langage des adolescents. Les gros mots et les insultes aussi. Il suffit de voir comment Assoum réagit aux insultes de son ami pour comprendre qu'il ne s'agit ni d'une provocation, ni d'un manque de politesse, ni d'agressivité verbale. C'est exactement le contraire de ce à quoi un adulte (chercheur ou parent) s'attend, compte tenu de ses propres habitudes de langage, car ces insultes et ces gros mots expriment une relation d'amitié, une solidarité, l'appartenance symbolique à une communauté. Ne serait-ce que parce que l'usage de ce vocabulaire manifeste la certitude que l'autre ne sera pas

---

1. L'ethnographie contemporaine ne cherche plus à résoudre le paradoxe de l'observateur, celui de prétendre observer comment les gens vivent quand ils ne se savent pas observés. Elle ne considère non plus la présence du chercheur ou de ses instruments d'enregistrement comme des biais qu'il faut contrôler car ils altéreraient l'authenticité prétendue d'un comportement dit « naturel ». La racine contextuelle et interactive d'un comportement social quel qu'il soit fait qu'on ne peut concevoir ni des comportements « authentiques », voire non biaisés par le contexte et l'interaction, ni des comportements « artificiels », c'est-à-dire totalement créés par le contexte et non révélateurs des acteurs eux-mêmes. L'ethnographie contemporaine assume que les réactions des individus à la présence du chercheur ou de ses instrument d'enregistrement sont des interactions sociales en soi. Situés et culturellement spécifiques, ces comportements font donc partie des données du chercheur et deviennent une source précieuse d'information.

offusqué. Cela tient au fait que lui aussi partage ces mêmes conventions langagières. On ne peut trouver meilleur exemple de synergie entre nouvelles technologies, langage et modes d'interaction dans le processus de construction d'une culture spécifique. En jouant ensemble à l'ordinateur et en se parlant simultanément au cellulaire, en renversant la signification habituelle des insultes et des gros mots, ils se reconnaissent mutuellement comme des copains ou des ados et ils affichent ces identités sur une scène publique.

En effet, il s'agit bien d'une scène publique car d'autres personnes se trouvent à les écouter : les gens dans la maison et les chercheurs qui enregistrent la conversation. La situation d'enquête ne fait qu'amplifier la dimension sociale de cette performance verbale et nous fournit donc un point de vue privilégié pour saisir l'usage stratégique du caractère public de la conversation au cellulaire.

Face à ce double public qui assiste plus ou moins en direct à leurs échanges, Assoum et Karim projettent leur identité avec une vigueur quasi polémique (« Fuck you, je sais que vous écoutez la conversation ! »). Les outils sont là : il y a un ordinateur et des jeux vidéo dont l'usage est en soi un signe d'identité. Mais il y a aussi un téléphone mobile qui permet soit le déroulement conjoint de cette activité, soit un échange sur d'autres sujets, soit le déploiement public de ces échanges. Toutes ces pratiques technologiquement médiatisées contribuent à définir Assoum et Karim comme des adolescents face à eux-mêmes et face aux autres. La vigueur du langage utilisé ne fait que souligner les enjeux identitaires et culturels de ce qui se passe.

Traverser les frontières linguistiques : l'identité culturelle au cellulaire

Sorte de microcosme socioculturel, la communication par cellulaire qui caractérise ces adolescents révèle aussi certaines dimensions constitutives plus larges de leur milieu culturel. Dans une métropole nord-américaine, la culture et le langage spécifiques des adolescents se mêlent aussi aux cultures et aux langages des différentes communautés ethno-linguistiques auxquelles ils appartiennent. Assoum, Karim, David et leurs amis emploient, empruntent et remettent en circulation des expressions qu'ils vident de leur signification sociale première, celle de l'appartenance à un groupe ethnique particulier. Détachées de leur contexte linguistique original, ces expressions viennent enrichir le langage spécifique de ces adolescents et témoignent de leur revendication d'appartenir à une communauté interculturelle.

Nous sommes ici en présence de ce qui a été défini comme *cross-ethnic language* (Rampton, 1995 ; Andersen, 2001), une sorte de *patchwork* inter-linguistique, ou de *pidgin* construit par les jeunes au fur et à mesure qu'ils interagissent entre eux. On constate avec étonnement que ce langage est de fait *dé-ethnicisé* dans l'usage qu'en font les adolescents ; les expressions perdent toute nécessité d'une relation systématique avec leur appartenance ethnique d'origine.

Les deux langues dominantes, le français et l'anglais, ne sont pas utilisées pour indiquer ou refléter une différence d'appartenance communautaire. Au contraire, elles sont traitées comme deux répertoires expressifs différemment exploités selon les circonstances et le sujet de conversation. Au-delà de la langue maternelle de chacun, les jeunes font preuve d'une aptitude à transiter d'une langue à l'autre.

Assoum, qui maîtrise aussi bien l'arabe que le français et l'anglais, parle avec Chan, chinois d'origine et anglophone :

Assoum : Yes.

Chan : Yeah ?

Assoum : Ouais, ça va ?

Chan : Yeah.

Assoum : So what you doing ?

Chan : Trying not to say anything incriminating.

Assoum : [*rire*] [???] Yes this conversation is being recorded. [???] T'en fais pas là, y'a pas de noms, anonyme… Allo ?

Chan : Yeah.

Assoum : Ouah.

Chan : Well tomorrow, we have to meet this guy.

Assoum : Ah ouais, c'est vrai, c'est demain le le… « J'veux pas vous entendre parler en même temps que lui. » [*grosse voix*]

Chan : [*rire*]

Assoum : [???] Ouais « ok, mais si j'ai une question ? » là y dit « [???] des questions inutiles, moins 5 » [*grosse voix*]. Comme « Wha::t? ».

Chan : [*rire*]

Assoum : C'est tout l'temps comme ça man ses cours, c'est terrible. On est allés voir la directrice aujourd'hui han ?

Chan : Hanhan, what d'she say ?

Les deux amis sont capables de passer d'une langue à l'autre, de participer aux échanges sans que les différences linguistiques d'origine modifient le déroulement de la rencontre. Il ne s'agit (peut-être) pas d'une parfaite maîtrise grammaticale, mais d'une maîtrise plutôt pragmatique : ils savent qu'ils peuvent participer aux échanges verbaux qui caractérisent leur communauté. Lorsqu'il s'agit de jeunes francophones qui parlent entre eux, le *code switching* vers l'anglais est souvent associé au *gossip* et aux discours rapportés qui l'accompagnent.

Ainsi, Annie et Assoum sont en train d'organiser une sortie, ce qui les amène à parler de Karim et à s'engager dans un échange selon la formule typique : « Je-te-dis-que-lui-a-dit-et-moi-je-lui-ai-dit. »

Annie : Qu'est-ce tu penses d'eux autres, moi [???]

Assoum : Ouais c'est bad [*rire*] euh hah, pour samedi ?

Annie : Ouais, j'travaille pas le jour.

Assoum : Ah ouais, c'est génial ça. Karim y'arrête pas de « Call her, call her, call her ». [*grosse voix*]

Annie : Fuck, pourquoi ⌈[???]

Assoum :   ⌊« Yo, come on calme-toi », « call her », « Karim, calme-toi ».

Dans un tel échange, et notamment dans les discours rapportés, les langues se mélangent et ces adolescents ont souvent recours à l'anglais : cette langue semble leur offrir des expressions concises et suggestives pour caractériser des personnages. Par exemple, Assoum raconte à Chan ce qui s'est passé à l'école :

Assoum : What the hell ? Après elle dit : « Est comme toute bitch, pis toi t'es toute smart, je veux pas que tu deviennes ami avec elle. » Je suis comme euh : « I'm the guy that everyone likes so I'll do what I have to » là elle dit : « Ok, we don't want to lose you as a friend » comme [???] « you won't, you won't », là je suis parti et elle a fait... Oh my God... Oh my God !

Chan : What ?

Assoum : Someone searched you on Google and found a picture of a Chinese guy.

Mais c'est surtout quand les adolescents parlent de musique que le *code switching* vers l'anglais devient presque la règle. Annie annonce à Assoum qu'elle ira assister au concert d'une chanteuse très à la mode chez les adolescents. Elle ne sera donc pas disponible pour sortir le vendredi. La musique, les loisirs, l'organisation de la fin de semaine, les devoirs scolaires, le concert… Leur conversation touche presque toute la gamme des sujets typiques des appels entre adolescents. L'usage du mélange linguistique confirme lui aussi cette identité :

Assoum : Qu'est-ce tu fais vendredi ?

Annie : J'm'en vais voir Avril Lavigne hahi [*petit gloussement*].

Assoum : Hen ! Moi j'voulais y'aller.

Annie : Ah c'est vraiment cool ! [???] j't'allée sur Internet.

Assoum : Ah ouais.

Annie : Pis là… tsé j'pensais qu'le show était comme en été là.

Assoum : C'est l'10, non ?

Annie : C'est vendredi, c'est l'11.

Assoum : C'est ça, le 11 ?

Annie : Oui ! Pis là j'm'en vas checker, j'suis comme ça s'peut pas…

Suivant la règle culturelle qui oblige les membres du réseau à faire circuler l'annonce des événements qui concernent chacun d'entre eux, le lendemain, Assoum raconte à Karim la décision d'Annie d'aller au concert. La conversation concerne la musisque et les deux amis (francophones) empruntent donc des expressions anglaises.

Assoum : Devine quoi.

Karim : Quoi ?

Assoum : [???]

Karim : Quoi ?

Assoum : [???] Elle va voir Avril Lavigne man.

Karim : Ok ?

Assoum : Pis moi j'suis encore ici man, j'aurais pu aller avec elle, but no::

Karim : Aller voir Avril Lavigne ?

Assoum : Oui.

Karim : [comme vendredi ?]

Assoum : Oui. Elle est chanceuse la fille man [*rire*].

Karim : C'est pas juste [*en riant*] [???]

Assoum : Han ?

Karim : [you're gay] fuck !

Assoum : No, I'm an artist.

Karim : [???] C'est pas d'la musique ça, Avril Lavigne.

Assoum : De quoi tu parles ? You can't judge anything…

Karim : [ça s'appelle] a product [???]

Assoum : Hahaha [???]

Des règles implicites d'usage semblent guider l'interaction : quand on parle entre allophones, la conversation peut se dérouler en français, mais s'il s'agit de parler de musique ou de prêter voix aux personnages d'un *gossip,* le *code switching* vers l'anglais devient commun. Quand il y a un anglophone, ceux qui maîtrisent cette langue lui parlent de préférence en anglais, ce qui ne les empêche pas de passer au français au besoin. Cette nonchalance manifeste une grande facilité d'acceptation de ce mélange linguistique au quotidien.

Les technologies sont, elles aussi, un sujet de conversation qui déclenche le passage à l'anglais. Et cela indépendamment de la langue maternelle des jeunes qui en parlent. Assoum et Chan sont en train de parler au téléphone pendant qu'ils sont, chacun chez soi, à l'ordinateur. Internet et le téléphone mobile leur permettent de partager la même tâche au même moment dans des lieux différents. Comme il s'agit d'une tâche qui concerne les technologies, le *code switching* progressif vers l'anglais devient presque obligatoire : dès que le sujet de conversation se focalise sur la tâche technologique, Assoum emprunte la langue de son ami et passe à l'anglais.

Chan : Arthur ?

Assoum : Y t'a pas envoyé genre un truc [???] sur les e-mails… [???].net.mp3… Limp Bizkit – oh non pas encore ! Parce tsé quoi, il m'a envoyé une version, tsé dans le ref name là ?

Assoum : Ouais [???] ouais ce qui s'est passé avec le [..] tk ?

Chan : I don't know [???]

Assoum : Ouin c'est ça, y'a pris le ref link [???]

Chan : Ouais non. Ah, there finally…

Assoum : What ?

Chan : [*bâillement*] The web page is loading.

Assoum : What ?

Chan : The web page is loading [*en bâillant*].

Assoum : Ours ?

Chan : No another one. I'm looking for design here.

Assoum : Well it doesn't do anything with our pages down.

Chan : I yeah uh [???] y'a genre un p'tit vidéo.

Assoum : Ah euh [???] va être avec nous full time bientôt.

Chan : Oh yeah ? ⌈ [???]

Assoum :   ⌊ Pour le... le, le [???] du théâtre.

Chan : Oh, when's that ? May ?

Assoum : May, ben fin avril-mai.

Au-delà du *code switching*, on retrouve aussi des *formes syncrétiques* : des mots français prononcés à l'anglaise, des mots anglais hyper-francisés, l'usage des tics de langage et de certains éléments morphologiques de l'autre langue qui s'insèrent avec fluidité dans la langue choisie pour la conversation en cours. Ce mélange linguistique est vraiment étonnant, et il est tellement bien construit qu'on ne ressent aucune rupture. À cette maîtrise des deux langues dominantes s'ajoute le passage avec aisance à la langue de la communauté d'origine. Pour Assoum, c'est l'arabe qu'il utilise dans ses appels nomades avec les membres de sa famille. Ainsi, Assoum, en train de marcher dans la rue Lajoie, en route vers le métro, appelle sa sœur Nayla :

Assoum : Ouais.

Nayla : Ouais.

Assoum : Y'as-tu quelqu'un ?

Nayla : [???] Karim ?

Assoum : Oh.

Nayla : Mais euh, oh Corinne ⌈[???] l'université.

Assoum :   ⌊Ok.

Assoum : Pis qu'est-ce qu'a veut, Corinne ?

Nayla : [*parle en arabe*]

Assoum : [*parle en arabe*]

Nayla : Hen ?

Assoum : Ok, c'est beau.

Nayla : Bye.

Assoum : Bye.

Dans leurs conversations quotidiennes, ces jeunes pratiquent constamment le *crossing linguistic boundaries* : le *code switching* entre les deux langues dominantes, la *pidginization*, la transition vers la langue de la communauté d'origine. Il est manifeste que l'exhibition publique de cette compétence plurilinguistique vise à affirmer l'identité de ces jeunes comme *identité inter-ethnique* et la présuppose autant qu'elle la revendique.

Croiser les mots, croiser les cultures : un syncrétisme multivocal

Au-delà de ces entrecroisements linguistiques, leurs conversations sont constamment ponctuées de mots et d'expressions spécifiques qui traversent les communautés ethnolinguistiques. Des termes, provenant d'autres univers culturels, trouvent aussi leur place dans les conversations nomades de ces jeunes, parfois en cohérence avec les sujets de conversation, parfois de façon décalée.

Suivons cette conversation entre Assoum et Sharif. Elle contient des traces de presque toutes les marques du langage spécifique des adolescents : les gros mots, la parodie des façons de parler d'autrui, le discours rapporté, le récit passionné d'histoires du quotidien, l'insertion de termes anglais et leur francisation. En plus, elle nous offre un exemple du recours à un registre linguistique spécifique : celui de la *street culture* afro-américaine.

Sharif : Y'a une fille dans mon cours d'anglais là.

Assoum : Ouais.

Sharif : Oublie ça man.

Assoum : [*rire*]

Sharif : Elle est toujours [???] pis j'suis – j'ai vraiment aucune idée [???] Qu'est-ce que j'peux faire man ?

Assoum : C'est qui ?

Sharif : Elle est tout l'temps avec une amie man.

[...]

Sharif : [???] for fuckin like.

Assoum : Ouais.

Sharif : D'un autre côté, je [*hésitation*]. Yo, un jour j'te dis j'vais en avoir marre, j'vais dire : « Yo [???] laisse-moi parler ! »

Assoum : Non, pas comme ça, mais tu dis genre... attends comme nous on fait ? Sinon c'est une improvisation que j'fais tout l'temps tout l'temps tout l'temps.

Sharif : [???]

Assoum : Han ?

Sharif : Je vais lui dire man : « Vous, allez allez allez jouer ailleurs, mais je veux parler tête-à-tête man. »

Assoum : Nonon, tu dis euh j'aimerais ça te parler one-on-one là.

Sharif : [???]

Assoum : Pis là a va dire [minououiou] [*fait un son pour imiter la fille*].

Sharif : Mais sais-tu c'est quoi l'affaire ?

Assoum : Quoi ?

Sharif : [???] man. Dès que une fille est dans un groupe de fille-là.

Assoum : C'est ça, c'est pas rap y vont tout se dire entre eux.

Sharif : Tsé tu viens, tu dis : « Est-ce que j'peux parler one-on-one ? » qu'est-ce que pense que les autres vont commencer à dire : « Oh check ce gars-là qu'est-ce qui veut ? » tsé.

Assoum : Ah oui, j'sais les p'tites rumeurs, ça fait chier.

Ce croisement de cultures et de langages, cet esprit d'ouverture qui traverse les frontières culturelles, devient parfois vraiment élaboré.

Chan : Did I send you that geek joke ?

Assoum : Non, laquelle ?

Chan : Attends, wait I'm looking for it... Today no not today.

Assoum : T'as écouté la chanson ? Non j'ai pas écouté la chanson. C'est une search Chan lol [*lit à Chan le message d'Arthur*] c'est pas drôle pis tu cliques sur le pique du gars pis ça devient une fille lol [*lit le message d'Arthur*] encore pas drôle. C'est Arthur man boring jokes.

Chan : Ok I'll send you the joke that's health.com.

Assoum : There's no place hahahuh. [*rire*]

Chan : Yeah only a geek would get it.

Assoum : Geek power, what I'm a geek.

Assoum et Chan sont à l'ordinateur, chacun chez soi. Ils partagent un sujet de conversation et ils agissent ensemble. Il s'agit d'échanger des blagues, des chansons et des messages à travers le réseau. Un travail pour experts, des experts qui partagent des savoirs, des compétences, des techniques et surtout un langage. Bref, ils partagent une culture opérationnelle spécifique. Ce réseau tout à fait culturel a déjà son nom chez les adolescents : c'est l'univers des *geeks*. Ici, être *geek* est vu avec orgueil : *Geek power,* avec cette formule qui semble calquée sur l'expression *Black Power,* on exprime la fierté d'une appartenance. Mais l'allusion linguistique à l'orgueil noir rapproche aussi deux univers, comme par un court-circuit elle articule et crée un lien entre l'univers de la culture urbaine des Noirs et celui des *geeks*.

Le recours systématique à des mots qui appartiennent à la culture rap, l'usage d'expressions typiques des réseaux de musiciens, de *skaters*, de *geeks,* contribue à définir l'identité de ces adolescents comme transculturelle. Il s'agit d'une identité qui non seulement traverse les communautés ethnolinguistiques, mais qui s'élargit aussi jusqu'à englober d'autres univers. Les adolescents y circulent et y empruntent des expressions qu'ils reformulent et remettent en circulation dans leurs échanges quotidiens. On peut suivre de près ce processus d'appropriation et de déplacement des mots d'une culture à une autre et de reformulation dans un langage spécifiquement ado, fortement marqué par l'*hétéroglossie*. En d'autres termes, plusieurs voix s'entrecroisent et parlent d'autres langues pour en constituer finalement une seule, tout à fait spécifique et unique. En parlant au téléphone, en essayant de se joindre en tout temps pour organiser une soirée ou une fin de semaine, en s'engageant dans de longues narrations, avec leur *parler croisé,* les adolescents deviennent des passeurs d'expressions d'une culture à une autre, des acteurs d'une *interethnicité* qui devient finalement le trait spécifique de la culture des adolescents d'une métropole nord-américaine.

Mais, comme on l'a vu, leur appartenance culturelle a plusieurs facettes.

À cette spécificité s'en ajoute une autre, que nous avons déjà soulignée : les adolescents contribuent aussi, dans ce mélange des genres linguistiques, à incorporer le jargon de différentes cultures opérationnelles. Leur langage franchit donc non seulement les frontières des groupes ethniques, mais aussi celles de plusieurs communautés de pratiques construites autour de la musique, de la maîtrise des technologies, de la pratique de certains sports, ou du domaine des jeux vidéo. Cette pratique de syncrétisme linguistique permet aux jeunes de jouer avec l'entrecroisement des histoires culturelles qui se cachent derrière certaines expressions, certaines langues professionnelles et, même, certaines façons de parler. Ces histoires de mots ne peuvent pas toujours être mises au jour, ni retracées, ni même identifiées. La culture urbaine des diverses communautés, telles qu'on en trouve dans une métropole nord-américaine, les relations intercommunautaires qui se sont tissées avec le temps, les valeurs symboliques des diverses musiques et des nouvelles technologies de communication, parce qu'elles se mêlent, deviennent autant de facteurs de création d'un nouveau discours tout à la fois hybride et multivocal.

Ce phénomène, apparemment purement linguistique, constitue de fait une vraie pratique sociale. Ce langage qui traverse et combine des éléments d'univers culturels différents devient pour les adolescents un instrument de construction et d'expression de leur identité individuelle et collective. En assumant les références historiques et culturelles inscrites dans les formes d'expression qu'ils empruntent si diversement, ils créent une toute nouvelle culture, unique et identitaire, qu'ils savent partager selon de nouveaux codes communs. Bref, ils se fabriquent culturellement comme communauté. Ils ne construisent cependant pas une communauté linguistique refermée sur elle-même. Bien au contraire, en transgressant les frontières culturelles multiples qui existent, les adolescents favorisent la dynamique d'une nouvelle mosaïque culturelle, celle dans laquelle ils habitent et qu'ils contribuent à créer.

La délocalisation des communications faites avec un téléphone cellulaire contribue incontestablement à la dynamique complexe de cette création linguistique, culturelle et identitaire. L'émergence du cellulaire, tout comme d'autres technologies de communication, a sans aucun doute catalysé ce mouvement de création linguistique des adolescents et leur a assuré une reconnaissance publique.

L'usage du cellulaire ponctue leur journée, il entre dans tous les lieux et intervient dans tous les moments de leur quotidien. En ce sens, il est plus qu'une fenêtre sur la vie de tous les jours des jeunes, un amplificateur des enjeux qui la caractérisent : il est un facteur direct et déterminant de la construction incessante de leur culture et de leur identité au quotidien.

Nous devons nous arrêter ici un peu plus sur la composante *publique* de cet univers apparemment privé des conversations tenues au téléphone cellulaire. Ces échanges se déroulent désormais sur une scène publique, réelle ou fantasmée, celle du contexte toujours ouvert et partagé avec les autres qui se trouvent là et entendent ces conversations, parfois à leur corps défendant. Et peu importe si cette audience est réelle ou non. L'important, symboliquement, est qu'elle pourrait toujours être là. Elle est toujours prise en compte dans l'imaginaire. Comme nous l'avons souligné[2], le cellulaire transforme profondément le modèle culturel des conversations téléphoniques traditionnelles. Non seulement le cellulaire multiplie les conversations téléphoniques des jeunes, mais il les met aussi potentiellement sur la scène publique et il leur offre ainsi une caisse de résonance tout à fait nouvelle. Le cellulaire joue un rôle d'amplificateur social des enjeux identitaires et culturels inscrits dans le syncrétisme linguistique des adolescents.

Le technolanguage des adolescents : experts, initiés ou innovateurs de la langue ?

Les adolescents semblent ainsi participer aussi à la diffusion dans le grand public du jargon professionnel spécifique à l'univers des technologies de communication, bien au-delà de la communauté linguistique des spécialistes. Même si on commence à trouver dans le commerce un certain nombre de dictionnaires qui tentent d'aider les non-spécialistes à s'y retrouver dans ce jargon linguistique d'initiés, c'est surtout à l'usage que nous apprenons quelques mots de cette langue quelque peu ésotérique. Étonnamment, les adolescents non seulement la maîtrisent, mais ils contribuent de plus à son développement et à sa diffusion. Quand ils parlent entre eux, il n'y a que les *geeks* qui peuvent comprendre cette langue, aussi initiatique que celles des sectes, des prisonniers, ou des milieux de criminels. Il s'agit de registres lexicaux qui lient donc les membres de ces communautés, leur permettent

---

2. Sur le bouleversement du modèle canonique de conversation téléphonique et ses conséquences, on renvoie le lecteur aux chapitres 5 et 7.

de s'identifier, de se reconnaître, d'agir et de se différencier radicalement des autres.

Quand Assoum, Chan et Karim parlent entre eux de technologies, quand ils s'engagent dans une activité conjointe à leur sujet à travers l'usage combiné du cellulaire et de l'ordinateur, ils montrent une autre facette de leur identité culturelle : ce sont *des initiés de la communauté des techno-adolescents*.

Nous en avons déjà vu des exemples, mais essayons de suivre deux amis qui parlent entre eux, chacun de chez lui et face à son ordinateur. Bien que la compréhension décontextualisée de n'importe quelle conversation soit difficile, dans ce cas la tâche devient presque impossible. Du moins pour ceux qui ne sont pas des *geeks* !

> Chan : Wait I'll go check no damn tk is down.
>
> Assoum : Why is it down ? Is it like server problem, did they remove it completely ? euh…
>
> Chan : Oh it doesn't seem to be working… Wait I'll use [opera].
>
> Assoum : Haha.
>
> Chan :   ⌈Ok.
>
> Assoum : ⌊I only have ⌈Explorer.
>
> Chan :   ⌊It's very strange.
>
> Assoum : What ?
>
> Chan : [???] Prompt euh ping www dot tk.
>
> Assoum : Run cmd ping www dot tk send ping response ping ⌈response.
>
> Chan :   ⌊no response that sucks.
>
> Assoum : Moi non plus [pause] Tanatananana [chante la musique de Jaws].
>
> Chan : Ping request cannot find the host dot tk hum.
>
> Assoum : Oh my God ! It's been completely radicated !
>
> Chan : Cannot ⌈locate.
>
> Assoum :   ⌊Ping request could not find host www dot tk please check the name and try again.
>
> Chan : Only people like us would be able to do this.
>
> Assoum : I know. www dot msn dot com ping huenh ? ? www dot msn is not recognized as an internal.

Assoum et Chan parlent de ce qui se passe sur le Web, de leurs pages Web, des modifications que l'un d'eux y a introduites, de la qualité du service, ils lisent ce qui est écrit sur certains sites mais, pour comprendre les détails, il faudrait partager la même expertise et être habitué aux mêmes pratiques. Ce sentiment d'exclusion que nous éprouvons, en tant que profanes, ne nous laisse aucun doute sur le caractère culturellement spécifique de ce registre linguistique. En partageant ce que l'on aimerait appeler une *langue technologique initiatique,* les ados contribuent au renforcement de la cohésion sociale de leur groupe. La maîtrise de cette langue implique en effet une communauté de certaines pratiques, de certains codes, savoirs, croyances qui ne sont partagés que par ses membres et les distingue a contrario de tous les autres. Comme Chan le dit lui-même : « Only people like us would be able to do this.» Bref, parler techno est une façon d'interagir qui révèle l'existence d'une *communauté d'usagers* et qui, en même temps, renforce l'identité de ses membres et leur sentiment d'appartenance.

Les groupes d'adolescents ont toujours fabriqué leurs propres signes pour dire et surtout pour construire leur cohésion sociale et leur conscience d'appartenance. Souvent, ils ont récupéré des objets et des gestes culturels, pour se les approprier et reformuler leurs significations afin de les transformer en symboles d'appartenance. Ils ont procédé de même avec les nouvelles technologies ; ils les ont apprivoisées, ils se sont approprié leur usage et les innovations lexicales et leur ont imposé des significations sociales spécifiques, grâce auxquelles ils ont transformé ces techno-objets, ces gestes et ces expressions en marqueurs d'appartenance et en normes d'adhésion communautaire.

La création et l'usage de cette *techno-langue* par les jeunes n'ont pas comme seule conséquence sociale la construction identitaire des adolescents qui la maîtrisent.

Il s'agit en effet d'une pratique linguistique qui affecte le milieu culturel de façon plus générale. Ici comme ailleurs, les adolescents sont créateurs et diffuseurs des innovations linguistiques dont le destin est d'entrer dans la langue commune, de l'enrichir d'un nouveau vocabulaire, de la doter de nouvelles métaphores. Même le *langage geek* contribue à ce phénomène. De nouvelles pratiques comme l'échange de messages sur support électronique, l'usage de l'information qui circule sur Internet, l'évaluation des systèmes et du genre d'information, requièrent de nouveaux concepts et un nouveau lexique.

En effet, ce langage est souvent très imagé et métaphorique. On embarque sur Internet et on en débarque. Si la langue technologique se nourrit de métaphores du langage de tous les jours, le contraire est vrai aussi. Des expressions comme *faire un reload, faire un reset, ctr-alt-del, pop-out, spam*, sont sorties de leur domaine d'origine, celui de l'ordinateur pour entrer dans la langue de tous les jours et la nourrir non seulement de nouveaux mots, mais surtout de nouvelles façons de saisir la réalité.

Sophie : [???]

Antoine : Hein ?

Sophie : Oui.

Antoine : Voyons ostie [???] crissement bogué.

Sophie : C'est vrai.

Antoine : Ben oui, fait que j't'appelle dès qu'j'arrive, ok ?

Assoum : Tsé Gabrielle en 4 ?

Chan : Euh no...

Assoum : Ok anyway, je marche dans la salle de récré [*silence*] ok ?

Chan : Huhum.

Assoum : Ok ?

Chan : Hum.

Assoum : I don't know where, elle pop out, pis elle dit euh : « Allo Assoum, comment ça va ? [*ton enjoué*]» You know that means she wants something cause she don't talk to me [???].

Chan : [*rire*]

Lorsque la communication ne peut pas se dérouler normalement ou que le cellulaire ne marche pas comme il faut : il est « bogué ». Si une fille prend la parole de façon subite, elle *pop out*. *Bogué* dérive de *bug*, terme anglais utilisé métaphoriquement pour indiquer une impasse dans le réseau informatique. Emprunté au domaine de l'informatique et hyperfrancisé, il est utilisé pour indiquer l'état de tout appareil électrique ou technologique qui arrête soudainement de fonctionner. *Pop out* provient de pop-up, c'est-à-dire la publicité qui apparaît de façon automatique sur l'écran. Ici, il est déplacé et utilisé métaphoriquement pour décrire une façon brusque et sans aucun préavis d'entrer dans une conversation en cours. Sortis du domaine de l'informatique et des jargons spécifiques de ce réseau, ces mots sont passés dans le langage de tous les jours, sous l'influence des jeunes.

Les adolescents deviennent ainsi de véritables diffuseurs d'innovations linguistiques nées de la création de l'univers des technologies. Nous rencontrons là une sorte de culture opérationnelle émergente, propre à leurs usagers. Ils les font migrer au-delà des frontières du jargon professionnel et les banalisent en les introduisant dans la conversation de tous les jours.

La langue secrète des SMS

C'est peut-être dans leur utilisation des SMS que les adolescents dévoilent leur capacité à inventer de nouveaux modèles d'usage, à reformuler les innovations technologiques, à les plier à leurs formes de vie, à les transformer en de nouveaux jeux de langage. En Europe, l'usage des mini-messages est devenu l'usage typique du mobile pour les plus jeunes[3]. Celui qui observe la vie quotidienne des adolescents et même des enfants à partir de 10 ans s'aperçoit vite que les messages textes constituent pour eux la principale façon, sinon la seule, d'utiliser le mobile pour communiquer entre eux[4]. Étant donné leur âge, l'écart très significatif entre le coût d'un SMS et le coût d'un appel vocal a sûrement fait la différence et généralisé cet usage des messages textes. Cette contrainte économique n'explique pas cependant l'énorme diffusion de ce système qui est un phénomène en soi. Le volume des échanges entre les adolescents est étonnant et les compagnies ont dû faire évoluer leurs systèmes pour soutenir cette diffusion imprévue[5].

---

3. L'échange de SMS est peut-être l'une des différences les plus frappantes entre les usages du cellulaire chez les adolescents en Europe (Grinter et Eldridge, 2001) et au Canada.

4. Du moins, en Italie, l'appel est réservé aux parents. Mais, même dans ce cas, les adolescents ont rapidement inventé un système de communication pour ne pas dépenser de l'argent. Avant que les compagnies introduisent des forfaits très bon marché – sinon gratuits – pour les appels *one-to-one*, les adolescents faisaient sonner le téléphone des parents selon un code qui voulait dire « rappelle-moi ».

5. Le nombre maximal de caractères par message est récemment passé de 160 à 400 pour mieux répondre à la demande.

Conçus comme les instruments d'une communication informationnelle, asynchrone et télégraphique, les mini-messages textes sont devenus,
chez les adolescents, les premiers outils d'une communication relationnelle, synchrone et détaillée. Mais d'où vient un tel renversement ? Pour en
comprendre les raisons – mieux vaudrait dire les raisons qui se dégagent de
l'observation de ces pratiques –, nous avons suivi et observé un petit réseau
d'adolescents italiens pendant un mois. Malgré notre connaissance des
recherches scientifiques récentes, nous avons été surpris de voir jusqu'à
quel point l'échange des mini-messages était intégré au quotidien de ces
jeunes. L'usage des SMS est devenu vraiment omniprésent : à la maison,
dans la rue, avant l'entraînement de basket, dans l'autobus, à la sortie de
l'école et même, comme on l'a découvert, en classe pendant les cours. Nous
n'avons noté aucun moment ni aucun lieu préférentiels. Véritable appendice du corps, le mobile est toujours dans leur main et le geste le plus fréquent n'est sûrement pas de répondre ou d'appeler, mais de taper avec le
pouce sur ce minuscule clavier avec une rapidité étonnante.

Si on devait reconstruire une scène typique de ces moments que nous
avons observés, on pourrait évoquer Matilde[6], étendue sur le canapé pendant que passe à la télévision une publicité, ou assise à table, dans l'intervalle de temps entre le plat principal et le dessert. Elle se replie sur son
cellulaire. Elle tape – elle attend – elle lit sur le *display* – elle sourit – elle re-
commence à taper – elle attend – elle lit le *display*, etc. Ce genre de séquence
peut se répéter une, deux, trois, quatre fois et même plus, jusqu'au moment
où l'activité dominante se représente – regarder le film après la pause publicitaire, manger le dessert qui arrive – et ainsi de suite. Tous les temps d'attente
sont aussitôt remplis ainsi, par cette sorte d'interaction avec le téléphone
cellulaire, qui suppose qu'en effet, à l'autre bout, il y ait toujours quelqu'un
en train de participer à la même dynamique. Mais qu'ont-ils donc de si
urgent à se dire ?

---

6. Matilde est le pseudonyme qu'on a choisi pour désigner une jeune adolescente qui
venait d'avoir 14 ans et qui, comme la plupart de ses amis, avait reçu en cadeau un
cellulaire pour ses 11 ans, ce qui est tout à fait dans la moyenne statistique. Selon une
enquête menée par la Doxa (*Junior*, 2002), en Italie, 68 % des enfants de 5 à 13 ans ont
un cellulaire personnel, 19 % l'obtiennent à 10 ans. De 14 ans à 17 ans, le taux augmente à 76 % (rapport *Censis*, 2000).

Pour en savoir en peu plus, nous avons demandé à Matilde de nous transcrire les SMS envoyés et reçus sur une période d'un mois, par elle et ses amies les plus proches[7]. Quand nous avons rencontré Matilde pour lui demander de consulter ces échanges qu'elle avait transcrits sur son cahier, elle a commencé par nous les lire, pour le cas où nous n'aurions pas su déchiffrer son écriture, ce qui était possible, car elle avait rempli les pages de son cahier dans les circonstances les plus variées : à l'école, au parc en attendant des amis, à la sortie de l'entraînement de basket, etc. Au fur et à mesure qu'elle lisait donc devant nous, elle s'apercevait que, dans la plupart des cas, elle ne s'arrêtait pas à cause de son écriture mais à cause de ce qu'elle avait transcrit. À un moment donné, elle nous a dit : « Voulez-vous que je vous fasse un dictionnaire ? Sinon vous n'allez rien comprendre. » Et, en effet, la fréquence d'abréviations inconnues, de symboles alphabétiques et numériques, de courts-circuits orthographiques et grammaticaux, rendait les messages presque incompréhensibles pour nous.

Avec l'aide d'une amie qui avait mis à sa disposition son archive de mini-messages, Matilde a donc rédigé pour nous un dictionnaire *ad hoc*.

---

7. La recherche ethnographique avec les adolescents comporte des contraintes spécifiques. Entre autres, le chercheur doit trouver un point d'équilibre entre sa démarche de connaissance de cette culture spécifique et le respect pour le régime du secret envers l'adulte qui en est, d'ailleurs, l'un de ses traits les plus saillants. Dans notre cas, il s'agissait d'établir un contrat de terrain qui assumait de façon officielle la possibilité du secret. On avait donc demandé à Matilde de nous transcrire, à sa discrétion, le plus possible de SMS. En revanche, elle nous donnerait la totalité des messages échangés sur la même période. Cela nous permettait d'établir un contrat de confiance fondé sur le respect d'un trait culturel spécifique comme le régime du secret et d'avoir aussi un aperçu du rôle des SMS dans le maintien de ce même trait culturel.

Le voici, tel quel :

DIZIONARIO	
xkè = perché (pourquoi, parce que) tt/ ttt = tutto/tutti (tout/tous) bn = bene (bien) xò = però (mais, cependant) cm = come (comment) ke = che (que) sl = solo (seulement, sauf que) m = mi (à moi) kiedi = chiedi (tu demandes) kiesto = chiesto (demandé) tnt = tanto (beaucoup) x = per (pour, et le son « per » comme dans « période ») cn = con (avec) cs = cosa (chose) 1cs = una cosa (une chose) doma = domani (demain) qnd = quando (quand) 1po' = un po' (un peu) nn = non (non/ne) sn = sono (je suis) d = di (de, et le son « di ») t = ti (à toi, et le son « ti ») skerzo = scherzo (boutade, je rigole) + o − = plus ou moins + = più (plus) - = meno (moins) anke = anche (aussi)	ankio = anch'io (moi aussi) 6 = sei (tu es) inca = incazzata (fâchée) siam = siamo (nous sommes) cmq = comunque (en tout cas) tvtb = ti voglio tanto bene (je t'aime beaucoup) tvb = ti voglio bene (je t'aime) tv1kdb = ti voglio un casino di bene (je t'aime en masse) tvtrb = ti voglio troppo bene (je t'aime vraiment beaucoup) tv1mdb = ti voglio un mondo di bene (je t'aime infiniment) qlcs = qualcosa (quelque chose) qlc1 = qualcuno (quelqun) qualke = qualque (quelque) qll = quello (celui) dll = delle (des) al- = almeno (au moins) risp = rispondi (réponds) rx = rispondi (réponds) stv = si tu veux (dans les messages échangés avec les amis français) biz = bisous

Avant d'entrer dans les détails de cette nouvelle langue, arrêtons-nous un instant sur le geste fait par Matilde : face à des adultes, elle a compris la nécessité d'un dictionnaire[8], ce qui est en soi un peu bizarre, puisque les adultes en question étaient des Italiens et des usagers de SMS. Matilde nous a traités – peut-être avec raison ! – comme des étrangers, des allophones qui avions besoin d'un vocabulaire de survie. Bien avant de nous plonger dans

---

8. Il ne faut pas s'étonner si on s'arrête sur ce genre d'interactions qui apparemment ne constituent que l'arrière-plan des données recueillies. La recherche ethnographique assume que le processus de collecte de données est une donnée en soi qui nécessite une analyse rigoureuse au même titre que le matériel recueilli, d'autant plus que c'est souvent à travers ces interactions de terrain que les *natives* montrent au chercheur les cadres de référence qui servent à interpréter les données.

l'analyse de ce *corpus* limité de mini-messages, nos informateurs nous ont ainsi donné le cadre de référence où il fallait le situer : il s'agissait d'une langue à part, d'un code de communication partagé par les adolescents italiens qui était hors de la compréhension des adultes.

Ce que l'approche ethnographique nous dévoilait, c'était le point de vue des *natives* sur leurs propres pratiques indigènes de communication : pour eux, il s'agissait d'une *langue secrète*[9], d'un code qu'ils avaient construit, qu'ils partageaient et qui, surtout, balisait les frontières entre leur monde social et celui des adultes.

Bien que secrète, cette langue n'est pas pour autant cachée : au contraire, elle est exposée avec une certaine fierté et même un évident plaisir. Matilde et Chiara semblaient jouir de cette invention qui leur permettait non seulement de transgresser les normes sévères de la langue, mais aussi et surtout de repousser les adultes hors de leur espace symbolique. De ce point de vue, l'usage de la langue des SMS rappelle une pratique typique des jeunes adolescents, celle d'afficher sur la porte de leur chambre à coucher des panneaux plus ou moins décorés qui signalent qu'il s'agit d'un espace *off limits* pour ceux qui n'ont pas l'autorisation d'y entrer.

Exclusion des adultes d'un côté, construction d'une connivence entre les pairs de l'autre : voilà les deux enjeux principaux de la langue secrète des mini-messages, dans ses deux dimensions, à la fois son alphabet et son usage.

Inventer un code : les mini-messages comme clin d'œil

Chaque langue a ses règles, chaque système de notation les siennes. La langue qui est créée pour ces mini-messages ne fait pas exception. Comment

---

9. Le caractère secret de cette forme de communication a été saisi par d'autres recherches qui s'appuient sur d'autres outils méthodologiques comme les entretiens (Rivière, 2002) ou l'analyse de *corpora* constitués par des messages soustraits à leur contexte d'énonciation (Cosenza, 2002). L'approche ethnographique permet d'aller au-delà du niveau déclaratif propre aux entretiens et du regard éloigné propre à l'analyse linguistique de la communication décontextualisée. L'analyse des pratiques *in vivo* nous donne un aperçu des cadres de référence inscrits dans l'action et utilisés par les membres d'une communauté dans leur vie quotidienne. Selon l'hypothèse propre à la *Grounded Theory* (Glaser et Strauss, 1967), les catégories de l'action sont *dans* l'action et c'est là que le chercheur doit les chercher.

cet alphabet est-il fait ? Quelles sont les logiques qui organisent cette écriture secrète ? Le dictionnaire compilé par Matilde et Chiara ne suit aucune logique classificatoire ; sa fonction était purement pragmatique et relationnelle. Il s'agissait d'aider des « allophones » à lire des textes qui requiéraient une traduction (du moins selon nos informatrices !). Néanmoins, on peut saisir les processus de base de la création de ce système d'écriture.

L'abréviation : pratique propre à la communication orale chez les adolescents, elle est la règle principale de l'écriture des SMS. Les mots sont tout simplement coupés (*doma, siam, risp*). Le contexte, mais surtout la redondance propre à une langue, permettent au destinataire de comprendre de quel mot il s'agit.

L'écriture consonanique : utilisée pour les mots les plus fréquents et courts, les prépositions et les démonstratifs, elle prévoit l'effacement des voyelles (*nn, bn, qll, cs*).

L'écriture phonétique : évidemment, il ne s'agit pas de l'écriture phonétique des linguistes, néanmoins le principe est là. Il s'agit d'utiliser ou de construire *ad hoc* des symboles de notation de la prononciation des éléments qui composent un mot (*k* pour « *qu* »).

L'usage des symboles mathématiques (*1, x, 6*) : les symboles mathématiques sont utilisés soit quand il s'agit d'écrire un adjectif quantitatif, soit pour leur prononciation ; 6 en italien se prononce comme « sei » (tu es).

L'usage de l'acrostiche : une phrase entière devient un seul mot formé avec les initiales des mots qui composent la phrase originale. L'acrostiche est surtout utilisé pour les expressions formulaires, comme les salutations : *tvtrb = ti voglio troppo bene* (je t'aime vraiment beaucoup)[10].

Ces règles de base peuvent aussi s'articuler entre elles et donner lieu à des solutions originales et complexes : *tvıkdbn* – acrostiche codifié pour « *ti*

---

10. Les mots et les formules créés par les adolescents italiens sont évidemment liés à leur langue, mais les opérations accomplies sur la morphologie de la langue sont les mêmes qu'on retrouve dans les mini-messages des adolescents d'autres pays (Grinter Eldrige, 2001 ; Kasesniemi et Rautiainen, 2002 ; Rivière, 2002). C'est ce qui permet entre autres des échanges entre amis qui ont une compétence minimale dans la langue maternelle de l'autre. La récurrence trans-linguistique des opérations trouve une explication dans ce qui – à notre avis – est le principe de base de cette forme de communication : épargner des caractères écrits pour maintenir le rythme d'une interaction orale.

voglio un casino di bene » (je t'aime en masse) – cumule notation phonétique, écriture consonantique et symbole mathématique.

À travers les abréviations, la notation phonétique, les courts-circuits
grammaticaux et orthographiques, le recours aux symboles mathématiques et à certaines solutions graphiques tout à fait locales, les adolescents
ont construit un système d'écriture conventionnel qui, en effet, atteint le
niveau de cryptage propre aux langues des initiés. Les messages sont un
clin d'œil linguistique : au-delà de leur contenu, leur forme définit ceux qui
appartiennent à la même communauté de pratiques[11] et ceux qui en sont
exclus. La nécessité (perçue par les adolescents eux-mêmes) d'un dictionnaire à l'usage des adultes était déjà un signe du caractère secret de cette
langue. Sa rédaction conjointe a été une autre fenêtre sur le rapport à l'écriture des SMS de nos jeunes informatrices et de leur réseau d'amis. Matilde
et Chiara allaient très vite dans la compilation de ce petit vocabulaire de
survie. Sur la plupart des symboles, il n'y avait pas de négociation, il s'agissait seulement de ne pas en oublier. Ils étaient tellement nombreux qu'il
fallait vraiment y penser. Mais, à un moment donné, Chiara a dit à Matilde :
« Il faut que t'ajoutes celui-là aussi, sinon elle va rien comprendre des miens. »

Évidemment, les symboles de cette écriture ne sont pas tous codifiés au
même niveau. Il y en a qui sont désormais standardisés et partagés largement et d'autres qui appartiennent à des sous-codes propres à certains
individus seulement. Même l'usage des signes plus conventionnels permet
un certain degré de variation personnelle : la fréquence des abréviations et
même l'usage préférentiel de certaines en particulier deviennent les signes
d'un style personnel. S'il est vrai que la compétence dans cette forme
d'écriture marque les frontières d'une communauté d'usagers, il n'en reste
pas moins que le code en tant que tel demeure en cours de construction ; il
laisse encore de la marge pour la créativité et permet donc de personnaliser
l'écriture, d'inscrire des marques identitaires personnelles dans les messages qui donnent l'occasion aux interlocuteurs de se distinguer les uns par
rapport aux autres.

Comme une vraie langue, l'écriture en SMS prévoit un haut degré de
standardisation et, en même temps, elle permet des variations. Elle s'appuie

---

11. Lave et Wenger, 1991.

sur des règles de base (comme le principe de l'abréviation et certains symboles) tout en permettant la génération de nouvelles notations. Ce jeu entre codification et création fait que la langue des mini-messages permet aux jeunes de jouer avec les fonctions fondamentales de tout langage : la construction de la cohésion entre les membres et en même temps leur singularisation, la construction des frontières communautaires et en même temps la création d'un espace individuel, le renforcement des références communes, mais aussi la production d'innovations.

Ce jeu entre dictionnaire commun et usages particuliers est donc conçu d'abord pour une écriture instrumentale et neutre qu'exige l'étroitesse de l'écran du cellulaire. Mais il est devenu un alphabet identitaire pour le groupe et pour chacun des membres.

Messages en cachette : invisibilité et silence des SMS

L'invention d'un alphabet *ad hoc* ne suffit pas à définir le caractère potentiellement secret de la communication via SMS. Ce sont aussi les usages – mieux vaudrait dire certains usages – qui contribuent à l'établissement de ce jeu communicationnel. Le caractère portable du cellulaire, ses dimensions toujours plus petites, font en sorte qu'il peut être tenu dans une main et presque caché au regard d'autrui. Taper sur le clavier peut devenir un geste invisible[12]. À l'invisibilité potentielle, il faut ajouter une caractéristique absolument décisive : le silence. Le service des mini-messages permet de faire ce qu'aucune forme de communication orale ne permet : converser en silence sans avoir recours à un code de gestes visibles.

Les adolescents ont tout de suite saisi ces possibilités offertes par la technologie et ils les ont pliées à un jeu (et à ses enjeux) qui a toujours été important pour les communautés d'adolescents : la communication en

---

12. On trouve ici un excellent exemple de la nature floue des technologies : grâce à sa forme, à ses dimensions, à sa mobilité et à ses dispositifs de communication, le cellulaire se prête à deux différentes logiques d'usage : l'usage en cachette, mais aussi – comme on le verra dans le chapitre qui suit – l'usage affiché. Si le discours publicitaire semble surtout cibler ce dernier (voir chapitre 4), les adolescents ont saisi ce polymorphisme fonctionnel et en exploitent stratégiquement les deux logiques d'usage.

cachette. Il n'est pas nécessaire d'y voir des *anti-langues*, comme celles qui ont été créées par les gangs urbains qui agissent plus ou moins à la limite de la légalité. Il s'agit plutôt d'un phénomène propre au parcours évolutif des adolescents, celui de se distancer de l'univers familial. Dès l'âge où les petits commencent à se chuchoter des choses à l'oreille jusqu'à l'échange en cachette de bouts de papier à l'école, les enfants grandissent aussi en ayant recours au régime du secret. Le SMS n'a donc fait que rejoindre ce processus courant et lui offrir des instruments nouveaux et bien plus efficaces.

> Matilde: ciao! c'est matty cm[13] ça va? hier t'as manqué la performance[14] de susanne, elle est tombée pis elle a commencé à parler avec fede.. koi dire.. jtabcp. P.S. je viens de la voir sur le bus! HELP!!
>
> Arianna: si tu la vois ça veut dire ke t'es sortie, mois j'suis encore en classe à faire de l'histoire.. jtabcpbcp

> Francesca: ciao k'est ce k vous faites? Nous c'est l'anglais... j'en ai mar..
>
> Marco: nous ils nous interrogent.. et Maura, elle ne le laisse pas parler.. j la déteste.. elle est vraiment une bollée!!
>
> Francesca: le pauvre! Mais moi je serais bien contente s'il n m faisait parler.. bon là je te salut ke j'dépense trop

Arianna est en classe et évidemment son mobile est ouvert car elle reçoit un mini-message de Matilde et elle lui répond. Francesca et Marco sont à l'école, chacun dans sa propre classe; en cachette des professeurs, ils se tiennent en contact et ils se disent ce qui se passe. À travers ce petit échange, ils cimentent leur complicité et ils confirment certains traits d'une culture commune: être une bollée, exhiber sa connaissance de la matière face aux professeurs et au détriment d'un copain, sont des comportements qui sor-

---

13. On a choisi de traduire ces messages pour rendre accessible leur contenu, mais en traduisant on risque de perdre toute la richesse de cette écriture créée par les jeunes usagers de SMS. Pour donner au lecteur une idée de la fréquence de ce jeu linguistique – même en traduction –, on a essayé de trouver des abréviations des mots français correspondants, de respecter les lieux où les adolescents italiens ont recours à l'erreur orthographique et grammaticale et aux symboles phonétiques et mathématiques. Évidemment, il ne s'agit pas des mêmes conventions créées par les usagers francophones des SMS.

14. En anglais dans l'original.

tent du code des adolescents. C'est bien plus *cool* de ne pas avoir une bonne maîtrise des arguments et de laisser une bollée parler à sa place !

Le système des mini-messages permet aux adolescents de parler à l'oreille de quelqu'un qui n'est pas là, sans même devoir montrer aux autres qu'on est en train de se glisser des petits mots en cachette. Aussi l'ancienne pratique de l'échange des bouts de papier en classe trouve dans cette technologie un amplificateur exceptionnel : on peut envoyer un bout de papier à un copain qui est dans une autre classe. En d'autre termes, cet usage des mini-messages a acquis toutes les fonctions propres à la communication en cachette à l'école : il nourrit de possibilités nouvelles cet *underground life* qui caractérise l'univers culturel des adolescents.

Évidemment, communiquer en cachette n'est pas le seul usage que nous observions, mais c'est peut-être celui qui révèle le mieux où et comment cette nouvelle technologie de communication rejoint les traits spécifiques de la culture des adolescents. Le mobile et le service des mini-messages trouvent accueil dans un contexte de significations et de pratiques antérieures établies. Il s'agit donc plutôt d'un processus de domestication, qui ne va pas sans produire des transformations de ce même contexte culturel, lorsqu'y surgissent les techno-objets de communication. Cette complicité transgresse les normes officielles de la vie de la classe et de la camaraderie ; transgression construite à travers le système traditionnel des bouts de papier, qui trouve désormais à se développer dans un réseau bien plus large qu'auparavant.

Certes, cet usage de la communication en cachette et le codage chiffré de cette langue sont des indicateurs majeurs du rôle du cellulaire dans la construction de cette communauté quasi souterraine. Mais il ne faut pas oublier non plus le caractère secret de certains contenus. Car, en tant qu'adultes, nous n'avons eu accès qu'au cinquième des 340 échanges recueillis par Matilde pendant une période d'un mois. Le contenu des autres est resté *off limits*.

La génération du pouce : conversations en SMS

Comme nous le mentionnions, nous avions demandé à Matilde de recueillir et de transcrire les SMS envoyés et reçus par elle et ses amies les plus proches. Et c'est à partir de ces transcriptions que nous nous sommes aperçus que la formule « SMS envoyés et reçus » ne saisissait pas du tout la vraie nature du phénomène.

1. Matilde à Chiara : ciao bella as t envie d sortir aujourd'hui ? Rpd

2. Chiara à Matilde : je n peu p... j'ai des choses à faire pour l'examen ke sinon je fais jamais... voulais tu m'emmener encore avec tommy et giulio ? Peut etre demain

---

1. Arianna à Matilde : ciao ! cm ça va ? excuse moi si on n se parle pas bcp mais x moi c'est 1 moment orrib... c'est koi l'histoire du gar ke tu m disais qnd t étais en France ?

2. Matilde à Arianna : moi ok .. 1 peu préoccupée x l'examen mais ok ... x le gar on en parle qnd on se voit pck x moi il est laid en tc rn c'est passé .. et toi ?

3. Arianna : j'ai discuté avk Franco et Ilario aujourd'hui j leur ai dit k ils étaient deux *stronzi*[15] mais j ai peur ke j ai fait une *cagata*

4. Matilde : demain tu leur parles, dis lui ke tu t'es trompée, si c'est ça ke tu penses. Au fond ils sont tes amis et avec les filles ? ceci, elisa, chiara...

5. Arianna : c'est tt la merde.. j'ai envie de pleurer chaque fois ke j'y pense

6. Matilde : qu'est ce ki s'est passé ?

7. Arianna : d tt et d pl ... je dois étudier, je t raconte quand on va s voir

8. Matilde : j n sais pas koi dire essaye seulmt d comprendre et d pas pleurer y a plein de cons mais aussi bcp de gens ki t aime et comprennent. Et moi je t aime bcp bcp

9. Arianna : merci ... j t aime... vraiment bcp .. même si peut être j n suis pas capable de l'exprimer.. a bientôt

10. Matilde : n t préoccupe pas .. c'est correct là.. sois tranquille et essaye de pas t'en faire ke tu es dix mille fois mieux ke tt les autres. bisous

Bien plus que le langage chiffré utilisé, ou que les contenus et les moments de la journée où ces échanges silencieux se déroulent, c'était le format qui nous étonnait. Car même les communications les plus courtes et les plus rapides – presque un tiers d'entre elles – sont composées de deux tours

---

15. Le langage des adolescents italiens, tout comme celui des adolescents nord-américains, est caractérisé par l'usage de gros mots qui ont perdu leur signifié étymologique pour acquérir, dans l'usage, des signifiés sociaux et identitaires (voir *supra* : *Bad speaking* et nouvelles technologies : une synergie identitaire).

de parole[16]. Un quart d'entre elles sont composées de trois tours, une sur dix est de quatre tours, et près d'un tiers sont composées de cinq tours et plus. Il est difficile d'imaginer un échange par SMS qui arrive à compter jusqu'à 14 tours de parole ! Et pourtant nous en avons trouvé.

Nous avons noté un seul message solitaire et la façon dont il avait été transcrit nous disait jusqu'à quel point il est perçu comme une exception :

a) Matilde : ciao cm ça va ? C'est matty .. je voulais te remercier x hier soir, j m suis amusée mais tu m a fait penser bcp… bon… j t dérange plus bisous bisous
b) //

Comme la transcription nous le dévoilait, l'absence du message en retour constitue une *absence officielle* (Schegloff, 1968) : il a été attendu, mais n'est jamais arrivé, et son absence est enregistrée comme une exception, une rupture de la routine. Comme d'habitude, ce sont les ruptures qui nous indiquent les règles implicites de l'interaction sociale. Ce genre de communication emprunte la structure de base de la conversation : le *pair adjacent*[17]. Le SMS envoyé oblige à un SMS en retour, ce qui donne lieu à une interaction minimale. Évidemment, elle peut s'allonger et donner lieu à des échanges extrêmement élaborés et détaillés.

En lisant les mini-messages échangés par les amis de ce réseau, il est devenu évident pour nous que les adolescents sont engagés dans une interaction qui – malgré l'usage de l'écriture – reprends le format classique de la conversation : l'alternance rapide et coordonnée des tours de parole. Faute d'un terme capable de désigner ce genre spécifique d'interaction verbale par écrit, les jeunes Italiens ont inventé un verbe : *messaggiarsi* (« se messager »). Calqué sur la forme anglaise, il souligne le caractère conversationnel des échanges de mini-messages textes.

Nous avons observé aussi une preuve indirecte de la transformation en une véritable conversation de ces échanges de mini-messages chez les adolescents dans la façon dont Matilde a interprété notre demande. Nous l'avions invitée seulement à transcrire ou à compter les SMS et ce qu'elle a noté pour nous, c'est en fait des séquences d'échanges. En choisissant cette

---

16. Dans un échange conversationnel, chaque intervention est considérée comme un « tour de parole », même s'il s'agit d'un signal de réception ou d'un silence.
17. Schegloff et Sacks, 1973.

façon de faire plutôt que de se contenter de transcrire et de compter des SMS, Matilde nous dévoile son point de vue : ce qui compte à ses yeux, ce ne sont pas tant les messages que l'interaction elle-même.

Créativité linguistique au quotidien : *l'écriturorale* des SMS et le plaisir du texte

[...]

Laura à Marco : nn so se ho capito bn ki sia ma se è qll ke penso allora nn è male.... cs t kiede ?

(je ne sais pas si j'ai bien compris de qui tu parles mais si c'est celle que je pense alors elle est pas mal. qu'est ce qu'elle te demande ?)

Marco à Laura : boh.. m kiede se x me è carina e ki mi piace.. e te ?

(elle me demande si je la trouve jolie et qui est celle qui me plaît)

[...]

Arianna à Matilde : tt bn c siam divertiti tantissimo ttt e 2 ! xo nn me l'ha kiesto e qnd c siam messi assieme xo va bn cosi ! xkè 6contenta ?

(ça va bien, on s'est amusés beaucoup tous les deux ! mais il ne me l'a pas demandé et quand on s'est mis ensemble... mais ça va ! Pourquoi es-tu contente ?)

Matilde à Arianna : xkè si ! sn contenta x te .. va beh ... domani mi racconti, se t va ! notte notte tv1kdbn

(parce que ! Je suis heureuse pour toi ! Ben... demain tu me diras, si tu veux ! Bonne nuit bonne nuit, je t'aime en masse)

Face à cette hypertrophie de signes conventionnels, il est presque nécessaire de poser la plus naïve des questions : pourquoi ? La dimension du secret, la construction d'une complicité, les enjeux identitaires constituent certes déjà de bonnes explications mais elles ne nous semblent pas suffisantes. Pourquoi tout ce travail linguistique pour des échanges somme toute anodins ? La réponse de Matilde et Chiara est immédiate : « Il faut économiser des caractères. » Leur explication rejoint celle qui est avancée par la plupart des chercheurs (Grinter et Eldridge, 2001 ; Cosenza, 2002) : la limite technique de 160 caractères impose de trouver des solutions graphiques et devient le moteur de la créativité linguistique des adolescents. Mais cette réponse est-elle vraiment la bonne ? Plus ou moins, selon nous. En premier lieu, cette limite du nombre de caractères possibles a été récemment élevée à 400 caractères. Évidemment, cela pourrait ne pas faire de différence. On a sans doute gagné ainsi 240 caractères, mais le problème est-il vraiment là ? Il demeure toujours une limite, vite atteinte. La question serait plutôt : qu'est-ce qu'un message court ?

En deuxième lieu, on dirait que cette fameuse limite n'est qu'hypothétique. Quand on a demandé aux jeunes filles s'il leur était déjà arrivé de se heurter à la limite maximale de caractères, elles se sont regardées et nous ont dit : « Non, jamais. » Elles étaient étonnées, comme si elles venaient de découvrir que finalement cette limite technique ne leur avait jamais imposé de contraintes. Et pourtant, les abréviations, les signes conventionnels, la transgression systématique de l'orthographie est toujours là, même dans des messages très courts. Manifestement, la règle de base consiste à économiser les caractères, mais ce principe génératif de toutes les autres règles graphiques n'est pas dû seulement à cette limite technique. Pour chercher une raison plus fondamentale, nous sommes revenus à l'étude de ces échanges du *messaggiarsi* et avons envisagé au moins une autre raison à ce bouleversement linguistique créé par les adolescents. En fait, les adolescents ont plié l'écriture aux caractéristiques contraignantes de la conversation orale.

Toute conversation requiert une alternance et une certaine cohésion des tours de parole. Pour atteindre la coordination nécessaire, les pauses doivent être relativement courtes. Cela suppose un rythme et une certaine rapidité, que les adolescents ont tout simplement imposés à l'écriture. Pour entretenir une conversation avec des messages textuels, il faut être rapide dans la composition des messages, dans la lecture et dans la réponse. Faute de quoi les interlocuteurs perdent le fil des idées et le format de la conversation. Le recours aux abréviations et aux conventions et l'usage d'une écriture phonétique réinventée pour l'occasion répondent donc à la rapidité nécessaire à toute conversation orale.

Quoi qu'on ait d'abord pu supposer, ce n'est pas tant le nombre limité de caractères qui explique le bouleversement de toutes les règles orthographiques et grammaticales que l'usage conversationnel des SMS chez les adolescents qui est le moteur de leur créativité linguistique. Car il s'agit bien de créativité : les adolescents ont inventé de nouvelles formes d'écriture et des expressions linguistiques, des fonctions et des règles d'expression inédites. Il faut souligner ici que l'écriture en SMS est plus qu'un code d'abréviations et un répertoire de nouveaux signes. Elle prévoit des règles combinatoires qui en font une langue, et que l'on pourrait nommer une *écriturorale* ou une *oralitécrite*[18], car son principe génératif premier est le respect du rythme interactif de la conversation verbale et donc la réduction de l'intervalle de temps entre un message et un autre. Quand il s'agit d'écrire des SMS, les adolescents suivent le même principe qui régit les interactions orales de leurs conversations et qui consiste obligatoirement à y prendre et à y maintenir sa place. Une conversation courante indique toujours une compétition entre les interlocuteurs pour prendre la parole et il faut être rapide[19].

C'est cette question de la rapidité plutôt que du nombre disponible de caractères qui est à l'origine de ce principe d'économie de caractères. Et cette situation exige de recourir à des règles d'écriture.

En fait, si le nombre maximal de caractères était la raison fondamentale de ce type d'écriture, comment expliquerions-nous l'usage si fréquent des points de suspension, des « !! », des « !?! » ? Comment expliquer le recours systématique à la formule « rep » (réponds) ? Sur les plans expressif et pragmatique de leur langue, les adolescents ne semblent aucunement se préoccuper d'économiser les caractères. Ils recherchent plutôt des symboles qui donneront à leur message la verve et le *timing* propres à une conversation orale.

Les seules limites techniques qui font vraiment la différence sont plutôt la durée de la pile et le crédit de la carte prépayée. Et ces limites n'affectent pas la longueur d'un message (régie par le principe de la survie du plus rapide à s'exprimer), mais la durée du *messaggiarsi*. Une interaction sur dix parmi celles que Matilde nous a transcrites se terminait d'ailleurs par une référence explicite à l'une ou l'autre de ces raisons.

C'est peut-être une certaine *dimension transgressive* qui explique aussi la passion des adolescents pour cette nouvelle technologie de communication : il s'agit d'un terrain où ils sont légitimés à sortir de l'emprise de

---

18. De nombreux auteurs ont souligné le caractère hybride (entre oralité et écriture) de la communication médiée par ordinateur. Voir entre autres Baron, 1999 ; 2000 ; Violi, 1998 ; Violi et Coppock, 1999 ; Garcea et Bazzanella, 2002. Pour une analyse de cet aspect dans l'échange des mini-messages, voir Rivière, 2002.

19. Sur les caractéristiques du parler des adolescents, on renvoie le lecteur à la partie du chapitre 5 intitulée : Créativité linguistique et innovation culturelle.

l'orthographie canonique, à se détacher de la grammaire conventionnelle, à construire un système de communication dont ils sont fiers parce qu'il leur appartient. Faut-il alors se désoler de ce qu'on pourrait appeler une corruption grave de la langue par les jeunes ? Pour cela, il faudrait croire à l'unicité de la langue, à l'existence d'une langue standard. Or, on sait bien que la langue standard n'existe que dans les textes de grammaire et dans les travaux qui sortent des académies. En dehors de ces contextes fictifs et protégés, en dehors des laboratoires des linguistes, dans la vie réelle, on rencontre plutôt des variations linguistiques, des langues différentes pour des contextes et des usages différents.

Plutôt que de s'interroger sur la corruption d'une langue unique qui n'existe pas, il faudrait plutôt s'interroger sur l'énorme *travail méta-linguistique* accompli par les jeunes. À travers les mini-messages, ils ne font que réfléchir sur la structure de leur langue, ils travaillent constamment sur sa morphologie, ils explorent ses règles phonétiques. En construisant et surtout en déconstruisant l'orthographe et la grammaire, ils explorent l'univers fascinant des signes et de leur caractère arbitraire. Mais évidemment, il y a plus que cela.

La mise en discours du quotidien : le *gossip* en SMS

Comme on l'a vu, l'usage des SMS par les adolescents européens a colonisé en bonne partie le territoire communicationnel du téléphone fixe et de la conversation en vis-à-vis. Le caractère portable du cellulaire et les coûts minimes du SMS sont venus répondre aux besoins de communication propres à leur culture spécifique. En fait, ces pratiques d'écriturorale ne font que refléter le rôle crucial de l'interaction verbale dans la construction de l'univers social des adolescents. Elles répondent aussi aux enjeux qui lui sont propres : le maintien du contact et de la cohésion parmi les membres du réseau.

En lisant, et surtout en essayant de comprendre les séquences de mini-messages recueillis par Matilde, on s'aperçoit que la logique d'usage prévue par les concepteurs du SMS est totalement renversée. Il ne s'agit pas d'un échange rapide d'informations urgentes ou nécessaires. Il ne s'agit pas non plus de répondre de façon systématique à une liste de messages reçus. Les partenaires de ces interactions sont plutôt engagés dans de longues conversations qui concernent le micro-ordre de leur vie quotidienne et qui surtout les maintiennent en contact.

> Chiara : cm ça va ? aujourd'hui Monica a appelé ta mère x trouver des beaux grcs .. et toi comment ça va ?
>
> Bruno : je le savais .. quand 'a dit beaux je me suis proposé, kestion de modestie ! Sais-tu k Ino aime Claudia ? ne lui dit pas ke j t l'ai dit !
>
> Chiara : je l sais c'est Ari ki me l'a dit mais qnd j'ai demandé à Ino il m'a dit k c'était elle ki lui courait après
>
> Bruno : c'est pas vrai .. puis aujourd'hui je lui ai demandé si il l'aimait vraiment et il a dit k'ils sont ensemble .. puis après on s'est clarifié ! Pis il est très jaloux ! jtabcp
>
> Chiara : boh .. et toi ? quelles sont tes dernières conquêtes ? Est ce k'il y a eu des nouveaux couples pendant k j'étais en France ? jtabcpbcp
>
> Bruno : non... 1 vrai desert ! personne se lance, personne à part moi ! Je rigole là, j n peu p repd pcq mon cell est à plat ! bonne nuit ! jtabcp

Malgré les contraintes technologiques, les adolescents s'engagent ici dans l'une des plus complexes interactions verbales qui caractérisent leur vie quotidienne, *le gossip*. Il s'agit d'une sorte d'emboîtement étonnant d'utilisations du verbe dire : l'un des deux partenaires prend la parole pour dire qu'il-a-dit-quelque-chose-à-quelqu'un-qui-lui-a-dit-quelque-chose et termine son tour en disant – c'est typique ! – « ne lui dis pas que je te l'ai dit ». Le *gossip* naît toujours de la narration d'une histoire et il s'amplifie au fur et à mesure que ses versions circulent. C'est dans la construction de l'histoire d'origine et de ses variations successives que les adolescents se transforment eux-mêmes et transforment les autres en personnages animés par des voix et pourvus de points de vue. La pièce de théâtre, ainsi bâtie et constamment enrichie de nouveaux personnages, permet aux interlocuteurs de recréer les événements vécus par le groupe et de construire une mémoire collective. Mais la vraie force de la (re)narration du récit se trouve ailleurs : elle permet aux partenaires de s'exprimer sur les actions accomplies et sur les personnages de l'histoire (Goodwin, 1990).

Le *gossip* à propos d'Ino et Claudia devient une scène où les personnages se multiplient. Arianna, Bruno et Ino ont chacun leur point de vue sur le lien entre Claudia et Ino. Mais le scénario est plus compliqué que ça, car

Ino qui parle à Bruno n'est pas le même personnage qu'Ino qui parle à Chiara, même s'il parle de la même chose, c'est-à-dire son engagement envers Claudia. Face à cette multitude de voix, Chiara est en train de construire une version « vraie » de ce qui se passe. Ce qui est le but visé et manqué de tout *gossip*.

Ce jeu de langage est une vraie pratique sociale. C'est en effet à travers ce discours qui rapporte des discours qui rapportent des discours que les adolescents tissent constamment leur réseau, exercent une forme de contrôle sur les autres membres du groupe et établissent les normes implicites qui règlent leur comportement. À travers la mise en scène du conflit des versions qui circulent, Bruno et Chiara sont en train – entre autres – de confirmer la possibilité du discours sexué (*gendered discourse*) : quand il s'agit de parler de son propre engagement envers une fille, un garçon ne tiendra pas le même discours face à une amie ou à son copain. Dans le premier cas, il joue le personnage du tombeur de femmes : c'est Claudia qui court après lui. Dans le deuxième cas, il mettra en scène une conquête accomplie : Claudia et lui sont déjà ensemble.

L'interaction par mini-messages continue sur le thème des « conquêtes ». Et nous pouvons y déceler un constat sur la nature de ce phénomène au sein du groupe : la formation de couples est un événement social et public et il fait partie des connaissances que les membres doivent partager. Mais à travers cet échange, Chiara et Bruno sont aussi en train d'établir la légitimité de deux comportements bien définis : être et se mettre au courant de ce qui se passe sur ce front. Il s'agit évidemment de normes sociales tout à fait propres au groupe de pairs, qui sont établies et valables parmi eux et qui contribuent à la construction d'un monde à part socialement (hyper) organisé. Et ce monde à part est construit à travers la *mise en discours du quotidien*. Mettre en discours, c'est mettre en commun, faire circuler et donc partager non seulement les expériences, mais surtout les signifiés culturels qui y sont attachés. Ce processus, traditionnellement accompli à travers le langage oral, a trouvé maintenant un nouveau moyen d'expression, le système des mini-messages, qui est parfaitement adapté à la construction discursive d'une culture partagée.

Performances verbales : flirter en SMS

L'interaction par le biais de SMS n'est pas seulement un mode de discours quotidien, elle est aussi une façon de le construire.

> Matilde : ciao ! cm ça va ? aujourd'hui j'ai parlé 1 peu avec Sara. qu'est ce que ça veux dire pour toi une histoire ?
>
> Francesco : ben, rien de sérieux, juste sortir et... t'as envie ?
>
> Matilde : moi oui ! j'ai hâte..
>
> Francesco : je suis libre même demain, si tu veux.....
>
> Matilde : j s pas, je te le dit après, pck maintenant je doit aller à l'entraînement.. à plus tard ! bisous

> Arianna : je ne veux pas t'agacer ou te déranger mais j'aimerais comprendre qu'est ce qui s'est passé après la France, je ne dis pas que je dois te plaire mais on dirait que tu m'évites et que ça t'énerve de me voir.. rep
>
> Carlo : rien a changé .. je suis toujours le même ! xkoi tu dis ça ? jtabcp rep
>
> Arianna : allez !... ça ce voit qu'il y a quelque chose qui marche pas ! jtabcpbcp rep
>
> Carlo : qu'est ce que tu dis ! ? ! c'est toujours moi, le type qui fait l'idiot avec les prof !
>
> Arianna : arrête de conter des histoires.. avant tu étais d'une façon et maintenant d'une autre et je voudrais comprendre, moi j'ai pas changé d'idée !
>
> Carlo : tu as raison, j'aurais pu être plus clair avec toi du début ! C'est pas que je n t'aime plus c'est que je ne veux pas une histoire sérieuse en ce moment
>
> Arianna : bon là tu l'as dit ! En t c j'ai jamais dit que je voulais une histoire sérieuse ! Je suis contente ke tu n'a rien contre moi, mon cell est en train de se décharger.

L'exploration de la disponibilité de l'autre, les tâtonnements dans l'approche sexuelle, le décodage des signes ambigus, la construction progressive ou la déconstruction subite d'une relation, s'approcher ou se retirer sans perdre la face, sont tous des comportements qui font partie du monde social des adolescents. À travers eux, ils font plus qu'établir des liens ou des ruptures : ils explorent et recréent des modèles culturels de comportement. Il s'agit donc d'un processus de socialisation au sens strict, d'une arène pour des apprentissages fondamentaux où le seul outil est l'échange verbal entre les pairs. En regardant ces interactions, on voit jusqu'à quel point l'échange des mini-messages textes entre les jeunes a non seulement emprunté la structure de la conversation orale, mais aussi en a repris certaines fonctions cruciales. Même le flirt a trouvé son mode d'expression dans les SMS. Et cela ne va pas de soi, car le flirt est une activité sociale qui requiert une compétence communicationnelle extrêmement développée. Pour être efficace, il ne suffit pas de maîtriser *la langue*, il faut surtout savoir maîtriser *la parole*. Le flirt est une performance verbale en soi : il requiert de savoir mettre en équilibre les mots et les silences, de choisir le bon rythme d'échanges verbaux, de s'engager dans des formes obliques de communication, de traduire le jeu des audaces et des retenues. Tous ces traits distinctifs du flirt peuvent être très efficacement exprimés par certaines modalités du discours oral : l'intonation et l'hésitation dans la prononciation des mots, les pauses, les petits rires et, évidemment, les gestes et les expressions du visage dans le cas d'une conversation en vis-à-vis. Un bon usage et un bon dosage de ces outils de communication sont nécessaires au succès d'un flirt.

Comme les romans en témoignent, presque toutes ces formes de communication peuvent être aussi traduites par l'écriture. Mais, exprimer un flirt, ce n'est pas flirter. Flirter, c'est s'engager dans une interaction sociale qui trouve dans le discours oral son moyen privilégié d'expression. L'échange épistolaire aussi permet ce genre d'interaction. Le temps de rédaction du texte écrit, sa longueur sans limite contraignante, le délai entre la réception de la lettre et la réponse sont des atouts spécifiques, qui compensent les possibilités uniques de l'oralité. En revanche, l'écriture en SMS n'a pas été conçue pour la rédaction d'un texte soigné et capable de traduire les nuances propres à une performance verbale aussi subtile. Conçu pour une communication informationnelle, rapide et asynchrone, le système d'écriture en SMS a été construit pour des échanges secs et rapides où toutes les nuances sont absentes. Pas de préfaces, pas de formules de courtoisie, l'étiquette communicationnelle des SMS permet d'effacer de la communication tout ce qui n'est pas strictement informatif. Et pourtant, les adolescents ont trouvé des solutions pour plier ce système au jeu délicat du flirt. Profitant de la mobilité du cellulaire et de sa présence constante dans leurs mains, ils ont appris, avec les mini-messages, à s'ajuster constamment par rapport à la réponse de l'autre.

Quant aux exigences du rythme des mots et des pauses, des intonations, des temps d'invitation faite à l'autre de prendre la parole, c'est avec des solutions graphiques codifiées qu'ils ont su y répondre. Dans le cas du flirt, l'usage des points de suspension s'est généralisé. De même, la formule « rpd » indique l'attente d'une réponse immédiate. L'usage des marqueurs d'intonation est aussi très fréquent : les « ! », les « ? » et les points de suspension abondent et confèrent au flirt en SMS le *style très impliqué* qui caractérise le parler des jeunes[20].

Mais le système leur offre aussi d'autres avantages spécifiques et qui n'ont pas d'équivalents dans d'autres systèmes de communication. Malgré l'augmentation du nombre de caractères par message, la règle qui gère l'écriture des SMS est encore d'« économiser les caractères ».

Ces limites aléatoires d'écriture créent un espace stratégique pour le flirt : on peut s'engager dans la communication en écrivant de longs messages (car cela est de fait techniquement possible), mais on peut s'y soustraire aussi, car dans ce système, le message court est encore la norme d'écriture. La possibilité de faire des avances ou de reculer trouve ainsi une solution originale et très efficace. Car on peut doser sa propre présence dans l'échange, en jouant avec la longueur des messages.

Pouvoir s'approcher et s'éloigner dans le discours n'est pas la seule alternative interactive du flirt. Il en existe au moins une autre aussi cruciale pour les deux partenaires, celle de pouvoir s'engager ou sortir de la communication sans perdre la face. Le système des mini-messages offre aux interlocuteurs un outil extraordinaire pour résoudre cet autre problème, et qui consiste à prétexter de la durée de la pile ou du crédit de la carte prépayée. Ce sont là des contraintes reconnues et partagées, ce qui enlève à l'interruption de l'échange toute connotation relationnelle. Qu'il soit vrai ou faux, l'énoncé « mon cell est en train de se décharger » permet à Arianna de mettre fin à un échange problématique d'une façon non menaçante. Après avoir su que Carlo était sorti de la liaison sans le lui dire, elle peut interrompre la conversation en cours sans perdre la face. Même les limites techniques

---

20. Pour les caractéristiques du discours oral des adolescents, on renvoie le lecteur au chapitre 5.

réelles ou supposées du système deviennent alors des ressources interactionnelles stratégiques pour le flirt.

Les jeunes ont saisi les possibilités offertes par ce dispositif technologique et ils en ont créé de nouvelles ; ils ont même transformé ses limites en ressources de communication. Ce faisant, ils ont soumis les SMS à leurs propres enjeux de socialisation.

Les jeunes et les technologies : enjeux identitaires et culturels

Parler « ado », s'engager dans du *bad speaking*, mélanger les langues et les registres, avoir recours aux lexiques ésotériques des *geeks*, inventer de nouvelles conventions d'écriture, etc. : quand les jeunes parlent des nouvelles technologies ou au moyen de nouvelles technologies, ils articulent plusieurs langages. Cela leur permet d'amplifier le recours à des identités sociales multiples, de confirmer leur appartenance à des communautés culturelles spécifiques, et d'articuler leur distanciation par rapport au monde des parents.

Tout comme le choix affiché de leurs goûts musicaux, leurs façons de s'habiller, leurs préférences pour certains sports, leur façon d'utiliser les technologies de communication qu'ils utilisent devient une sorte de logo identitaire.

On pourrait s'arrêter là et ne mettre en lumière que la démarche identitaire. Cependant, on peut y voir aussi des indices d'une créativité culturelle (Willis, 1990 ; Andersen, 2001) qui déborde les frontières de la communauté des techno-adolescents. Ainsi, les rédacteurs publicitaires – toujours attentifs aux signes d'innovation culturelle – ont rapidement saisi l'aspect créatif de la langue technologique des jeunes et ils nous proposent des « 4ever », des « u2 » et des « j'm » dans les manchettes de certaines campagnes publicitaires. En Europe – où les SMS ont eu une diffusion étonnante auprès des adolescents et des enfants –, les inventions linguistiques des adolescents qui « se messagent » constamment sont devenues une ressource extraordinaire pour les créatifs. Ce n'est pas là seulement un clin d'œil à un nouveau marché ou une stratégie de vente. C'est aussi une légitimation de leur créativité linguistique et la mise en circulation de ces innovations. Si les enjeux des pratiques technologiques des jeunes sont caractéristiques de leur culture mobile, néanmoins cette culture entretient une relation d'osmose avec le milieux social. L'appropriation des nouvelles technologies de communication par les jeunes est donc un laboratoire permanent de création culturelle et de changements sociaux.

Dans le chapitre qui suit, on suivra encore ces jeunes et leurs conversations au cellulaire, tandis qu'ils tissent constamment leur quotidien et bâtissent les dimensions fondamentales de leur univers.

7

LA CULTURE MOBILE AU QUOTIDIEN : DE QUOI LES JEUNES PARLENT-ILS AU CELLULAIRE ?

La redéfinition des espaces : où les jeunes parlent-ils au cellulaire ?

Suivre les usages du cellulaire au quotidien, c'est savoir quand, où, dans quel but, pour quelle raison, par rapport à qui et dans quelles circonstances sociales les jeunes ont recours à cette technologie. Cependant, en tant qu'ethnographes intéressés aux significations des pratiques de communication, nous cherchions plus qu'une liste descriptive des actions dans leurs contextes, nous voulions plutôt aboutir à une *description dense* de ces usages. Pour cela, nous disposions d'un outil très efficace : le cahier de bord compilé par certains adolescents au fur et à mesure qu'ils faisaient ou recevaient des appels. Dans ce carnet, ils étaient censés noter d'où ils parlaient, à quels moments, pourquoi, avec qui et de quoi. Leurs notes, tout comme leurs explications, nous ont été précieuses : elles nous ont donné non seulement des informations sur les usages quotidiens de cette technologie, mais aussi, et peut-être surtout, une définition de ces usages et de leurs raisons d'être du point de vue de l'acteur lui-même. Les pages qui suivent nous amèneront au cœur et dans les détails de la vie quotidienne de ces adolescents : leurs mots nous plongeront dans les espaces et dans les pratiques de leur quotidien et dans le sens que ces espaces et ces pratiques ont pour eux.

À partir du cahier de bord, nous savions que c'était dans la maison familiale qu'Assoum faisait la moitié de ses appels : seul dans sa chambre, il préférait utiliser son cellulaire pour appeler ses amis. Pourquoi ?

À la maison, ce techno-objet permet à Assoum de se construire un espace privé, une bulle d'intimité qui, par opposition, définit la maison comme un espace public. Ainsi utilisé, le cellulaire renverse la signification usuelle de la maison familiale qui n'est plus l'espace privé par excellence. En quelque sorte, le cellulaire permet à l'adolescent de satisfaire sa quête constante d'une *oasis personnelle* éloignée du regard (ou de l'écoute) des autres membres de la famille. Christine nous raconte que sa sœur parle au cellulaire dans sa chambre pendant la nuit. Ce choix lui semble quelque peu bizarre. En cherchant une raison possible, Christine s'arrête forcément sur les normes qui gèrent la vie familiale. « En effet, nous dit-elle, on n'a pas la permission de parler au téléphone la nuit. » Voilà pourquoi sa sœur s'enfermerait dans sa chambre avec le cellulaire pour parler à ses amis. Pour expliquer ces coups de fil nocturnes, le rôle de l'interdit parental aurait pu être suffisant. Mais Christine se demande : « Pourquoi elle n'utilise pas la ligne fixe le jour, pendant la fin de semaine ? » Là aussi il semble y avoir une raison officielle : elle ne veut pas occuper la ligne de tout le monde, sauf que Christine n'en est pas convaincue. Elle semble plutôt d'avis que sa sœur veut s'enfermer dans un espace personnel où personne ne peut la déranger. Cette bulle, dont l'existence est symboliquement définie par le cellulaire, fige les autres membres de la famille dans un statut d'étrangers. Tel un public qui n'a pas droit d'accès, les frères, les sœurs, les parents sont exclus du cercle privé dessiné par cette technologie de communication mobile dans la maison.

Cette redéfinition du sens des lieux concerne l'école aussi, un des univers les plus significatifs de la vie des adolescents. Le cellulaire d'Assoum est toujours ouvert pendant les activités parascolaires, les *breaks* et les moments les plus rituels de la vie scolaire : la rentrée et la sortie de l'école. Là il reçoit des appels, il en fait. Mais ce qui nous a le plus surpris, c'est que 70 % de ces appels se déroulent en présence de quelqu'un : les amis, les camarades de classe, peu importe. Une situation bien différente de celle de la maison, où Assoum est davantage seul quand il parle au cellulaire. De plus, quand Assoum est à l'école, le nombre de ses appels augmente de façon étonnante. Assoum appelle avec son cellulaire bien plus fréquemment que dans les temps morts de sa journée. On dirait un usage mis en scène.

Cet usage à l'école contribue énormément à la définition de celle-ci comme l'espace de sociabilité par excellence, où l'enjeu n'est pas de s'enfermer dans une bulle privée, mais au contraire de laisser entrer le privé sur la scène publique. Assoum pourrait s'isoler pour appeler, il pourrait s'éloigner de ses camarades quand il reçoit des appels mais, à l'école, il ne le fait pas. L'usage exhibé du cellulaire permet à Assoum de se mettre en scène lui-même comme le pivot important d'un réseau social. Appeler et être appelé en présence des amis et camarades devient donc un moyen puissant de construction identitaire.

Alors que le cellulaire à la maison renverse son sens d'espace privé et définit les membres de la famille comme des étrangers, à l'école, au contraire, le cellulaire amplifie sa signification de lieu public et définit ceux qui la fréquentent comme membres de la communauté des pairs.

La redéfinition par le cellulaire des espaces sociaux a été l'une de nos découvertes les plus frappantes. Non seulement le cellulaire donne un sens aux espaces et aux temps sociaux vides de signification, mais il bouleverse et met en abîme les catégories privé-public. Les cahiers de notes remplis par ces jeunes associés à notre enquête et leurs explications de certains usages mettent en lumière la fluidité des catégories à travers lesquelles les individus ordonnent la réalité au quotidien.

Bien que le sens commun nous offre des définitions conventionnelles et partagées des espaces sociaux – la maison identifiée à un espace privé versus l'école considérée comme un espace public –, les usagers redéfinissent constamment les espaces comme publics ou privés au cours de leurs transactions communicatives. Le cellulaire devient un levier de même qu'un atout pour ce processus de (re)construction du sens des moments et des lieux sociaux. Il s'avère être un instrument puissant de résistance de l'acteur par rapport aux dimensions figées par la culture dominante, un outil de construction alternative d'une culture quotidienne partagée.

Les technologies et la paresse culturelle des adolescents

Dans ses notes de cahier de bord, Assoum ne se limite pas à nous signaler les lieux. Comme on le lui a demandé, il est aussi censé signaler *pourquoi* il choisit d'appeler ou de répondre. La notation la plus fréquente est sans doute « c'est plus facile ». Parfois il écrit tout simplement « disponible ». Souvent, il ne marque rien, il ne trouve aucune raison expliquant pourquoi il a utilisé son cellulaire plutôt que le téléphone fixe de la maison, que Messenger sur son ordinateur, qu'un téléphone public dans la rue ou q'un SMS.

Ces réponses et même ces non-réponses nous interpellent. Au-delà de sa signification évidente, que veut dire ce commentaire : « C'est plus facile » ? Et pourquoi d'autres fois Assoum ne marque rien ? En parler avec lui nous semble être la meilleure démarche pour aboutir à une compréhension culturelle d'un geste aussi simple que quotidien : faire un coup de fil sur son téléphone portable.

Dans la rue, le téléphone portable est évidemment toujours plus proche qu'un téléphone public.

— Le cellulaire, nous explique Assoum, je l'ai dans ma main, pis le téléphone public est comme là-bas, pis je suis paresseux d'abord, je veux pas aller là-bas.

— Donc, ce n'est pas une question d'argent ? demande l'un d'entre nous.

— Non, c'est juste plus proche.

On ne peut pas s'empêcher de lui poser une question quelque peu provocatrice :

— Quand tu dis que c'est parce qu'il n'y avait pas de téléphone public à proximité, si il y en avait eu un...

— Probablement que je l'aurais pas utilisé non plus.

Face à ce dévoilement, Assoum comprend qu'il est possible que ses explications soient interprétées selon un registre individuel. Mais ce n'est pas du tout le cas. La « paresse » est revendiquée comme un trait spécifique de la culture des jeunes : « Si vous avez fait des recherches sur les ados, vous le savez on est comme ça, si la télécommande est là-bas on ne va pas se lever pour aller la chercher, on va comme essayer de trouver une façon de l'amener ! »

Ce n'est pas l'urgence, ce n'est pas une question d'argent qui l'amènent à choisir en premier le téléphone portable, c'est la paresse. Une paresse que notre informateur lui-même mobilise en tant que raison radicalement culturelle.

Si, dans la rue, la préférence pour le cellulaire nous était maintenant compréhensible, en revanche, pourquoi le choisir quand il est au bureau avec son ami ? Parce que là aussi : « Il était plus accessible. J'aurais pu aller au téléphone mais c'est loin. » Puis, comprenant qu'il fallait traduire pour nous cette idée de distance, Assoum la nuançait davantage : « Ben c'était pas loin, c'était au bout du corridor pis j'avais pas envie de marcher, j'aurais pu y aller pis je me suis dit j'vais pas marcher jusqu'au bout du corridor. »

Les usages à l'école répondent souvent à la même logique : « Oui, ce jour-là j'étais en art dram pis c'est en bas, pis les téléphones sont en haut, pis je sais pas des fois ils barrent les portes, pis j'avais pas envie de monter pis attendre 15 minutes que quelqu'un m'ouvre la porte... j'ai juste utilisé mon téléphone. »

Monter des escaliers, risquer d'attendre qu'on lui ouvre la porte : le cellulaire lui permet d'éviter tout ça d'un seul geste.

Et à la maison ? Dans ses notes à la maison, Assoum ne se limite pas à des allusions à sa quête d'intimité. Là aussi le téléphone portable est choisi à la place du téléphone fixe ou d'autres technologies de communication parce qu'il est « plus accessible », « plus facile », « plus disponible ». Et lorsque nous lui demandons s'il n'y a pas d'autre téléphone dans sa chambre, il répond : « J'en avais un, mais le fil s'est coupé et je n'ai pas le temps d'aller chercher le fil pis gosser avec. » Un fil coupé nous paraît une raison suffisante pour expliquer le choix du cellulaire, jusqu'au moment où l'on a su que, dans la maison, il y a aussi un téléphone sans fil. Pourquoi ne pas utiliser celui-là ? L'explication de Assoum ne laisse pas de doute : « Là je me casse pas la tête pour aller chercher le téléphone pendant trois minutes parce que c'est quelque part caché pis il faut que je fasse le page, pis ça sonne pis ça fait du bruit. Fait que je fais juste prendre mon téléphone (*le mobile, évidemment*) puis j'appuie dessus pis j'appelle la personne. »

Au fur et à mesure que nous avançons dans notre connaissance d'Assoum, ses amis et leur univers, nous découvrons la raison ultime qui explique la préférence donnée par les jeunes au cellulaire. Le cellulaire leur permet une *économie d'actions* non négligeable à leurs propres yeux.

L'écriture sur papier semble être une technologie de la mémoire trop rétro pour Assoum : il n'a pas de carnet en papier avec les numéros de téléphone. Il les a sur son Palm Pilot et sur le cellulaire. Et cela aussi explique l'usage du cellulaire, c'est un raccourci : « À la place d'aller chercher l'autre téléphone, pis d'essayer de trouver le numéro dans ça (le Palm Pilot, qu'il nous montre) ou dans l'autre, je fais juste regarder ici (*le cellulaire, il nous le montre aussi*) pis déjà que j'ai le numéro je fais juste appuyer pis je parle à la personne. »

À moins que le téléphone sans fil soit vraiment disponible à côté de lui, à moins qu'Assoum soit pris d'un scrupule économique (il sait très bien qu'il dépense de l'argent s'il appelle de son téléphone portable !), il choisit le cellulaire. Car il lui suffit d'enfoncer deux ou trois touches et il est en ligne.

Et ce n'est pas là un cas isolé. Ses amis aussi le joignent davantage sur son téléphone portable pour des raisons qui renvoient à cette même logique d'économie d'actions : « Tout le monde m'appelle sur le cellulaire parce qu'y veulent pas se casser la tête pis appeler chez moi pour qu'y se disent que je suis pas là pis là après y appellent sur mon cellulaire. »

Mais qu'en est-il avec les autres technologies de communication ? Messenger et SMS ont toutes les caractéristiques pour entrer dans le répertoire des pratiques *cool*[1], ils font partie des instruments avec lesquels bâtir la différence entre « jeunes » et « adultes » et leur usage entre dans les dispositifs identitaires des adolescents. Malgré cela, l'appel avec le cellulaire risque souvent de gagner aussi cette compétition. Au nom de quoi ? Dans l'une de ses notations du cahier de bord, Assoum a marqué : « Plus simple que lui écrire. » Il nous explique :

> Ah oui là j'étais sur Messenger. Pis des fois quand on chat, là aussi il faut comprendre je suis paresseux, j'vais pas me casser la tête pour essayer d'expliquer ça en mots, j'vais juste appeler la personne, pis lui parler, pis ça va

---

1. Les adolescents expliquent certains usages des technologies ou leur préférence pour certains supports techniques en se référant à leur caractère *cool*. En effet, la *coolness* peut être considérée comme un trait spécifique de la culture des jeunes (Danesi, 1994).

être plus simple. Là par exemple probablement il m'a posé une question (l'ami avec qui il est en train de parler sur Messenger) pis à la place de l'écrire parce que je trouvais que c'était *long*, pis j'avais pas envie de taper deux heures de texte pour qu'il comprenne. Donc j'ai fait le petit signe de téléphone pis j'appelle. Je fais le téléphone (l'icône) ou sinon je dis *pick up now*.

Les deux technologies de communication ne sont donc pas substituables l'une à l'autre mais se complètent, selon des limites qui ne sont pas du tout technologiques, mais culturelles. L'hyperbole[2] «taper deux heures de texte» pour souligner l'effort qui serait requis si on n'utilisait pas le cellulaire nous le dit bien. C'est la logique de la paresse qui décide du passage d'une technologie à l'autre.

Parler est plus facile qu'écrire. Cette perception tout à fait culturelle de l'oralité et de l'écriture est l'une des raisons qui expliquent aussi l'absence totale d'échange de SMS entre ces adolescents. Du moins, c'est cette raison qu'Assoum nous donne. Il souligne que parmi les gens qu'il connaît – ceux de son âge –, «pratiquement personne ne l'utilise. Y vont dire : "Pourquoi ? Pourquoi écrire le message, j'vais juste lui parler directement, pis lui dire en mots", comme vocal. Si on regarde la technologie, c'est vraiment trois lettres par chiffre, ça prend comme dix minutes pour taper *allo*, moi j'vais pas me casser la tête. »

Cette référence hyperbolique aux contraintes mécaniques de la technologie («C'est vraiment trois lettres par chiffre, ça prend comme dix minutes pour taper *allo*») est quelque peu suspecte. Elle vient d'un adolescent pour qui il n'y a peut-être pas de geste plus rapide que de taper sur un clavier. C'est plutôt dans ce cas l'écriture en tant que telle qui semble faire la différence et sa perception de la difficulté par rapport à l'oralité.

Comparée avec la situation européenne, l'absence de messages textuels parmi les pratiques de communication mobile de ces adolescents nord-américains est frappante. À partir de nos deux terrains d'enquête apparaissent deux *cultures mobiles* qui, malgré des analogies, sont néanmoins très différentes quant à l'usage des SMS. Choix principal sinon unique des échanges par cellulaire des jeunes Italiens, il est absent de la culture *mobile*

---

2. Sur l'usage de l'hyperbole comme caractéristique du langage des adolescents, on renvoie le lecteur au chapitre 5.

des jeunes Canadiens. Bien que ces données de terrain confirment les tendances générales en Europe et en Amérique, il s'agit néanmoins d'une différence qu'il faut comprendre. Si nous prenons en considération certains choix de marché faits par les compagnies de téléphonie et les caractéristiques économiques de l'offre, cette différence s'explique très bien. Cependant, tout en prenant en compte les facteurs commerciaux, nos données nous permettent d'avancer aussi une *interprétation culturelle*.

Construite à partir des commentaires des adolescents canadiens, cette interprétation prend en compte leurs propres explications de leurs choix. Or, ils n'invoquent pas des raisons économiques mais des raisons culturelles. La logique de la paresse associée à leur perception de l'écriture, suffit à expliquer que leur culture mobile est axée sur l'oralité. Face aux deux modes de communication offerts par le cellulaire, les adolescents canadiens choisissent celui qui semble s'accorder le mieux à leur revendication de paresse, donc la conversation orale.

L'argument de la paresse ne vaut pas que pour la préférence donnée au téléphone mobile par rapport aux systèmes qui demandent l'écriture, mais aussi pour l'usage d'autres technologies. La préférence pour l'écoute de la musique sur ordinateur, comme le souligne Assoum, nous montre à nouveau que c'est l'économie de gestes qui est la vraie force de certaines technologies :

> C'est comme la musique sur CD, chaque fois il faut aller se le::[3]ver, après il faut ouvrir le::truc, trouver l'au::tre CD, le mettre deda::ns, fermer le truc, fait play après il faut aller track. Sur l'ordi on fait juste prendre la chanson qu'on veut, on la met dans une liste, pis on fait play, pis ça, ça suit. T'es pas obligé à changer le CD chaque fois. Pis en plus moi j'ai une télécommande pour mon ordi. J'peux être loin pis faire next, stop, monter le volume.

Cette préférence pour l'ordinateur face à un lecteur de CD n'a rien à voir avec la qualité du son, ni avec les fonctions supplémentaires qu'il offre,

---

3. Le signe « : » est une convention de transcription qui indique la prononciation allongée de la voyelle, un trait expressif qui, à son tour, peut signaler la « fatigue » de l'accomplissement des actions auxquelles les mots se réfèrent. La façon de prononcer certains mots ou certaines abréviations pourrait être vue comme un signe de « paresse linguistique » tout à fait cohérent avec cette paresse culturelle que nous sommes en train d'esquisser.

comme de pouvoir comparer des versions différentes de la même chanson ou de les monter ensemble. C'est encore une fois l'importance de la paresse[4] qu'Assoum invoque pour nous expliquer pourquoi les adolescents préfèrent écouter la musique à l'ordinateur.

Plus nous avons pris connaissance de cet univers culturel des adolescents, plus il est apparu que pour comprendre l'usage des technologies chez les adolescents il nous fallait prendre en compte ce trait spécifique de leur culture.

Apprivoiser une technologie : *vedger*, *faire rien* et parler au cellulaire

La vie quotidienne des adolescents est constituée de toute une série de pratiques qui sont accomplies et expliquée par cette paresse.

Dans le cahier de bord, là où il aurait dû nous signaler ce qu'il faisait pendant qu'il utilisait son téléphone portable, des fois Assoum a seulement indiqué : « faire rien » et « vedger ». De quoi s'agissait-il ? L'explication n'était pas facile pour Assoum non plus : « Ben, faire rien c'est pas vraiment rien faire, c'est juste, comme on l'explique faire rien, c'est que je suis assis chez moi pis je parle sur l'ordinateur, rien faire voudrait dire assis sur mon lit en train de fixer un point, pis absolument penser à rien ou juste fixer un point sur le mur. » Il y a donc pas mal de choses qui entrent dans ce « faire rien », y compris l'usage du cellulaire.

Quoique difficile à définir, « faire rien » est une activité bien balisée, une façon d'être caractéristique pour Assoum et pour ses amis. Tout comme *vedger*. Assoum nous explique :

> *Vedger* c'est comme t'es avec quelqu'un d'autre pis on parle de quelque chose d'*inutile*, souvent après la consommation d'alcool, on appelle ça du *vedgeage*. Ça peut être aussi du *vedgeage* à l'école, comme on est assis dans l'auditorium pis on s'assoit pis on parle de trucs vraiment inutiles, comme les *pires* films qu'on a jamais vus ou les nouveaux, la nouvelle console de son qui va sortir l'année prochaine. Des trucs de même, vraiment inutiles, ou

---

4. La catégorie de la paresse n'exclut pas celle de la *coolness* dans l'explication des raisons qui amènent les adolescents à choisir d'écouter de la musique sur ordinateur. L'une et l'autre font partie du *répertoire de raisons culturelles* mobilisé par les adolescents pour expliquer leurs pratiques de communication au quotidien.

comment je vais faire pour rentrer le son d'une guitare pis d'un drum dans mon ordi, des trucs comme ça, c'est du vedgeage, c'est des trucs de conversation complètement inutiles. Mais tu peux vedger aussi en regardant la télé. C'est comme si j'appelle Chan, j'y dis : « Qu'est-ce que tu fais là ? » Y va dire : « Je vedge. » Je fais : « Ein ?? », pis là y va dire : « Je regarde la télé. »

Pour mieux nous expliquer l'importance et la légitimité de la paresse, Assoum entre dans les détails de son univers culturel. La paresse y est une activité en soi, définie par certains comportements, par des attitudes de l'esprit qui ont même reçu leurs noms : « faire rien » et « vedgeage ». La référence au vide, à l'inutilité (apparente) de ce que l'on fait ou on dit, à l'(apparente) perte de temps semble être un trait commun à ces attitudes :

> C'est qu'on est rendu à un point où on rentre chez nous pis on veut plus rien faire pis on pense à rien... Vous savez, c'est comme, un moment donné on est vraiment vedge, pis on reste assis pis on bouge pas pendant comme une heure, pis on regarde quelque chose, on fixe un point dans le mur, on parle d'affaires (qui ont) pas d'rapport... Souvent, nous, mes amis, vedgent en groupe, c'est qu'y parlent à propos de quelque chose, pis y regardent la télé ou un film mais on bouge pas, physiquement on fait rien.

Malgré leur référence au rien et au vide, le « vedgeage » et le « faire rien » ne sont aucunement des activités dépourvues de signification. À travers des conversations inutiles à propos des « trucs qui ont pas de rapport », à travers le fait de se dire qu'on est en train de *vedger*, à travers des heures passées écrasés quelque part à regarder la télé ensemble, ces jeunes tissent en fait des liens sociaux et construisent la cohésion du groupe. Finalement, on ne *vedge* pas avec n'importe qui ! Être en communication avec les amis par le cellulaire est une activité tout à fait compatible avec cette mise en scène d'une paresse culturelle, avec ce « faire rien » qui n'est pas rien faire, avec cette perte de temps qui n'est pas du temps perdu, avec cette prédilection pour l'échange oral apparemment plus léger que l'écriture sur un écran. L'usage du cellulaire trouve donc tout naturellement sa place dans cette dimension du quotidien des adolescents qui se définit par le rien et le vide. Et il n'en change aucunement la nature. Pourquoi ?

La réponse, comme d'habitude, était là dès le début. Il est « facile », « disponible », « il est sur moi », il ne requiert même pas de se déplacer physiquement, ou peut communiquer sans se « casser la tête », pour écrire, pour chercher une adresse ou un numéro de téléphone. La facilité du cellulaire, son accessibilité, le fait qu'il puisse devenir un appendice du corps, sa mobilité, sont des caractéristiques technologiques et matérielles qui lui permettent de répondre parfaitement à cette paresse culturelle et de s'intégrer facilement à l'univers des adolescents. Bien que provocatrice, une question s'impose : est-ce bien pour cela que les compagnies ciblent de plus en plus les jeunes avec leurs campagnes de marketing ? Les jeunes ne seraient-ils pas les meilleurs interprètes de la logique inscrite dans ce techno-objet de communication, encore plus que les gens d'affaires ?

Briser les règles du jeu : les logiques implicites du quotidien

Dans son cahier de bord, Assoum est censé nous signaler aussi les raisons pour lesquelles il *répondait* au cellulaire mais, très souvent, il n'a rien noté : la case dédiée au « pourquoi » était tout simplement vide. Il s'agit d'une non-réponse qui nous interpelle. Et c'est en nous expliquant les raisons de cette non-réponse qu'il nous a dévoilé l'univers des *allant-de-soi* de la communication au téléphone : « Je n'ai rien écrit parce que j'savais pas quoi répondre, je trouvais ça vraiment inutile. Pourquoi j'ai répondu ? C'est parce que ça a sonné. J'sais pas, pour moi, pour moi:: tu réponds. Dans ma tête ça marche comme ça, si ça sonne je réponds, j'ai pas besoin de justifier pourquoi je réponds. » La seule raison pour laquelle on répond au cellulaire, c'est parce qu'il sonne. Comme nous l'avons déjà noté, le téléphone fait partie des technologies qui nous *font faire*, car sa première action (la sonnerie) est entendue comme une obligation de répondre. Cela vaut pour le cellulaire comme pour le téléphone fixe : on ne sait même pas pourquoi on le fait et, si on y réfléchit, la seule raison qu'on peut invoquer, c'est qu'il sonne. Il y a là un automatisme et la très grande majorité des gens répondent au téléphone parce qu'ils acceptent ce genre de manipulation. Mais ce qu'il faut souligner dans le cas du cellulaire, à la différence du téléphone fixe, c'est qu'il *pourrait* ne pas sonner. Il a été conçu comme un outil de télécommunication qui peut être fermé par l'usager et ouvert au besoin. Et pourtant, les adolescents semblent ne pas envisager la possibilité que le cellulaire soit fermé.

Leur logique[5] pourrait être résumée ainsi :

- Si tu possèdes un cellulaire, alors tu le gardes ouvert.
- Puisqu'il est ouvert, il sonne.
- Puisqu'il sonne, tu réponds.

Amenés à choisir entre deux attitudes, les adolescents semblent avoir répondu en ignorant la position « fermée » de leur cellulaire ; ils ont donc décidé de ne pas avoir à choisir de répondre ou non aux appels.

Voilà un exemple clair du pouvoir de l'acteur humain sur les technologies : si celles-ci le manipulent, c'est qu'il choisit de se laisser manipuler. Pour Assoum – tout comme pour les autres adolescents que nous avons rencontrés –, posséder un cellulaire implique nécessairement que celui-ci est toujours ouvert et qu'on répond à tous les appels qui rentrent. Sauf que ce choix est devenu un automatisme et les adolescents ne savent tout simplement plus pourquoi ils répondent. Cette logique d'usage s'inscrit d'une façon cohérente dans une logique plus vaste qui régit leur culture spécifique : être joignable tout le temps, être en réseau constamment. C'est au nom de cette logique que les adolescents ont adopté le cellulaire.

Ce n'est pas tout. Les notations du cahier de bord – mieux vaudrait dire dans ce cas les non-notations – sont, encore une fois, très révélatrices. Puisque les appels faits et reçus sont enregistrés, on sait très bien qu'ils ont eu lieu ; mais, parfois, Assoum n'a rempli aucune des cases de son cahier de bord. Étant donné sa disponibilité à participer à la recherche, ces absences nous intriguent. Qu'est-ce qui s'est passé ?

> Je trouvais ça un peu…, disons que notre cerveau est un peu, très paresseux, alors c'est ça des fois ça décourageait un peu, on appelle quelqu'un pour lui dire : « Ah j'suis arrivé à ton coin de rue, t'es rendu où toi ? », ça me tentait pas de remplir un truc puis perdre 5 minutes pour écrire (sur le cahier de bord) que j'suis arrivé chez lui… vous savez, c'est parce que t'es dehors, y fait froid, pis je suis comme dans la rue, pis y a pas vraiment quelque part où je peux m'appuyer pour écrire, pis y'a comme le vent, de l'eau… Et à part ça les gens y me regardaient un peu croche dans l'autobus.

---

5. Il s'agit d'une logique d'usage spécifique à cette culture générationnelle. Les raisons pour lesquelles les adultes adoptent un cellulaire renvoient à d'autres logiques. En général, les différences intergénérationnelles s'alimentent d'ailleurs des différentes façons de concevoir la communication et ses outils.

Il était donc arrivé que l'engagement de tout noter sur le cahier de bord rompe tout à la fois la logique de la paresse et celle de l'usage du cellulaire. Pour des chercheurs, cela ne constitue pas un échec méthodologique mais, au contraire, offre une occasion extraordinaire de compréhension. Briser les logiques implicites du quotidien est parfois le moyen le plus puissant de les mettre en lumière ! Nous l'avons souligné, du point de vue des adolescents, l'une des principales vertus du cellulaire est qu'il réponde à leur paresse. Mais remplir le carnet de bord, c'est exactement le contraire. Le cellulaire permet de faire plusieurs actions en parallèle : marcher et parler au téléphone, être à l'ordinateur et, en même temps, parler avec un copain. À l'inverse, l'enregistrement des notations dans le cahier de bord impose un arrêt des activités en cours. Et en rompant cette simultanéité d'actions usuelles, il nous la montre en action.

Les raisons qu'Assoum nous fournit pour nous faire comprendre pourquoi il n'a pas rempli le carnet nous donnent donc un excellent aperçu des logiques implicites qui règlent l'usage du cellulaire chez les jeunes. Cependant, ses notes nous informent davantage. Elles confirment en effet une des hypothèses formulées lors d'une étude précédente[6] : l'usage canonique du cellulaire – ce qui ne veut pas dire nécessairement le plus fréquent –, se situe dans la rue, dans l'autobus, pendant qu'on se rend quelque part, dans les non-temps et les non-lieux du quotidien. Nous disons bien canonique, ou prototypique[7], car ce genre d'usage ne couvre que 20 % des usages *réels* que nous avons observés. Et pourtant, c'est à ce scénario typique que les jeunes pensent quand ils parlent de l'usage du téléphone portable[8]. Si la

---

6. Caronia et Caron, 2004. Il s'agit de ce que techniquement on appelle *hypothèse ethnographique*. Née sur le terrain et formulée à partir de ce que le chercheur y trouve (souvent de façon tout à fait inattendue), elle devient une piste d'analyse pour le terrain suivant.

7. La notion de prototype, élaborée par la psychologie cognitive, essaie de rendre compte de ce que l'acteur voit comme « cas exemplaire » d'une catégorie d'événements ou d'actions. Il s'agit souvent d'un scénario ou d'une image plus ou moins détaillée qui renvoie à un modèle culturel et non pas à une norme statistique.

8. On abordera une réflexion sur les conséquences de ce modèle prototypique d'usage dans le chapitre 9 consacré à la construction de nouvelles éthiques et de nouvelles étiquettes.

scène paradigmatique est la rue, quelle est la conversation typique au cellulaire ?

Les exemples donnés par Assoum sont révélateurs : « J'suis arrivé à ton coin de rue, t'es rendu où toi ? », « Je suis arrivé devant chez lui ».

Bien sûr, il ne s'agit que d'un modèle idéal typique de conversation au cellulaire. Comme on le verra bientôt, la plupart des appels échangés entre ces jeunes sont bien plus longs et détaillés, ils sont souvent des comptes rendus du quotidien, des conversations qui se déroulent autour de la narration d'histoires et de l'échange des derniers *gossips*. En dépit des usages réels, la formule typique de l'appel au cellulaire est : « Je suis là – j'arrive – tu es où ? tu fais quoi ? »

Si on articule ce modèle de conversation tenue au cellulaire avec la logique contraignante qui impose d'avoir son téléphone mobile toujours ouvert, on obtient une description cadre extrêmement cohérente : le cellulaire permet aux adolescents de savoir continuellement où ils sont et ce qu'ils font. C'est exactement ce qui distingue cette technologie de la communication téléphonique traditionnelle fixe. Dès que le cellulaire est entré dans le quotidien des adolescents, les formules savantes et métaphoriques du réseau et du lien social sont devenues littérales : le cellulaire fait plus qu'entrer dans un réseau d'amis ou dans un lien de couple, il les construit.

Cartographies du quotidien et simulacres de proximité : « être un couple »

Pour mieux comprendre le rôle du cellulaire dans la construction de ce réseau, suivons ces autres adolescents dans leurs échanges. C'est surtout par la façon dont les partenaires débutent et closent leurs appels téléphoniques qu'ils établissent ou confirment le genre de relation qui les lie.

(ouverture)
Antoine (appelant) : [*Sonnerie*]
Sophie (appelée) : oui Antoine !
Antoine : [Bon]
Sophie : Bon c'est correct là ?
Antoine : Oui.
[...]

(clôture)

Antoine : Ayoye, Sophie, j'ai hâte que tu sois là, là...

Sophie : Hi hi oui...

(ouverture)

Antoine (appelant) : [*Sonnerie*]

Sophie (appelée) : Oui.

Antoine : Bon Sophie ?

Sophie : Oui.

Antoine : Bon.

[...]

(clôture)

Antoine : Je te rappelle ok ?

Sophie : Ok d'accord mon amour.

Antoine : Bye.

Antoine et Sophie n'ont pas besoin d'une séquence d'introduction (« Ça va ? – Ça va et toi ? – Ça va ») pour entrer en communication : leur relation déjà existante les autorise à bâtir une conversation immédiate sur un canal de communication déjà ouvert en permanence. Cette économie de mots présuppose, mais aussi confirme et manifeste, un haut degré d'intimité. Et pourtant cette stratégie ne suffit pas. Pour se dire davantage le *genre* de relation qui les lie, ils compensent l'économie de mots qui caractérise le début de leur échange par une dépense de mots dans la clôture. C'est au moment où ils terminent leur échange que les deux interlocuteurs se disent l'un à l'autre (et au public réel ou fantasmé toujours présent sur la scène des appels mobiles) « nous sommes amoureux ».

Il suffit de comparer ces propos d'Antoine avec ceux qu'il échange avec ses amies pour saisir jusqu'à quel point les appels au cellulaire font partie des dispositifs communicationnels à travers lesquels les jeunes actualisent leurs liens sociaux.

(ouverture)

Amélie (appelante) : [*Sonnerie*]

Antoine (appelé) : Oui, Amélie.

Amélie : Ouais, comment ça va ? J'te dérange tu ?

Antoine : Non ben non ben non ben non, je viens juste de finir de souper.

[...]

(clôture)

Amélie : Ok j'te rappelle.

Antoine : C'est bon Amélie, ok bye.

Antoine : Salut.

(ouverture)

Céline (appelante) : [*Sonnerie*]

Antoine (appelé) : Oui Céline.

Céline : Oui.

Antoine : Bon.

Céline : Ça va bien ?

Antoine : Ben oui. Ça va ?

Céline : Oui, j'te dérange tu ?

Antoine : Non, j'suis en train de relire pour une deuxième fois mon Don Juan.

[...]

(clôture)

Céline : Ok, parfait bye bye.

Antoine : Salut.

La différence entre les formules d'ouverture et de clôture utilisées par le couple et par les amis est frappante : même si le dispositif technologique semble résoudre le problème de l'identification de celui qui appelle, même si on est suffisamment amis pour reconnaître le son de la voix, il faut néanmoins établir la plateforme de courtoisie qui autorise à entrer dans le sujet de la conversation : « Ça va bien ? » – « Ben oui, ça va ? ». Les clôtures aussi font la différence : avec les amis, on se salue selon la formule conventionnelle. Ces différences nous disent comment les jeunes se servent des appels téléphoniques pour établir leurs positions relatives dans le réseau et établir un ordre social. Ces stratégies conversationnelles sont des *patterns* typiques de la conversation téléphonique en tant que telle. Où est-ce que le cellulaire fait la différence ?

La portabilité et la délocalisation propres au téléphone cellulaire offrent aux jeunes des atouts nouveaux pour établir ou confirmer le genre de relations sociales qui les lient. Le cellulaire devient ainsi un instrument de sociabilité tout à fait spécifique.

Le téléphone fixe permet d'anticiper la gamme d'actions possibles dans lesquelles le destinataire pourrait être impliqué. En fonction de l'heure de la journée et des lieux toujours identifiables, le téléphone fixe nous permet de calculer le degré d'opportunité sociale de notre appel. En tant que membre d'une communauté culturelle, on partage en effet certains scénarios typiques des contextes sociaux qui nous permettent de savoir à l'avance qui on est autorisé à appeler, où, et à quelle heure. Le cellulaire a brisé ce mécanisme d'anticipation qui réglait les convenances reliées aux appels téléphoniques, par exemple quant à l'heure de l'appel, et assurait de limiter le caractère intrusif de cette technologie dans la vie d'autrui.

Au contraire, le cellulaire permet, sans y obliger, un contact perpétuel (Katz et Aakhus, 2002) avec quelqu'un qui pourrait être n'importe où en train de faire n'importe quelle chose. Cette dimension intrusive a imposé un seuil symbolique qui permet de distinguer ceux qui peuvent accéder à ce contact perpétuel et ceux qui ne peuvent pas tenir pour acquis de pouvoir le faire. Ce n'est donc pas par hasard si l'arrivée du cellulaire a introduit une nouvelle formule d'ouverture de conversation téléphonique presque obligatoire : « Est-ce que je te dérange ? » Typiquement dite au commencement de la conversation, elle constitue le préalable nécessaire à la poursuite de la conversation. Comme le geste de frapper à une porte semi-ouverte, la question « est-ce que je te dérange ? » n'est pas posée par n'importe qui : Sophie peut tenir pour acquis qu'elle ne dérange pas, les amies d'Antoine doivent négocier l'opportunité de leur intrusion.

Dans les échanges avec la téléphonie mobile, les différents membres d'un réseau social construisent et confirment constamment leurs positions réciproques. Ils se situent comme « amis » ou « amis de cœur » en fonction des mots qu'ils prononcent et de ceux qu'ils ne prononcent pas, en fonction des stratégies interactives qu'ils mettent en place dans leur façon d'accéder au quotidien des autres.

Suivons ce couple lors de l'une de ses conversations au cellulaire :

Antoine : Bon !
Sophie : Eille !

Antoine : Oui hein faque c'est ça je reviens de ma musculation.

Sophie : Ah oui ?

Antoine : Pis euh pis là...

Sophie : [???]

Antoine : Ah eille fuck marde j'ai perdu un des mes gants tabarnack !

Sophie : Pas tes beaux bleus...

Antoine : Oui ben j'en ai perdu un mais soit au gym ou dans le cours de français faque là vais, demain je vais tchecker, voir.

Sophie : J'ai rien à dire parce que moi aussi j'ai perdu mes mitaines. [*rire*]

Antoine : Ah je sais.

Sophie : Je peux-tu te traiter de nono, mais tu pourras me traiter de nounoune aussi ?

Antoine : Oui faque faque faque faque faque c'est ça qui est ça.

Sophie : Comment ça va ?

Antoine : Ça va très bien. R'garde Sophie ?

Sophie : Non !

Antoine : J'vas rentrer pis j'vas t'appeler ok ?

Sophie : Non... [*rire*]

Antoine : Eille ok. [*rire*]

Sophie : Oui.

Antoine : C'est bon ? Faque à dans quelques, quelques secondes, là.

Sophie : Mais tu soupes !

Antoine : Hein ? !

Sophie : Ta sœur a vient de me dire que tu soupes.

Antoine : Ah tabarnak mais ah mais r'garde j't'appelle tout suite après le souper.

Sophie : Ok.

Antoine : Ok, tout suite, tout suite après.

Sophie : Ok mon amour.

Antoine : Je t'embrasse fort.

Sophie : Moi aussi, fort.

[*rire*]

Antoine : Ok à tantôt.

Sophie : Bye.

Notons d'abord que cette conversation nous donne un aperçu extraordinaire du mélange linguistique qui caractérise les échanges entre jeunes. On y retrouve les variantes régionales (« ta sœur a vient de me dire », « pis là », « nono », « nounoune »), les mots anglais francisés (« je vais aller tchèquer ») et certains termes typiques du parler « ado » (« genre », « faque c'est », « gym ») qui nous permettent d'identifier les partenaires comme de jeunes francophones. Mais regardons aussi les formes conventionnelles du langage de l'intimité, un lexique et les jeux de langage spécifiques à ce couple. En écoutant cette conversation, on peut voir leur relation en action. Lorsqu'à la nouvelle de la perte des gants Sophie répond : « Pas tes beaux bleus », elle *montre* son degré de connaissance de l'autre et son droit acquis d'exprimer un regret et de se mêler des affaires vestimentaires d'Antoine. « J'vas rentrer pis j'vas t'appeler – Non ! – Dans quelques secondes – Mais tu soupes ! – Ok tout suite après le souper – Ok – Tout suite, tout suite après » : ce jeu, déclenché par la notification de la fin imminente de la conversation, ne fait que confirmer le genre de relation qui lie les deux adolescents. Ils parlent de cette façon parce qu'ils sont jeunes, francophones et amoureux, mais l'inverse est vrai aussi : en s'engageant dans ces jeux de langage, ils se construisent en tant que jeunes, canadiens et amoureux.

Le cellulaire permet de multiplier les instruments et les scénarios pour jouer aux jeux de langage et se livrer à des performances verbales à travers lesquels les individus construisent leur identité et leur relation : dans la rue, à la sortie du gymnase, juste avant de rentrer à la maison. Mais au-delà des nouveaux scénarios pour mettre en scène la relation de couple, le cellulaire va à la rencontre de cet enjeu au moins d'une autre façon.

Narrations en direct : le partage du quotidien

Le compte rendu de la journée, la narration des faits anodins dont elle est faite, sont en soi des sujets spécifiques de conversation entre intimes. Le cellulaire en a changé la nature. Il ne s'agit plus seulement d'une narration après coup. On peut maintenant s'engager dans une narration en prise directe. Suivons cet autre dialogue mobile :

Sophie : Comment ça s'fait que tu parles au cellulaire ?

Antoine : Ben parce que r'garde, je suis à l'école Val-des-Arbres.

Sophie : Hein ! ?

Antoine : Je suis à l'école Val-des-Arbres.

Sophie : Comment ça ?

Antoine : Parce que, non, j'ai... heu, j'ai conduit pour aller chercher ma sœur. Là elle finit son match de kinball.

Sophie : Ok, t'es allé à son match de kinball ?

Antoine : Oui ben là j'viens juste, r'garde, ça fait dix minutes que j'suis parti de la maison en même temps ça me pratique, faut que j'conduise un peu là.

Sophie : Ok, ben là tu vas rester là pendant toute sa game ?

Antoine : Non non 'est finie. A fini, là. Le monde y sortent pis on s'en va à la maison.

Sophie : Ah ! ok.

[...]

Antoine : Pis heu pis c'est ça puis à part ça [???] Ben là r'garde, on embarque ses amis pis on va les reconduire pis on arrive à' maison. Faque, c'est juste pour te dire que j'vais t'appeler genre en arrivant.

On a beaucoup écrit sur les processus de micro et d'hyper-coordination du quotidien qui caractérisent l'usage du cellulaire chez les adolescents (Ling et Yttri, 1999 ; 2002). En effet, la coordination des activités en vue d'un but commun (se rencontrer au café) est vraiment l'un des exemples les plus frappants d'usage créatif de cette technologie par les jeunes[9]. La narration en prise directe est un autre phénomène tout à fait caractéristique. Il ne s'agit pas de se coordonner mutuellement en vue d'un but commun ni de construire une action conjointe. Il s'agit de procéder à une cartographie systématique faite en temps réel des actions et des lieux parcourus par l'autre : « Ça fait dix minutes que je suis parti », « Là je suis à l'école », « Le monde y sortent », « On embarque », « C'est juste pour te dire que j'vais t'appeler ». Le temps présent régit maintenant la narration du quotidien au téléphone. Il ne s'agit plus de mettre l'autre au courant de ce qu'on a fait pendant la journée, mais de le faire participer à une scène qui se déroule

---

9. Dans les pages qui suivent on regardera de très près cette forme tout à fait adolescente d'utiliser le cellulaire.

pendant qu'elle est racontée. Le cellulaire permet à Antoine et Sophie de vivre en prise directe la vie de l'autre, ce qui veut dire construire un simulacre de proximité malgré une séparation géographique effective. À travers la narration en prise directe de leur quotidien, Antoine et Sophie peuvent construire l'une des dimensions cruciales de leur « être un couple » : la fusion.

Le cas d'Antoine et Sophie est devenu courant. Le cellulaire s'est manifestement imposé dans la vie quotidienne des couples, et y a introduit tout un nouveau répertoire d'actions qui permettent de dire et de construire la vie en commun.

Observons les propos de Patrick et Danielle, deux jeunes fiancés dans la vingtaine :

Danielle : Mais surtout quand y'est au magasin, j'appelle plus sur la ligne du magasin, j'appelle sur le cellulaire. Faque je sais qu'en appelant su'l cellulaire j'dérange pas la ligne du magasin, j'peux appeler 10 fois par jour ! J'ai une question, des fois y'a beaucoup de monde qui vont se référer surtout à moi parcqu'y savent que lui y travaille la-dedans, pis là y veulent avoir une information, j'pitonne le numéro, j'appelle : « T'as-tu ça, tatatatata », j'raccroche. J'y parle plus souvent dans une journée comme y'a des journées où on s'appelle pas du tout. Ça dépend vraiment de comment la journée se passe, si chu pas de bonne humeur, j'vas l'appeler, j'vas « grrrrr ! ! ! », j'vas grogner, j'vas raccrocher. Pis y va faire la même chose !

Intervieweur[10] : Lui, il ne dit rien ?

Danielle : Lui y'écoute.

Patrick : Moi, j'suis un gros passif !

Intervieweur : Alors donc, avec son cellulaire, il est, si on peut dire, plus rejoignable ?

---

10. Les citations qu'on rapporte relèvent de nos nombreuses recherches sur l'appropriation des nouvelles technologies d'information et de communication. Dans ces recherches, on a eu recours à plusieurs outils d'enquête : les entretiens selon le mode traditionnel où le chercheur posait des questions selon une grille, les *focus groups* conversationnels où la discussion se déroulait entre les jeunes eux-mêmes sans la présence du chercheur, l'ethnographie des pratiques communicationnelles qui prévoyait l'enregistrement des conversations et des échanges de SMS. Cela explique pourquoi dans certains transcrits, comme celui ci, on trouve une référence à l'intervieweur tandis que dans d'autres non.

Danielle : Ouais, ouais, des fois je l'attends là, j'trouve que c'est long. Bon ben là j'vas l'appeler, j'vas dire : « Ben là, t'es où ? » Là y va m'dire : « Chu encore au magasin. » Là j'vas respirer par le nez : « Ok, tu t'en viens dans combien de temps ? » Y'a des fois que c'est plus long que prévu, tsé. Mais sinon, j'aurais été obligée d'attendre, j'aurais pas pu rien faire, pis là j'aurais dit : « Bon, ben là y'est où ? », pis là, j'aurais été encore plus choquée, tandis que là j'peux l'appeler, y va m'dire qu'est-ce qui se passe. J'va dire : « Bon, ok, j'vas t'attendre, tsé, pis viens-t'en ! »

S'appeler dix fois par jour, avoir l'autorisation de le faire, s'appeler pour se dire « où l'on est » et « ce qu'on fait » au fur et à mesure, avoir le privilège de ne pas attendre son tour sur la ligne fixe... Le cellulaire ouvre un vrai champ de nouveaux vecteurs pour actualiser le lien de couple.

Bien évidemment, cela ne veut pas dire que le cellulaire crée par lui-même un lien social autrement inexistant ni qu'il impose une quelconque façon de le mettre en scène. Antoine et Sophie, Patrick et Danielle, ne subissent aucune surdétermination technologique, mais ils se laissent néanmoins conditionner par la technologie : ils actualisent leur lien en s'appuyant, entre autres, sur les actions et les mots que leur permettent cette technologie. Sorte de grammaire de l'action, la communication par cellulaire s'impose comme un nouveau langage : *qui appelle qui, quand, d'où et à propos de quoi* devient un nouvel alphabet de base qui permet aux acteurs de dire et de parfaire leur relation. Techno-acteur du quotidien, le cellulaire coopère avec l'acteur humain dans son travail subtil et nuancé de construction du lien social.

Construire la relation d'amitié : enjeu culturel ou enjeu technologique ?

L'amitié est l'une des dimensions les plus significatives de la culture spécifi-que des jeunes. Les amis, la relation avec eux, les activités qu'on organise ensemble et que l'on partage sont une priorité, sinon *la* priorité, du quoti-dien des adolescents (Galland, 1996). Comment déclinent-ils l'usage du cellulaire selon cette dimension cruciale et de façon cohérente par rapport à leur propre mode de vie ? Est-ce que le cellulaire apporte une contribu-tion nouvelle à la construction du lien d'amitié entre les adolescents ?

On vient de voir que la façon dont les adolescents parlent *au* cellulaire présuppose et actualise en même temps leur lien d'amitié. Mais les jeunes parlent aussi *de l'*amitié au cellulaire et ceci de façon récurrente.

Assoum est à la maison, il est en train de faire «rien de spécial». Il appelle Sharif chez lui. La conversation commence à propos du film auquel Assoum est en train de travailler. Il s'agit d'une histoire entre jeunes et Assoum a besoin de trouver quelqu'un qui est disposé à jouer le rôle du garçon. L'enchaînement des sujets de conversation amène Sharif à raconter une histoire à son ami.

Sharif : Moi, pis y'avait un autre, tsé y'avait un bollé chinois là ?

Assoum : Ouais ah oui, lui. Billy.

Sharif : Billy y'a coulé trois fois son cours de français.

Assoum : Damn... j'sais pas, j'comprends pas, mais tsé des fois en math hop tu comprends pis des fois après tu coules. Ça, ça fait chier. [*rire*]

Sharif : Ouais, mais Billy c'est autre chose.

Assoum : [???] Le midi, c'est parce qu'y comprend pas très bien le français.

Sharif : [???] C'est parce qu'il comprend pas [???]

Assoum : C'est ça. [???] y disent : « Ah y'est parti en Chine, y'a oublié le français pis y'est r'venu. »

Sharif : [???] Mais tsé [???] tsé y'est comme, première étape ok ?

Assoum : Huhum.

Sharif : Y m'a dit, tsé la première année quand y'a coulé ?

Assoum : Ouais.

Sharif : En 436. Y m'a dit « aide-moi » tsé à la deuxième année là.

Assoum : Ouais.

Sharif : Faque là j'l'ai aidé à la première étape ⌈ok ?

Assoum :   ⌊Pis après y'est pas r'venu ?

Sharif : Y'était sérieux, y'avait 84 à la première.

[...]

Sharif : Deuxième étape, j'y dis : « Pourquoi tu m'demandes plus de questions ? » Y dit : « Ah, c'est fait, j'm'en fous là. »

Assoum : Ah c'est ça ⌈là.

Sharif :   ⌊[???] encore.

Assoum : Ah comme un con, y'aurait pu genre comme sauver plein de points ah.

Sharif : C'est ça tsé, moi j'avais l'temps man, j'foutais rien de toute façon.

Assoum : Ouais en plus t'étais dans même école que lui.

Sharif : C'est ça tsé.

Assoum : Tu pouvais l'aider à chaque midi.

Sharif : Tsé on se parlait tout l'temps là, à chaque midi on était ensemble, ⌈le matin

Assoum : ⌊lui y parlait de voitures. [*rire*]

Sharif : [???] Ouais lui parlait des voitures...

[...]

Sharif : Ouais. Yo depuis ce temps là, là.

Assoum : Ouais

Sharif : [???] Une fois qu'il m'a appelé man c'est tout.

Assoum : [Billy]? Ouch. Ça fait longtemps en plus. Avant vous étiez tout le temps ensemble toi pis lui.

Sharif : Oui, mais ça c'est fini.

Assoum : C'était drôle avant. À chaque fois que je vous voyais vous étiez tous les deux, vous veniez ensemble chez nous.

Sharif : Maintenant y veut... C'est lui là qui veut plus parler j'sais pas pourquoi là.

Assoum : Y nous a pas dit qu'y'avait une blonde en Chine ou j'sais pas trop quoi ? [???]

Sharif : Ouais, ouais, y'a une blonde en Chine là.

Assoum : Ah.

Sharif : [???] là y'a dit : « Oh, là j'suis sérieux, j'étudie à Marianne. »

Assoum : P't-être, p't-être parce qu'y veut euh:: j'sais pas, p't-être qu'y s'concentre sur ça là parce qu'y, y trouve que...

Sharif : Ouais y se concentre sur ses études, mais j'sais pas, j'sais pas qu'est-ce qu'y fait à part d'être...

Assoum : J'sais pas, quand y sera prêt y t'appellera là.

Sharif : Ben j'espère [???]

Assoum : Sinon t'as toujours moi, t'as toujours Mike, t'as toujours les autres.

Sharif : Oui, mais j'm'en fous, y veut pas, y veut pas.

Cette longue histoire à propos de difficultés scolaires[11] n'est en fait qu'un long raisonnement sur l'amitié. Être ami, c'est aider le copain qui est en difficulté (le « bollé chinois » qui avait des problèmes avec le cours de français), c'est essayer de comprendre les raisons pour lesquelles il a des problèmes (l'ami ne comprenait pas vraiment le français), c'est le justifier et prendre son parti (les autres se limitaient à dire qu'au fond c'était presque de sa faute, car il était parti pour la Chine), c'est donner son temps et offrir ses compétences et le faire de façon gratuite.

Mais l'offre d'amitié attend quelque chose en retour : on ne s'attend pas à ce que la personne disparaisse d'un coup, on s'attend à ce qu'elle assume le lien d'amitié de son côté aussi. Au contraire, le copain de Sharif a disparu, il n'a pas honoré le contrat qui était implicite dans le comportement de Sharif. Et en plus, il n'a pas su apprécier la proposition qu'on lui avait faite. Quand Sharif lui renouvelle sa disponibilité pour l'aider pour la deuxième étape, le copain lui répond « je m'en fous là » et plutôt que de profiter de l'offre, il ne semble ne s'intéresser qu'aux voitures. Et pourtant, avec l'aide de Sharif il avait monté sa moyenne jusqu'à 84 % !

Dans cette première partie de l'histoire, Assoum et Sharif sont en train d'établir et de renouveler leur définition de l'amitié, ils en soulignent les dimensions constitutives : l'amitié est un pacte social qui prévoit des comportements précis d'un côté comme de l'autre.

La déception de Sharif – bien que constamment niée : « J'foutais rien de toute façon », « J'm'en fous, y veut pas y veut pas » – est forte : il semble ne pas pouvoir accepter que Billy lui ait tourné le dos une fois qu'il n'avait plus besoin de son aide en français. Et pourtant, à l'époque ils étaient tout le temps ensemble, à chaque fois qu'on les voyait, ils étaient tous les deux, ils allaient chez Assoum ensemble, on aurait dit des amis. Ce qui est arrivé est donc vécu comme une vraie trahison du contrat d'amitié. Assoum a décidé de se charger de cette désillusion de son ami et il agit en tant qu'ami. Il essaie de trouver des raisons dans la vie de ce jeune Chinois (peut-être qu'il a une blonde en Chine, peut-être qu'il se concentre sur ses études) qui pourraient expliquer sa disparition de la vie de Sharif. Il essaie ainsi de

---

11. Sur la narration des histoires comme instrument de construction du quotidien, voir Ochs et Capps, 2001.

protéger son ami blessé moralement. Il n'a pas été exploité ni trahi, il pourrait juste s'agir du genre de choses qui arrivent couramment. La conclusion de cette histoire est une réaffirmation de ce que cela veut dire « être ami » et du contrat d'amitié qui lie Assoum et Sharif : « Quand y sera prêt il t'appellera là. Sinon t'as toujours moi, t'as toujours Mike, t'as toujours les autres. » Les vrais amis existent et ils sont fidèles, car ils sont toujours là. En ce qui concerne les autres, ceux qui ne font pas vraiment partie du groupe, on peut somme toute ne pas trop s'en faire.

Pendant ce dialogue, les deux amis ont fait énormément de choses : ils ont rétabli leur amitié, ils ont confirmé les termes de ce genre de contrat social, ils ont balisé la frontière qui distingue ceux qui font partie du groupe et ceux qui n'en font pas partie. Le groupe est donc la cellule sociale où ce contrat est vraiment contraignant et on s'attend à ce qu'il soit respecté par ses membres.

Cette longue conversation à propos de l'amitié ce n'est qu'un exemple d'un genre de discours tout à fait typique parmi les membres d'un réseau d'amis. Les amis, vrais ou prétendus, leurs comportements, l'amitié et ses règles, ont toujours été des sujets de conversation parmi les pairs. On les retrouve tels quels dans les échanges mobiles.

Ce manque d'originalité par rapport à l'usage du téléphone traditionnel est un indice très fort du processus de domestication des technologies dans l'économie de significations propres à une communauté donnée. À l'arrière-plan de cette intégration quasi totale, on peut cependant déterminer certains usages qui au contraire mettent en lumière comment la rencontre entre une technologie et des pratiques sociales déjà implantées produit des façons nouvelles de construire les liens sociaux.

« Devine où je suis » : la délocalisation comme jeu social

Comme on l'a vu, la délocalisation de l'usager a suscité des sujets de conversation tout à fait nouveaux et spécifiques : « Où es-tu ? » et « Est-ce que je te dérange ? » sont devenus les formules d'ouverture typiques des appels au cellulaire. La présence ou l'absence de ces formules marquent le degré d'intimité entre les interlocuteurs et le niveau légitime d'intrusion dans les lieux et les activités de l'autre que le cellulaire a rendu désormais imprévisibles.

Cette caractéristique du cellulaire a été saisie par les jeunes pour créer de nouveaux jeux sociaux.

> Assoum : Yah, what's up ?
> Chan : Euh, playing [???] you know.
> Assoum : Huh huh. [all game] no life.
> Chan : Yah, no::
> Assoum : [*rire*] Guess where I am ?
> Chan : Euh:: Outremont ?
> Assoum : Yah, Dude, you're goo::d. How did you know ?
> Chan : Oh my... You're always there.

Voici un exemple qui montre comment les adolescents exploitent l'une des caractéristiques marquantes du cellulaire dans la construction de leurs liens d'amitié.

La délocalisation de l'usager permet le déclenchement d'un jeu social dont l'enjeu est la confirmation du lien : « Comment le savais-tu ? », « Tu es toujours là ». Être ami veut dire beaucoup de choses, entre autres savoir où est l'autre habituellement. Cet échange, que le cellulaire rend possible, devient donc un test du niveau de connaissance réciproque entre les deux amis. Passer ce test est une façon de confirmer et préciser le degré de cette amitié, de renouveler le contrat, de se dire « on est amis ». L'usage du cellulaire – mieux vaudrait dire cet usage spécifique – permet donc une mise en scène du type d'amitié qui lie les membres du groupe. Et il s'agit d'une amitié fusionnelle, caractéristique des adolescents, une amitié qui prévoit un haut degré de dévoilement réciproque, une connaissance détaillée des habitudes quotidiennes de l'autre, la possibilité de prévoir ses déplacements car on en possède les coordonnées.

Appels empruntés et coconversations

En suivant les échanges téléphoniques quotidiens de ce réseau d'adolescents, on a pu saisir deux autres phénomènes qui nous ont donné un aperçu des relations multiples entre les usages du cellulaire et la construction de leur lien d'amitié. Un certain pourcentage des appels faits à partir du cellu-laire d'Assoum sont effectués par quelques-uns de ses amis[12]. Dans quelles circonstances, pour quelles raisons? Quels sont les enjeux de ces coups de fil *prêtés* et *empruntés*?

À propos d'un de ces coups de fil empruntés, Assoum nous avait donné certains détails:

> Cette fois-là c'était Hugo, Ben y attendait son père qui devait venir le chercher, pis y arrivait pas, pis y a appelé sa mère, pis y a appelé son père [...], on était à l'école en train de tourner en rond[13]. Oui y'attendait ses parents. Son père était supposé venir le chercher.

Au fur et à mesure qu'il nous décrivait ce genre spécifique d'usage, on s'apercevait que la scène était à peu près toujours la même: à l'école ou dans d'autres lieux sociaux comme un café, l'un des amis d'Assoum lui deman-dait s'il pouvait emprunter son cellulaire pour faire un appel. Les personnes appelées étaient ou bien les parents ou bien quelqu'un d'autre du groupe. La conversation, plutôt rapide, se déroulait toujours devant Assoum. En rentrant un peu dans les détails de ces coups de fil empruntés, on commen-çait à entrapercevoir certaines règles implicites d'un côté comme de l'autre. De la part du propriétaire, il était clair qu'il ne pouvait pas ne pas prêter son cellulaire à un ami qui le lui demandait. De la part de celui-ci, il était clair qu'il ne pouvait pas demander le cellulaire pour appeler n'importe qui et n'importe comment. Il pouvait appeler ses parents et des amis communs, mais il ne pouvait pas s'embarquer dans une longue conversation ni s'éloi-gner du propriétaire pour parler en privé. Ce jeu de contraintes implicites révélait la nature profondément sociale de cet usage du cellulaire chez les adolescents. Et c'est seulement en essayant de situer ces appels empruntés

---

12. Tel était l'état naturel du réseau d'adolescents qu'on a rencontrés: certains parmi eux n'avaient pas de cellulaire et ceci pour des raisons différentes, entre autres éco-nomiques. La composition hétéroclite du groupe quant à la possession du mobile produisait des dynamiques sociales qui devenaient des indices précieux pour com-prendre la racine sociale et culturelle des usages de cette technologie.

13. Tout comme « vedger » et « faire rien », « tourner en rond » est l'une des catégories culturelles à travers laquelle les adolescents organisent leur quotidien, lui donnent une forme et des signifiés spécifiques. Il s'agit d'un comportement qui s'apparente au « flânage », cette façon tout à fait typique de traîner dans certains lieux publics comme les centres commerciaux, mais aussi autour de l'école.

dans le cadre plus général de leurs assomptions culturelles que nous pouvions en apprécier tous les enjeux sociaux.

Dans la culture spécifique des adolescents, appeler leurs parents pour leur demander de venir les chercher ou pour leur dire qu'ils rentreront en retard est une nécessité reconnue et partagée. Aider un ami dans l'accomplissement de cette obligation envers ses parents fait partie du contrat d'amitié. Quant à appeler des amis communs, là il s'agit d'un type particulier de prêt, car le propriétaire partage le but et il est concerné par l'appel au même titre que l'usager. Dans les deux cas, cette mise en commun du cellulaire suppose quelque chose en retour : le propriétaire a le droit acquis d'assister aux appels, ce qui lui donne une position de contrôle et confirme la fonction profondément sociale du prêt du cellulaire.

Si, parmi les membres d'une famille, le cellulaire entre dans la dynamique de *l'échange du don* en tant qu'objet[14], dans le lien d'amitié, le don offert, c'est plutôt « l'usage du cellulaire ». Et dans ce cas comme dans les autres, le don engendre un échange et établit un régime de dettes et de crédits : la requête faite par un ami met le propriétaire dans l'obligation de la satisfaire. Ce qui, en retour, met l'ami dans une situation de dette envers le propriétaire. La structure élémentaire du lien social est ainsi établie. Évidemment, le régime de dettes et crédits engendré par le phénomène des appels empruntés se joue sur un plan tout à fait symbolique : Assoum – en tant que propriétaire d'un bien qu'il peut prêter aux amis – consolide son leadership au sein du réseau, et les amis qui bénéficient du prêt assument de fait la position de membres grégaires.

---

14. L'analyse de la construction de liens familiaux par le biais du « don du cellulaire » est proposée dans le chapitre qui suit. La référence, dans les deux cas, est évidement à la théorie du don élaborée par Marcel Mauss (Mauss, 1950). Bien que construite à partir des études sur les sociétés dites, à son époque, « archaïques », elle reste un point de référence incontournable pour toute réflexion sur la construction des liens sociaux dans le quotidien du monde contemporain. Parmi ses nombreuses interprétations, qui mettent plus ou moins en relief l'aspect contraignant de l'échange « don – acceptation – contre-don », nous mobilisons ici une lecture centrée sur la « non-gratuité du don » (Dosse, 1995). Dans certains contextes, c'est justement sa « gratuité apparente » qui fait que le don devient un instrument de construction du lien social.

Cet échange du don fait plus qu'établir les positions sociales des membres d'un groupe, il confirme aussi le lien d'amitié entre le propriétaire et l'usager, car il en coûte de l'argent ; on ne le donne pas à n'importe qui et on ne le demande pas à n'importe qui. Par ailleurs, il souligne aussi l'appartenance au groupe de ceux qui appellent et de ceux qui reçoivent l'appel, car on n'appelle pas n'importe qui avec le téléphone portable d'un ami.

Une fois entré dans le régime du prêt, l'usage du cellulaire devient donc un instrument puissant de construction de culture et d'organisation sociale. Il établit des positions sociales, le genre de lien qui lie les membres d'un groupe et il confirme l'importance de certains aspects de la culture des jeunes : les contraintes parentales, les obligations envers les amis, le maintien du contact entre les membres du réseau.

Cet usage social du cellulaire établit des liens et des échanges sociaux non seulement entre celui qui le possède et celui qui l'emprunte, entre celui qui appelle et celui qui est appelé, mais aussi entre celui qui l'utilise et celui qui assiste à la conversation. En fait, le phénomène des appels empruntés met au jour encore un autre phénomène qui caractérise l'usage du cellulaire par les adolescents : *les coconversations.*

Dans les co-conversations, le modèle traditionnel de la conversation téléphonique à deux disparaît : le cellulaire passe d'une main à l'autre et la conversation se fait à plusieurs interlocuteurs. Karim appelle Assoum qui s'en va au cinéma avec Annie et Chan. Ils parlent entre eux, quand Annie crie quelque chose.

Karim : Qu'est-ce qu'elle dit ?
Assoum [*en répondant à Annie*] : Je pense que j'vais lui dire ça non plus.
Karim : Quoi ?
Assoum : Elle dit qu'il y a un p'tit chien qui marche tout seul pis saute [???]
Karim : On le cuit chez moi là.
Assoum : Dis à Manouche on l'amène chez toi, chez toi. Annie ! Annie don't [???]
[...]
Karim : Ok passe-moi Chan.
Assoum : Pourquoi ?
Karim : Passe-moi ce Chinois !
Chan : Allo ?

Karim : Hey man.

Chan : Ouais yo ça va ?

Loin de former une relation à deux dans le groupe, le cellulaire construit une cellule sociale à trois, quatre amis, qui participent à une action conjointe dans la même unité de temps sans pourtant partager une même unité de lieu. Comme on l'a vu, dans le cas des appels empruntés, l'usager n'a pas le droit de s'isoler pour parler avec le cellulaire de l'ami, il doit l'impliquer non pas tant comme *écouteur involontaire* mais bien plutôt comme interlocuteur qui peut intervenir dans l'échange. Il en résulte que tous les appels empruntés destinés aux amis du réseau se transforment de fait en coconversations.

Voici un autre cas. Assoum et Chan sont chez Starbucks. Chan demande à Assoum son cellulaire pour parler avec Yves. Assoum fait le numéro d'Yves, il commence la conversation et seulement après il lui passe Chan.

Assoum : Ouais.

Yves : Huh.

Assoum : So what's up ?

Yves : Rien. I am vedging.

Assoum : Han ? Ah ok. Chan y veut t'parler.

Chan : Yo what's up ? So man.

Yves : Ok. [???]

Chan : Yah, pis tu fais rien après ?

Yves : Well, I didn't get any news from Hugo. Did he call you ?

Chan : No. J'ai eu [???] qui disait que y faisait rien chez Hugo parce que genre sa mère est encore malade, une affaire de même là.

Yves : Là y'est où ?

Chan : Ben y'était chez [???]

Yves : [???]

Chan : Han ?

Yves : [t'as vu Antoine ?]

Chan : Le Forum là.

Yves : Avec qui, tout seul ?

Chan : Non, avec Karim tout ça genre. Y nous a rejoints, genre d'autres qui restent là.

Yves : [???] T'es chez vous ?

Chan : Non j'suis à Starbucks là.

Les appels empruntés, tout comme les co-conversations qu'ils déclenchent, sont un excellent exemple du processus de construction réciproque entre les liens sociaux et les usages d'une technologie. Si le contrat d'amitié « oblige » les partenaires à certains usages du cellulaire (le mettre en commun si c'est nécessaire, l'emprunter à certaines conditions), ces derniers manifestent le lien d'amitié et renforcent la cohésion sociale parmi les membres du réseau. En d'autres termes, les adolescents déclinent l'usage de cette technologie selon les règles de leur propre grammaire culturelle. Mais le contraire est vrai aussi, ils tissent les liens et ils bâtissent leur culture aussi à travers les usages de cette technologie de communication mobile.

Le « samedi soir » : organisation téléphonique ou contrôle social ?

L'organisation du samedi soir – tout comme la participation à un party (Danesi, 1994 ; Green, 2002) – est l'un des événements clés autour desquels les adolescents confirment leur appartenance au réseau.

À partir du mercredi, le téléphone sonne pour tisser ces liens et établir qui fait partie du groupe. Voyons ce qu'il en est. Assoum vient d'appeler Karim et Annie pour commencer le tour des coups de fil qui aboutiront à l'organisation des activités du samedi soir. L'appel suivant est pour Chan.

Assoum : ... Appelé Karim pis Annie.

Chan : Karim ok yah. Ok Karim.

Assoum : Pis euh, samedi, on fait d'quoi ?

Chan : Euh ok, what ?

Assoum : Tu veux v'nir ?

Chan : Euh, what ?

Assoum : We don't know yet. Oh, je vais te dire ok ?

Chan : That's fun.

[...]

Assoum : Are you trying to get me angry ?

Chan : Yes.

Assoum : Ok fine, euh, you wanna come along ?

Chan : Depends, where are we going ?

Assoum : Saturday afternoon, I don't know yet.

Chan : [???]

Assoum : What do yo wanna do ?

Chan : I don't know man, you tell me::

Assoum : I'm not gonna tell you anything.

Chan : [???]

Assoum : I'll tell you tomorrow, 'cause I'll talk to [???] tomorrow.

Chan : Ok, ok will see then. What day is tomorrow ?

Chan est en train de transgresser les normes sociales qui régissent l'organisation des activités du samedi soir : il ose demander « Qu'est-ce qu'on fait ? » avant de confirmer sa participation. Assoum ne sait tout simplement pas encore ce qu'on va faire, car le vrai enjeu de l'événement n'est pas de faire quelque chose mais d'être présent.

Les réactions d'Assoum expriment clairement que le comportement de Chan est socialement inapproprié. La première fois, Assoum se limite à ignorer la question mal posée de l'ami ; la deuxième fois, il la sanctionne officiellement : « Are you trying to make me angry ? »

Assoum essaye encore de tenir pour acquis la présence de son ami en lui demandant s'il va venir seul. Chan continue à poser des conditions à sa participation : « Ça dépend de où on va et de ce qu'on fait. » Il s'agit vraiment de questions inappropriées : on parle du samedi, c'est hors de question que l'on sache à l'avance ce que l'on va faire et où on ira ! « Je ne te dirai rien du tout. » Assoum réaffirme ainsi la norme fondamentale : le samedi soir, on est présent de façon inconditionnelle. Le jour suivant, l'organisation téléphonique continue. Après avoir appelé Annie et Daniel, Assoum appelle de nouveau son ami.

Assoum : [*Rire*] Well, euh, euhm so you're up for Saturday ?

Chan : Depends.

Assoum : What do you mean it depends ? [???] Daniel y va p't-être venir aussi pis Sylvie va venir [???]

Chan : Hahaha [ho::me]

Assoum : What the hell ? You got ho::me ?

[...]

Assoum : No it isn't. Oh man anyway [???] for Saturday ?

Chan : Euh yah, depends where we're going.

Assoum : Yah I don't know yet, I'm gonna call tonight.

Chan : God man. [*silence*]

Assoum : Because I need to know how many we are to define where we're going.

Chan : Euh.

Assoum : Besides you don't usually do anything on Saturdays except get drunk and euh [???].

[...]

Assoum : Ok, well call me ba::ck for Saturday.

Chan : Yahyah ok.

Assoum : Alright don't forget. Bye.

Chan : Bye bye.

Encore une fois, ce qui compte c'est « y être », c'est de confirmer sa présence de façon inconditionnelle. Quand Chan renouvelle sa réserve (« ça dépend »), Assoum plutôt étonné (sinon énervé) lui reproche cette transgression d'une norme du groupe : « Qu'est-ce que ça veut dire "ça dépend" ? » Les autres sont là (ils n'ont pas posé de conditions à leur participation), et c'est ça qui compte. Se soustraire au samedi soir, c'est se soustraire au groupe, donner la priorité à ce que l'on fait plutôt qu'à être ensemble, c'est renverser l'ordre culturel qui organise cet événement. Et en plus, Chan ne fait rien le samedi soir, à part se saouler : la conclusion de l'échange sanctionne le non-sens de la position de Chan et la définit comme inacceptable.

En suivant l'organisation par téléphone cellulaire de ce samedi soir, nous découvrons aussi ce que veut dire être amis.

Assoum : Ben j'voulais savoir c'est-tu encore correct pour samedi ?

Karim : Mais ouais, à part parce que – [*quelqu'un appelle*]

Assoum : J'ai appelé Chan pour savoir c'qu'on fait [*silence*] han ?

Karim : Allo ?

Assoum : Ouain, j'ai appelé Chan.

Karim : Ouais.

Assoum : Ouain j'ai appelé Chan, pis y veut savoir c'qu'on fait avant de venir, pis Daniel y dit, parce qu'il a parlé avec Sylvie hier là.

Karim : Ouais.

Assoum : Pis y veut p't-être venir, c'tu correct avec toi ?

Karim : Mai::s ouais [*petit rire*].

Assoum : J'y ai dit d'amener Sylvie si y vient.

Karim : Ok.

Assoum : Ça marche ?

Karim : Ouais ouais.

Assoum : Ok. Mais euh… Ok euh, si [???] Chan tu me l'dis. Y veut savoir c'qu'on fait.

Karim : Ce qu'on fait avant ?

Assoum : Ouais, mais qu'est-ce qu'on fait là-bas là, où on va pis tout.

Karim : Mai::s ok, on va aller, j'sais pas, café, où vous voulez aller ?

Assoum : Ok.

Karim : [???] normal.

Le coup de fil pour s'assurer de la présence de Karim devient un jeu de confirmation de ce que cela veut dire que d'être amis : « Mais ouais », « Mai::s ouais », le ton de la réponse de Karim et ses mots confirment que la présence aux activités du samedi soir fait partie des *allants-de-soi*. Assoum ne peut pas s'empêcher de lui dire que, pour Chan, les choses ne se présentent pas de la même façon : cet ami commun veut savoir ce qu'on fait avant de venir. Ce bref *gossip* provoque un étonnement qui constitue une vraie sanction sociale : « Y veut savoir ce qu'on fait », dit Assoum : « Qu'est-ce qu'on fait avant de venir ? » relance Karim en soulignant le non-sens de ce comportement. « Mai::s ok, on va aller, j'sais pas, café » : Assoum et Karim partagent la même logique, le même ordre de priorités : ça n'a aucune importance de savoir où l'on va et ce qu'on fait, personne ne le sait, car ce n'est pas le vrai enjeu du samedi soir. Être amis, c'est être ensemble pour un seul vrai but : être ensemble.

L'appel téléphonique devient donc un moyen de contrôler les membres du groupe, de vérifier leur appartenance au réseau, leur degré de connaissance réciproque, et il est aussi un instrument puissant de (re)construction des dimensions marquantes de la culture de cette communauté : l'amitié et ses lois, en premier lieu.

« Qui est où ce soir ? » : le cellulaire comme *panoptikon*

La veille de ce fameux samedi, nous aurons un autre exemple de la manière dont ces adolescents usent du cellulaire pour tisser leurs liens de groupe. Daniel appelle Assoum qui s'en va au cinéma avec Karim. L'appel devient une co-conversation.

Assoum : Dan ?

Daniel : Yes ?

Assoum : Yah what's up ? Euh r'garde, moi pis Karim, on va voir un film, tu viens ?

Daniel : Ben c'est à quelle heure que ça commence ?

Assoum : Avec Dino là.

Daniel : C'est à quelle heure que ça commence ?

Assoum : Y dit comme 10 heures quelques. Check, check, son père va nous ramener.

Daniel : What ?

Assoum : Son père va nous ramener.

Daniel : Ouais mais moi j'suis à Lachine là c'est loin.

Assoum : J'sais. [*Assoum parle à Karim*] Y'habite à Lachine là, c'est quand même loin.

Karim [*à Assoum*] : C'est où Lachine ?

Daniel : On va s'voir demain, là.

Karim [*à Assoum*] : Il habite pas à Lachine !?

Assoum : Karim y sait pas c'est où.

Karim : J'habite pas là-bas. Moi là.

Assoum : Va dormir chez Sylvie, va dormir chez Sylvie.

Daniel : Eu::h.

[...]

Daniel : [*Bruit*] Euh, non j'préfère qu'on s'voie demain, j'suis fatigué de toute façon.

Assoum : T'es sûr ?

Daniel : J'l'ai déjà vu l'film, ben ⌈[???]

Assoum :   ⌊[???] moi aussi mais, j'sais pas Karim y dit tsé « come on man » [???]

Daniel : [???]

Assoum : Han ?

Daniel : : [???]

Assoum : Ah ok, ben j't'appelle demain. Parfait.

Daniel : : Ok, c'est beau. [???]

Assoum : Ok, ciao.

Le cellulaire permet de se joindre, de se coordonner à la minute près, et c'est précisément ce qui autorise Assoum à proposer à Daniel de les rejoindre au cinéma. La première difficulté avancée par Daniel – l'horaire – est tout de suite réglée par Assoum : le père de Karim serait prêt à les ramener. Mais Daniel avance un autre obstacle : il habite loin. Cela aussi pourrait se résoudre selon Assoum, car il suffit qu'il aille dormir chez une amie. Assoum exerce une certaine pression sur Daniel qui avance une autre raison pour se soustraire à l'obligation : il est fatigué. Cette fatigue qui exclut les amis n'a rien à voir avec la paresse culturelle qui, au contraire, inclut les membres du groupe. La fatigue personnelle ne peut donc pas être acceptée comme bonne excuse. Daniel y ajoute une dernière raison : il a déjà vu le film. Et c'est à ce moment-là que les trois amis atteignent le plus haut niveau de définition de « ce que cela veut dire être amis ». Assoum aussi a déjà vu le film, mais Karim lui a dit « *come on man* ». Il y va juste parce qu'un ami le lui propose. Ce n'est pas le film qui confère du sens à aller voir un film, c'est le lien d'amitié. Daniel, comme Chan auparavant, semble se soustraire à cette logique et c'est le cellulaire qui rend visible et même trop visible sa résistance et le manque d'intensité de son appartenance au groupe.

Pour les adolescents, le cellulaire est devenu un instrument de contrôle social : un *panoptikon* qui permet de savoir qui est où et ce qu'il fait, qui se soustrait aux obligations sociales et qui accepte la logique contraignante de l'amitié. En d'autres termes, le cellulaire permet la réalisation de l'une des fonctions constitutives de l'univers spécifique des adolescents : la construction de la cohésion sociale dans un réseau d'amis et le contrôle qu'elle implique.

Malgré ce que l'on pourrait imaginer, l'usage du cellulaire comme instrument de contrôle n'est donc pas l'exclusivité des parents par rapport aux enfants[15], ni ne concerne seulement certaines dynamiques de couple. De

---

15. Le rôle du cellulaire dans la dynamique « parents-enfants » sera traité dans le prochain chapitre.

façon peut-être moins consciente, il est aussi présent dans les réseaux ami-caux. On dirait que cette pratique du « contrôle mobile » se répand avec la diffusion du cellulaire.

Surveiller et punir, nous disait Foucault... Le cellulaire serait-il un nou-vel instrument pour d'anciennes pratiques sociales ?

Le rituel du rendez-vous

Même s'il ne s'agit pas du type de conversation le plus fréquent, la formule « J'arrive dans 5 minutes, tu es où ? » fait néanmoins partie du répertoire des usages du cellulaire parmi les adolescents. Cet usage spécifique a déjà reçu son nom : il s'agit de l'*hyper-coordination*[16], un travail minutieux à tra-vers lequel les jeunes se rapprochent progressivement en se coordonnant l'un par rapport à l'autre au cours de leurs appels courts et successifs. Et ceci jusqu'à la dernière étape : du moins en Europe, dès qu'on est arrivé à la porte de quelqu'un qui nous attend, on ne sonne plus, on l'appelle avec le cellulaire.

Nous sommes samedi, il est 12 h 30, Assoum – qui est près du métro – appelle Chan.

Assoum : Yes::
Chan : Yah.
Assoum : Euhm:: meet me on, well outside the metro, like on Van Horne.
Chan : Ok.
Assoum : Are you taking the bus ?
Chan : Me ?
Assoum : Yah ?
Chan : Euh, we'll see.
Assoum : Ok, so there, at least I'll find you there, that way I won't – cause the others, I don't know where they gonna be so...
Chan : They're not there yet ?
Assoum : Well, it's 44 dude, I'm gonna go downstairs and see.

---

16. Ling et Yttri, 1999 ; 2002.

Tout de suite après, à 12 h 45, il appelle Daniel.

Assoum : Salu::t.

Daniel : Ouais ?

[...]

Assoum : En tout cas. Je viens juste de trouver Annie et Sylvie.

Daniel : Ok.

Assoum : Pis on est devant l'métro, sont comme un peu en r'tard là.

Daniel : Ok c'est beau.

Assoum : Ok, Chan y s'en vient, y va débarquer dans comme pas longtemps, pis ben c'est ça là.

Daniel : Moi, j'vais comme arriver de [???] que vous soyez.

Assoum : Ok, appelle-moi pis j'te dirai où.

À 13 h, il reçoit un appel de Marc.

Assoum : So ?

Marc : Ouais::

Assoum : T'es où ?

Marc : Moi, j'suis en auto, là, j'veux savoir où vous vous êtes ?

Assoum : O::n est au parc Beaubien.

Marc : Parc Beaubien ?

Assoum : Tsé y'a l'école Outremont là ? Ouais.

Marc : L'école Outremont là.

Assoum : Ouais.

Marc : Ok vous restez là-bas encore comme une demi-heure ? 20 minutes dans l'genre ?

Assoum : Si tu veu::x.

Marc : Ok moi j'vas arriver comme dans 20 minutes dans Outremont.

Assoum : Alright, on est au terrain d'foot.

Éparpillés dans l'espace urbain, ces adolescents construisent leur rendez-vous au fur et à mesure qu'ils avancent. Avec le cellulaire, dont la règle instituée veut qu'il soit toujours ouvert, le rendez-vous n'est plus une action ponctuelle, un accord pris une fois pour toutes, un lieu et un horaire définis au préalable, il devient un accomplissement pratique, un processus d'ajustement progressif. Le lieu et l'heure de la rencontre peuvent maintenant rester flous, car c'est le cellulaire qui vient garantir le succès de la rencontre.

Le scénario est vraiment fascinant. Le cellulaire permet un rapprochement progressif de ces jeunes qui convergent vers un lieu commun en suivant chacun leur trajectoire. Mais le lieu en tant que tel n'existe pas, car il n'a pas été établi au préalable : il est construit au fur et à mesure comme « lieu de rencontre » au cours de ces déplacements coordonnés grâce au cellulaire. L'heure aussi a perdu sa fonction première, car elle n'est plus une coordonnée contraignante pour se rencontrer : l'heure du rendez-vous s'établit graduellement, à mesure que les jeunes se coordonnent au moyen du cellulaire.

Le cérémoniel du rendez-vous chez les adolescents est en train d'adopter de nouveaux rituels. Si, traditionnellement, certains lieux typiques de l'espace urbain définissaient la rencontre des adolescents comme un lieu de rendez-vous et attiraient les jeunes dès le début de leurs parcours nomades vers un endroit défini, avec le cellulaire c'est le processus de coordination mutuelle, l'ajustement progressif des déplacements des membres qui définissent une rencontre comme rendez-vous. Le lieu et ses frontières spatiales risquent de perdre toute fonction d'agrégation, car la coordination en ligne peut transformer constamment presque n'importe quel endroit en point de convergence du groupe.

La fonction rituelle de l'heure aussi a subi une transformation radicale. Dans ce nouveau scénario, les jeunes ne sont plus ni en retard ni en avance au rendez-vous avec les pairs : être à l'heure devient une construction progressive et conjointe des membres du groupe. On ne s'ajuste plus en fonction d'une heure préétablie, c'est l'heure qui est constamment ajustée en fonction des membres du groupe.

Mais il y a encore un autre aspect de cet usage spécifique du cellulaire qui concerne la construction du rendez-vous. Et il s'agit peut-être de l'aspect le plus important. Étant donnée l'établissement progressif du lieu et de l'heure de la rencontre, le *rendez-vous* ne risque plus d'être un instrument d'exclusion des membres. Dans le scénario traditionnel, ceux qui, pour une raison quelconque, n'étaient pas joignables au moment où le rendez-vous a été fixé, risquaient de ne pas y être. Et être au rendez-vous est fondamental, car ce sont exactement ces moments rituels qui définissent et confirment l'appartenance à la communauté des pairs.

Le nouveau scénario de rencontre créé par l'émergence du cellulaire dans la vie quotidienne des adolescents a éliminé cette conséquence dramatique du rituel du rendez-vous. Le cellulaire est devenu un outil d'inclusion systématique, un instrument d'agrégation sociale qui permet à tous les membres de se retrouver ensemble, en ligne, à un moment donné, d'y être, de construire un sentiment d'appartenance et de se définir comme membres du groupe.

L'arrivée du cellulaire a bouleversé sinon évacué les catégories symboliques qui soutenaient ce tissage social : le retard – catégorie de la temporalité sociale – et l'absence – catégorie de l'espace social – ne sont plus en jeu. Ce nouveau scénario met en évidence le rôle central des objets en ce qu'il contribue à la construction et à la durée du lien social.

Est-ce pour cette raison que posséder un cellulaire devient de plus en plus une obligation pour les adolescents ?

> Assoum : T'as pas encore de cell ?
> Sharif : Quoi ?
> Assoum : T'as encore eu de cell ?
> Sharif : No man, pas encore, j'ai pas encore commandé.
> Assoum : Ah ok. Tu vas en avoir un là ?
> Sharif : Ben j'sais pas, j'voulais un mais d'un autre côté là…

Il ne fait plus de doute que l'on se dirige vers un scénario où le réseau devient mobile et plastique, il est à la fois réel (voire construit au fur et à mesure), narré et collectif. Sur cette scène sociale nouvelle ne pas avoir un cellulaire devient un défaut qui pose un problème. Son usage devient de plus en plus une nécessité sociale, du moins pour les adolescents. En effet, c'est sa possession, le fait de l'avoir toujours sur soi et toujours ouvert, ce sont les coconversations qu'il permet, les pressions que les adolescents peuvent exercer grâce à lui sur les autres, qui leur permettent de construire leur quotidien de façon coordonnée, de participer aux rituels communs, et donc de tisser constamment ces liens sociaux qui font d'eux une communauté.

Domestication d'une technologie et transformations culturelles

Si nous posons un regard attentif sur les façons dont les jeunes utilisent le cellulaire, sur ce qu'ils disent et sur les commentaires qu'ils en font, nous nous apercevons que ces pratiques sont intimement liées aux caractéristiques les plus marquantes de leur univers culturel d'adolescents.

En suivant leurs conversations mobiles, nous découvrons qu'ils parlent de presque tout : le « samedi soir », l'amitié, le monde de l'école, une certaine insouciance obligée des travaux scolaires, où acheter le moins cher possible, comment aborder une fille, où on en est avec un jeu vidéo, la différence incontournable entre gars et filles. Leurs conversations concernent tous les univers de sens qui caractérisent leur culture et sont traversées par tous les types de langage qui leur sont propres.

Leurs conversations « mobiles » constituent un véritable agent de cohésion sociale : elles permettent la circulation partagée des événements cruciaux et la mise en commun des histoires qui appartiennent au groupe ; elles tissent les portraits identitaires de ses membres et en fixent les traits de caractère ; elles sont le lieu où les adolescents théorisent constamment les règles de ce monde à part et elles sont aussi le moyen pour les partager. Bref, avec leurs échanges au cellulaire, les adolescents fabriquent discursivement leur quotidien et, avec toutes les formes de dialogues qui leur sont propres, ils s'engagent à construire un monde social partagé et maîtrisé.

Ce processus en tant que tel n'est pas nouveau, il n'a pas été engendré de façon spécifique par le téléphone cellulaire. Il a déjà été observé dans les pratiques de communication téléphonique traditionnelle et bien évidemment dans les dialogues en vis-à-vis.

Ce manque d'originalité par rapport à l'innovation technologique nous suggère un constat fondamental : les jeunes ont totalement intégré le cellulaire à leur univers culturel. Petit à petit, il est venu occuper toute la scène communicationnelle et il a pris la place et repris les fonctions qui étaient jusque-là celles du téléphone fixe ou sédentaire. Domestiqué par les adolescents, plié à des logiques culturelles déjà bien implantées (comme la paresse), le cellulaire a subi un processus de normalisation : les adolescents ont traduit cette technologie dans les termes propres à leur culture et ils l'ont soumise aux enjeux sociaux typiques de leur âge.

Entré sur le marché comme instrument en cas d'urgence, comme outil de communication exceptionnelle dans les situations difficiles, le cellulaire est, grâce aux adolescents, sorti du régime de l'exception pour entrer dans celui de la règle. Né comme instrument servant à faire face à l'imprévu, il est devenu outil de fabrication du quotidien. En suivant les adolescents sur le terrain de leur quotidien, en cherchant à comprendre leur rapport à cette nouvelle technologie de communication à travers leurs comportements et leurs échanges, nous pourrions aisément en déduire que pour eux ce n'est certainement plus une « nouvelle technologie ».

La domestication quasi totale de cette technologie par les jeunes nous oblige pourtant à prendre un certain recul, puisque tout processus culturel est toujours plus contradictoire qu'il n'y paraît. Il nous faut donc être attentifs aux traces du processus contraire et nous demander en quoi cette technologie a transformé l'univers dans lequel elle a si naturellement trouvé sa place. Plusieurs particularités que nous relevons dans les usages du cellulaire au quotidien, bien qu'occultées par l'apparente domestication de cette technologie, nous révèlent cependant des indices d'innovation significatifs : ce sont les coconversations, la mise en abîme de l'opposition public-privé, la redéfinition du sens des lieux et des moments, la réalisation du mythe du contact fusionnel, l'*objectivation,* voire la matérialisation, des liens sociaux. Mais, si nous tentons de saisir *le* phénomène vraiment nouveau, celui qui est le plus spécifiquement relié aux caractéristiques technologiques du cellulaire dans la vie des adolescents, il faut prendre en compte leur *représentation* de l'usage typique du cellulaire : être dans la rue et dire : « J'arrive dans deux secondes, t'es ou ? »

Bien plus que les usages réels dont les statistiques nous soulignent la fréquence, c'est cette représentation qui nous indique comment, de leur point de vue, cette technologie de communication a transformé leur vie de tous les jours.

Si les jeunes ont totalement intégré le cellulaire à leurs habitudes, s'ils l'ont plié à des logiques culturelles déjà existantes, le cellulaire a néanmoins créé des comportements nouveaux : la visibilité de chacun pour chacun, la narration en prise directe des événements, le *shadowing* systématique des déplacements des uns et des autres pour se rejoindre, la cartographie en direct qui permet de savoir qui est où et qui fait quoi moment par moment, sont autant de nouveaux comportements construits par le biais du cellulaire.

Dans ces dernières pages, nous avons donc suivi de très près les adolescents dans leurs univers sociaux et culturels. En suivant leurs conversations au cellulaire, nous les avons vu agir et parler ensemble, tisser des liens sociaux, coordonner leur quotidien au cours de leurs appels mobiles, et construire une culture-de-tous-les-jours caractéristique de leur communauté.

Mais le cellulaire n'est pas seulement un outil de cohésion communautaire. Il est aussi un moyen d'articuler les différentes sphères qui composent leur vie quotidienne. Tantôt il leur permet de séparer ces sphères, tantôt de les mettre en relation. Comment se situe-t-il dans le rapport intergénérationnel ? Comment articule-t-il les contraintes, parfois incompatibles, de ces deux univers distincts, que sont à leurs yeux la famille et le groupe des pairs ?

Dans le prochain chapitre, nous nous laisserons interpeller par les enjeux propres à l'arrivée du cellulaire au sein de la relation intergénérationnelle, là où cette technologie semble déclencher la construction de nouveaux modèles culturels de parent et d'enfant.

8

COMMUNICATION INTERGÉNÉRATIONNELLE : TRANSFORMATIONS, PERMANENCES ET NOUVEAUX MODÈLES

Les technologies émergentes de communication sont aujourd'hui non seulement l'expression d'une culture familiale et d'une organisation sociale déjà existantes, mais elles contribuent aussi à les produire[1]. On dispose maintenant d'un cadre descriptif plutôt exhaustif des nouveaux modèles familiaux et des nouvelles définitions, à la fois juridiques et de sens commun, de ce qui compte aujourd'hui comme famille. Bien des facteurs historiques, sociaux, économiques et culturels sont responsables de ces changements radicaux face auxquels il devient impossible de répondre à la question « Qu'est-ce que c'est qu'une famille ? », il devient plutôt impératif de se demander à chaque fois « qui fait famille avec qui et comment ? ».

Comment donc une famille se construit-elle comme telle ? Bien que plus discrètes que la plupart des facteurs auxquels on doit la transformation structurale et culturelle de ce qui compte comme famille, les technologies y jouent un rôle. Au-delà de leurs aspects purement fonctionnels (elles servent à accomplir des tâches, elles facilitent le quotidien et sa gestion...), les technologies occupent une place dans le foyer, demandant du temps pour

---

1. Ce chapitre a été rédigé en collaboration avec Mathieu Saint-Onge.

leur utilisation et surtout elles présupposent et développent des savoirs et des compétences. La gestion familiale des lieux et des moments consacrés aux technologies tout comme la distribution (inégale ?) des savoirs et des compétences impliqués dans l'usage des technologies deviennent un espace symbolique pour la négociation du pouvoir, un outil pour établir la hiérarchie des priorités familiales, pour affirmer ou défier les valeurs communes, un instrument pour redéfinir à chaque fois les droits et les obligations réciproques des membres.

Les technologies et leurs usages en famille mettent donc en lumière et enrichissent les principales dimensions de la vie familiale tout comme les modèles culturels, toujours en voie de définition, de parent et d'enfant.

À l'aube de ce troisième millénaire marqué par l'émergence de nouveaux modes de communication, nous sommes nombreux maintenant à nous demander ce que signifie être un parent et être un enfant. Nous avons vu, tout au long de ce livre, qu'il est aussi facile qu'inutile de tenter de trouver des réponses à ces questions en essayant d'expliquer que ce sont les technologies qui causent tel ou tel de nos comportements et changent telle ou telle de nos attitudes communicationnelles. Car cette vision plutôt déterministe supposerait que nous soyons passifs, simples objets, voire victimes de manipulations technologiques qui nous dépassent et que nous n'aurions rien à dire sur la façon de gérer nos actions.

S'agissant toujours de processus de co-construction et de re-définition, sans cause ni ontologie première, nous croyons qu'il est préférable d'éviter tout autant le déterminisme technologique que social et de considérer plutôt une approche coopérative et une interaction entre acteurs humains et non humains. Même si les caractéristiques des technologies qu'on nous propose ouvrent sur une série d'actions possibles, leurs significations d'usage et leurs impacts réels dépendent toujours de la façon dont elles sont intégrées dans notre quotidien. Si les technologies nous proposent de nouveaux modes d'être parent et enfant, les parents et les enfants proposent à leur tour de nouvelles définitions et de nouveaux usages des technologies.

Cette approche à la fois interactionniste et contextualiste nous amène à nous interroger sur la façon dont les parents comme les enfants créent du sens et attribuent des significations précises aux fonctions qu'ils accomplissent avec les techno-objets que leur offre le marché.

Dans les pages qui suivent, nous observons donc les changements et les constances de l'évolution de l'autorité et des responsabilités parentales ainsi que de la dépendance et de l'autonomie des enfants. Nous cherchons à savoir en quoi les usages des technologies sont révélateurs des nouvelles formes d'actualisation des statuts et des rôles des membres de la famille et de ce qui se passe aujourd'hui dans les *habitus* culturels[2] de ces familles. De cette manière, et à travers les yeux de leurs enfants (souvent catégorisés comme génération *Internet* ou *branchée*), nous cernerons mieux qui sont les parents d'aujourd'hui (pour la plupart issus de la génération des baby-boomers).

L'omniprésence dans nos vies du téléphone cellulaire nous incite à donner une attention particulière à cette technologie en tant qu'outil de communication intergénérationnelle utilisé quotidiennement par les membres de la famille pour communiquer *entre* eux. Communiquer entre eux certes, mais aussi et surtout *sur* eux, c'est-à-dire *sur ce qu'ils sont les uns pour les autres*. En ce sens, nous verrons que les pratiques au sein de la famille révèlent diverses fonctions symboliques accomplies à travers l'usage des technologies de communication : la redéfinition des frontières familiales, la renégociation des statuts et des rôles de ses membres.

Génération ON vs génération OFF

Selon certaines études, nous serions passés, d'une génération à l'autre, de l'adolescence comme « modèle de l'identification » (ou « modèle d'entrée dans la vie »), où les jeunes reproduisent la trajectoire de leurs parents, à l'adolescence comme « modèle de l'expérimentation » (Galland, 1999). La

---

2. Dans *Le sens pratique* (1980), Bourdieu définit l'habitus comme des systèmes de dis-position durables et transposables, structures à la fois structurées par les macro-facteurs historiques et économiques et structurantes, c'est-à-dire capables de fonctionner comme principes générateurs et organisateurs de pratiques et de représentations. Selon la plupart des auteurs, avec cette notion qui intègre à la fois l'emprise des structures sociales sur les représentations et la capacité des agents en situation, Bourdieu dépasserait « l'opposition stérile entre un déterminisme rigide et objectiviste, et un subjectivisme attaché à la liberté irréductible de l'individu, et incapable, en définitive, d'expliquer les phénomènes sociaux et en particulier les phénomènes observables de reproduction sociale » (Roussel et Mathieu, 2002, p. 134).

vie active des jeunes comme des moins jeunes ne peut plus être pensée comme un processus linéaire en raison de l'assouplissement, voire de la précarité des rôles et des positions sociales et d'un certain brouillage dans les trajectoires individuelles. Ce brouillage est aussi accentué par l'interpénétration de plus en plus massive des sphères publique et privée, résultant, entre autres, de l'entrée en scène d'une multitude de nouveaux objets communicationnels au sein même du foyer familial.

Les jeunes d'aujourd'hui – et c'est particulièrement vrai pour les moins de 20 ans, les adolescents et les préadolescents – constituent la première génération à avoir connu *dès l'enfance* un paysage médiatique aussi diversifié (Jouët et Pasquier, 1999), sinon de véritables environnements *multimédias*. En effet, pour ceux qui sont nés au cours des années 1980, cette période a coïncidé avec l'explosion de l'audiovisuel, la multiplication des chaînes télévisuelles et la diversification des offres par câble et satellite ainsi que l'arrivée des consoles de jeux vidéo et de l'informatique domestique grand public (Hersent, 2003). Ils ont de plus vécu, dans les années 1990, l'émergence d'Internet et le déploiement sans précédent du *World Wide Web*. Aujourd'hui, ils font l'expérience des nouvelles transformations qu'amène la technologie mobile: la portabilité croissante des ordinateurs, la miniaturisation des appareils téléphoniques, les devis multifonctions ne sont que des exemples.

Et si nos préadolescents et nos adolescents sont de toute évidence de grands adeptes des nouveaux médias, il faut aussi souligner qu'ils n'ont pas eu à vivre de rupture quant à leur savoir-faire social et technique. Les jeunes n'ont généralement pas eu comme nous, les adultes, à désapprendre d'anciennes façons d'effectuer diverses tâches et de régler certains problèmes au profit de nouvelles pratiques fondées essentiellement sur le code et le calcul (*informatique*), et permettant d'effectuer toujours une plus large gamme d'actions à distance (*télématique*). Les nouvelles technologies et le multimédia font depuis toujours partie de leur cadre d'expérience, tant sur le plan familial, que scolaire et social.

Tous ces médias font donc partie de leur univers quotidien sans distinction, semble-t-il, entre anciennes et nouvelles technologies. En effet, cette opposition n'a de sens que pour les adultes car ce sont eux qui perçoivent une rupture technologique et qui l'associent à de nouveaux apprentissages techniques et à de nouveaux usages sociaux (Galland, 1999). Contrairement à notre situation, pour les jeunes, les NTIC sont davantage de l'ordre du donné que de l'acquis ; ils sont pour ainsi dire tombés dedans quand ils étaient petits. L'émergence des NTIC dans le quotidien du foyer marque donc un certain transfert de pouvoirs sur le plan du savoir-faire technique – et donc des compétences sociales – au sein de la famille, une réalité appréhendée différemment par les enfants et leurs parents.

Une bonne illustration d'un tel *gap* technologique dans les perceptions et les aptitudes entre les enfants et leurs parents se trouve dans une nette différence sur le plan des pratiques d'usage de la technologie elle-même. Par exemple, si pour les jeunes il peut paraître tout à fait normal, voire naturel, de posséder un téléphone cellulaire et que celui-ci soit toujours à « ON », il n'en va pas nécessairement de même pour les membres des générations qui les précèdent. Voyons le commentaire d'Aline, mère de famille.

> Intervieweur : Vous arrive-t-il d'utiliser le cellulaire ?
>
> Aline : J'vais vous révéler mon grand secret, ça va m'arriver de temps en temps si j'ai besoin d'un téléphone, puis il est là, dans la voiture entre autres. Mais bien souvent j'oublie de le mettre en fonction. [...] J'oublie d'ouvrir le cellulaire. J'pense jamais de le mettre à « ON ».

En mobilisant des attitudes très différentes, les nouvelles technologies de communication mettent au jour l'écart culturel entre les générations. Elles deviennent donc un instrument pour la définition symbolique du clivage nécessaire pour établir qui appartient à quelle classe d'âge, qui est l'enfant et qui est le parent.

Au-delà de cette fonction séparatrice, les actions et les pratiques intergénérationnelles technologiquement médiatisées deviennent aussi des lieux et des instruments à travers lesquels on produit de nouvelles définitions et de nouveaux modèles de parentage. Ces nouveaux modèles entrent en relation avec les anciens, ouvrant ainsi des formes de négociations imprévues entre les acteurs. Une fois entrées dans le quotidien familial, les nouvelles technologies de communication amènent les parents et les enfants à redéfinir constamment de nouvelles frontières pour l'institution familiale et elles contribuent aussi à répondre à la quête perpétuelle d'une pratique conforme aux paradoxes de l'autorité parentale sur un enfant qui se considère et qui est considéré comme un sujet de plus en plus libre et autonome, même si, d'un point de vue économique, il dépend de plus en plus des parents.

Coconstruction des frontières familiales par la technologie

Les médias classiques (téléphone fixe, radio, télévision) ont traditionnellement toujours eu dans la famille une dimension d'usage partagé. Il s'agissait d'outils familiaux collectifs, utilisés bien souvent dans des pièces communes qui permettaient un usage familial et, par le fait même, un certain contrôle de leur utilisation exercé par les parents. Le téléphone se trouvait souvent dans le hall d'entrée ou dans la cuisine, dans un endroit passant et où il pouvait donc y avoir des interventions parentales. Et cela valait aussi pour la radio et le téléviseur, placés dans la salle de séjour ou dans le salon, où l'écoute se faisait en famille. Aujourd'hui, évidemment, la multiplication des technologies et ses raffinements font que l'on trouve désormais souvent non seulement plusieurs téléviseurs, mais aussi plusieurs ordinateurs par foyer. On trouve évidement aussi une multiplicité de téléphones : fixes, sans fil, cellulaires. Cela crée une nouvelle situation, caractérisée par une possibilité de consommation individuelle et privée inconnue il y a à peine deux décennies.

> Manon : Là ma mère elle veut apprendre à utiliser l'ordinateur. Mais là tsé des fois [rire] c'est ma chambre. Elle rentre, pis là elle essaie tsé. Mais c'est comme, c'est comme mes conversations là. Tsé elle essaie de les fermer, pis elle les ferme, mais tsé c'était des conversations importantes.
>
> Intervieweur : C'est donc un avantage de l'avoir dans ta chambre, mais c'est un désavantage quand ta mère veut l'utiliser...
>
> Manon : C'est ça oui. Mais tsé, c'est normal là, mon entourage c'est normal d'avoir un ordinateur dans ta chambre là, c'est genre comme un ordinateur pour chaque personne.

Ainsi, les nouvelles technologies de communication (le cellulaire, le téléavertisseur, le *chat* et les courriels) sont, de par leurs usages privés, plus personnelles et viennent ainsi perturber l'aspect collectif des technologies qui existaient autrefois. L'entrée en scène du micro-ordinateur, du réseau Internet et, encore plus récemment, du téléphone cellulaire au sein du foyer s'inscrit donc dans un contexte de mutation des relations parents-enfants et contribue à la construction de nouvelles formes d'interaction intra et extra-familiales.

L'enfant d'aujourd'hui, muni de son cellulaire ou de son téléavertisseur, transporte avec lui, à l'extérieur du foyer, sa cellule familiale devenue virtuelle, modifiant par le fait même ses interactions dans ses autres univers sociaux (amis, école, travail). Bien que les parents ne puissent plus savoir avec certitude où se trouve leur enfant, ils peuvent à tout moment réactualiser virtuellement la cellule familiale. Les dispositifs de communication personnelle transforment dorénavant l'individu en une cellule communicante qui habite plusieurs espaces en même temps, celui de l'environnement immédiat et tous les espaces possibles virtuellement accessibles à travers ses connections technologiques (Guillaume, 1994). Ceci entraîne donc de nouvelles conventions d'usages et d'interactions ainsi que des modifications dans les schèmes de référence de la communication interpersonnelle[3].

Les jeunes surtout semblent avoir actualisé ce mythe de la cellule communicante, car leur appropriation culturelle des technologies mobiles fait qu'ils sont toujours en ligne, toujours joignables (surtout pour les pairs !), toujours prêts à répondre aux appels. Les parents profitent eux aussi de ce contact toujours possible entre les différentes sphères : aujourd'hui ils ont même le choix d'un contact discret car ils peuvent communiquer avec leur enfant au moyen de messages textes (SMS). Par exemple, lorsqu'ils savent que leur enfant est avec des amis et qu'il ne veut peut-être pas se faire déranger par un appel parental (et ainsi risquer que ceux-ci se moquent de lui), un message texte sera plus discret, en plus d'être par définition investi d'une moins grande charge émotive.

En somme, les frontières familiales et sociales, autrefois clairement délimitées, deviennent aujourd'hui mobiles et fluides. À ce titre, et par sa dénomination même, le téléphone *cellulaire* ou *mobile* s'avère peut-être être la technologie la plus emblématique de ce brouillage entre les espaces personnels, familiaux et sociaux au sein du foyer, en même temps qu'il peut nous

---

3. Voir le chapitre suivant, où sera notamment abordée la question de l'éthique et du cellulaire.

aider à mieux comprendre la dynamique qui est à l'œuvre dans plusieurs familles.

Certains parents acceptent sans peine que leurs enfants communiquent au moyen de technologies depuis le foyer familial, tandis que d'autres comprennent plus difficilement que la cellule sociale extra-familiale de leurs enfants s'immisce dans la sphère intime de la famille. Ainsi, si les technologies peuvent contribuer à réaffirmer les liens intrafamiliaux lorsque les enfants vieillissent et désirent montrer leur individualité, elles peuvent aussi signifier une ouverture plus ou moins souhaitée vers un réseau social qui donne aux parents l'impression que les enfants s'éloignent de la sphère familiale.

Conséquemment, est-ce que la sphère familiale se trouve envahie, et menacée, par des « invasions barbares », c'est-à-dire par autant de flux de communications qui lui sont étrangers ? Voici un propos significatif d'Aline :

> [...] Mais tu sais, il est quand même en train de pitonner [...] puis le cellulaire, tu peux recevoir des appels, il n'y a plus d'heures pour recevoir des appels, tu n'as plus de vie privée, vraiment tout le monde peut t'appeler, te rejoindre n'importe quand, les fins de semaine.

Pour certains parents, les technologies amplifient le phénomène de l'individualisation des enfants, parce qu'elles contribuent à réduire le temps que tous les membres de la famille passent ensemble. Avec ces technologies, plusieurs parents ressentent une certaine nostalgie et regrettent le temps où les rendez-vous familiaux avaient une certaine régularité et où des temps de repos et d'échanges en commun assuraient la cohésion de la famille.

Mais une telle nostalgie n'est pas seulement l'apanage des parents. En effet, des jeunes nous ont aussi parlé de leurs craintes face aux changements que subissent les frontières familiales à la suite de l'arrivée des technologies dans le foyer.

> Bertrand : Ça éloigne... ma passion c'est de discuter avec ma famille, tous assis autour d'une table... Moi si je suis devant l'ordi, alors je vais être isolé de tout le monde parce que personne n'aime les ordinateurs ici. Mon père, il les aime pour leur simplicité, mais pas pour les jeux, pas pour les hobbies. [...] Ma sœur est dans sa chambre au téléphone, c'est comme si elle n'existait pas... Et mon père, avec son portable, on ne peut pas le déranger lorsqu'il travaille, mais

c'est normal... Ma mère elle est tout le temps ouverte [disponible], parce qu'elle est tout le temps là [...]. Oui, ça [les technologies] éloigne, c'est certain.

Il y a une nostalgie pour ce moment mythique de cohésion familiale – le repas à la table : chez les parents tout comme chez les enfants, les technologies seraient responsables du bouleversement de sa structuration rituelle et de la perte de sa valeur symbolique. Au-delà du caractère plus mythique que descriptif de ce discours, il est néanmoins révélateur d'une perception partagée. De nos jours, les horaires disparates de plusieurs membres de la famille, assortis aux technologies de communication qui déplacent les membres dans d'autres espaces, contribuent de fait au changement des façons à travers lesquelles, traditionnellement, une famille se constituait en tant que telle. Le repas à la table, avec d'autres, a perdu son statut ; être accepté à la table familiale était un honneur qui s'est perdu, et pourtant les liens familiaux se tissent même si cela se fait selon d'autres modalités. Officiellement responsables de la disparition de certains rites, les nouvelles technologies de communication offrent cependant de nouvelles façons d'établir qui fait famille avec qui, ce qui est toujours d'actualité.

Le cellulaire comme don

L'entrée du cellulaire dans la relation parents-enfants se fait bien souvent par le biais d'un cadeau de la part des parents aux enfants. Offert à des moments culturellement définis comme symboliques, il définit souvent les rites de passage. En plus de souligner les frontières symboliques entre les cycles de vie, le cadeau du cellulaire s'inscrit dans une des dynamiques les plus puissantes de construction du lien social : *l'échange du don.*

Le don (ou donner), c'est se priver du droit de réclamer quelque chose en retour de façon explicite, calculée selon une unité de mesure établie au préalable et suffisamment immédiate. Le don s'éloigne donc de l'échange marchand qui postule une règle d'équivalence. Cependant, il n'est pas non plus dépourvu de tout intérêt sous-jacent et il demeure contraignant : la gratuité du don étant un effet de sens proportionnel au délai du contre-don. Le don, au sens symbolique, est un instrument puissant de relation (par exemple la relation parent-enfant) qui ne se laisse comprendre ni à partir des principes bruts du modèle marchand seulement ni en dehors de toute référence à un modèle de l'échange sociale et ses contraintes[4].

Considérer l'offre du cellulaire dans l'optique de la théorie du don, c'est comprendre le sens de ce passage d'objet pour les acteurs concernés, c'est-à-dire faire l'analyse des circulations symboliques qu'il déclenche.

Lorsqu'on avance que les acteurs sociaux engagés dans un système de dons cherchent volontairement à s'éloigner de l'équivalence, cela ne signifie pas que le don soit essentiellement unilatéral ou gratuit. Généralement, il y a effectivement retour, étant donné que le don ouvre un certain espace de dettes positives (et non d'*obligations* [Godbout, 2000]) entre les partenaires. Cette ouverture à un retour déclenché par le don et son acceptation pourrait amener à appliquer au don le modèle linéaire fin-moyen de la rationalité instrumentale. Or, ceci n'est pas le cas, car les enjeux du don ne sont jamais aussi conscients ni aussi prédéfinis. L'important n'est pas de reprocher le fait *qu'il y ait retour,* mais plutôt de considérer *que le retour n'est pas la fin.*

Plusieurs stratégies publicitaires (surtout de la période d'avant Noël) dépeignent le cellulaire comme *objet de valeur* agréable à recevoir et à donner[5]. Des études ont démontré que la majorité des cadeaux qui circulent à Noël sont intergénérationnels et surtout dirigés vers les enfants, et qu'ils ne sont donc pas nécessairement régis par la réciprocité au sens marchand du terme. En s'intéressant à la symbolique des échanges pour les acteurs, on voit d'ailleurs que le plaisir de donner est important. En s'appuyant sur ce plaisir de donner, les stratégies publicitaires vont à la rencontre de l'une des

---

4. Hors de toute interprétation duelle et donc marchande de la théorie du don proposée par Mauss (Mauss, 1950), plusieurs auteurs ont souligné que l'essence du « don » telle qu'elle est définie par Mauss, est la triade donner-recevoir-rendre. Recevoir, et surtout savoir recevoir, marque l'espace de négociation entre celui qui donne et celui qui reçoit. L'obligation au retour n'est donc pas inscrite dans le don en tant que tel, mais dans l'interaction donner-accepter. En acceptant le don, celui qui reçoit choisit de s'engager au contre-don, l'intervalle entre les deux gestes étant – selon Bourdieu –, le garant de l'esprit de gratuité du don. La théorie du don, telle qu'elle est élaborée par Mauss, se prête en effet soit à une interprétation qui souligne surtout la dimension contraignante du don pour laquelle il n'y aurait pas de don gratuit (Dosse, 1995), soit à une interprétation qui souligne au contraire le dégré de gratuité du don par rapport à l'échange marchand (Godbout, 2000).

5. On renvoie le lecteur aux analyses proposées dans le chapitre 4.

règles propres au don, celle d'une apparente non-instrumentalité. Ce genre de circulation discursive de biens propose le cellulaire comme cadeau, apparemment libre de toute contrainte.

Cependant, certaines de nos observations ont montré que le cellulaire comme cadeau dans la famille renferme bien souvent une part d'attentes de la part de celui qui le donne, ce qui le fait alors plutôt s'apparenter au don, c'est-à-dire, justement, à une offre dont l'acceptation implique un engagement à rendre quelque chose en retour.

Dans ce passage de la catégorie du cadeau à celle du don, les membres de la famille mettent le cellulaire au service des dynamiques structurantes de la cellule familiale.

Ce qu'un parent peut *s'attendre* à recevoir en contrepartie de l'offre d'un cellulaire à son enfant pourrait être, par exemple, un pouvoir accru de le joindre partout et en tout temps.

> Nathalie : Ben moi ça avait comme été un cadeau de fête, mes parents voulaient dans le fond savoir j'étais où pis que je puisse les rejoindre faque c'était quasiment pour eux autres le cadeau là [rire].

On voit dans cet exemple que ce qui est échangé n'est pas forcément matériel puisque ce que l'enfant donne à ses parents, c'est l'acceptation d'une forme nouvelle de parentage. On remarque aussi qu'une offre non matérielle peut être le premier geste de l'échange, par exemple quand un enfant fait cadeau d'un bon comportement (réussite scolaire, etc.) à ses parents dans le but de recevoir une récompense en retour. Avec certaines technologies de communication comme le cellulaire, on peut croire que de nos jours un nouvel espace marchand s'établit peu à peu au sein même de la famille, un espace dans lequel les comportements socialement valorisés sont payés en retour avec de nouveaux objets de valeur. Si, autrefois, des objets tels que des montres, des bicyclettes ou des skis pouvaient servir de monnaie d'échange, aujourd'hui nous sommes en présence d'échanges d'objets qui ont des capacités très différentes. Le cellulaire ou le téléavertisseur encouragent la circulation des biens symboliques, car si le cellulaire peut entrer sur la scène comme contre-don de la part de parents au don offert par les enfants (leur réussite scolaire), il apporte à son tour un nouveau contre-don : en retour, les enfants consentent à être joignables pour les parents.

Le don et le contre-don renferment des significations sur ce qui relie le donneur et le receveur, car ils engagent l'identité du donneur (le parent) et du receveur (l'enfant). Dans le cas d'un cellulaire qu'un parent offre à son enfant, non seulement le lien *s'exprime* dans la circulation de l'objet (je te le donne, car tu es mon enfant), mais il pourra éventuellement *s'actualiser* dans le retour offert par l'enfant (j'ai un cellulaire, donc j'appelle souvent mes parents pour les rassurer).

La relation parent-enfant est régie par des conventions qui, bien entendu, préexistent à l'échange technologique. En revanche, celui-ci les réactualise sans cesse. Ainsi, le cellulaire comme cadeau sera au service du *lien* parent-enfant : il le réitère effectivement en donnant la possibilité aux deux parties de se joindre en tout temps. Comme le *potlatch* décrit par Mauss, l'échange du cellulaire comme don ou contre-don comporte donc un certain nombre de stratégies de part et d'autre.

Si nous venons de regarder en profondeur l'acte de donner un cellulaire, un parent pourrait tout aussi bien s'interroger sur les raisons pour lesquelles il refuse de donner une telle technologie à son enfant, et cela, bien au-delà des simples raisons économiques (coût de l'appareil et de l'utilisation). Selon le point de vue du parent, qu'est-ce que le cellulaire enlèverait ou ajouterait à sa relation avec ses enfants ? Donner à l'enfant une trop grande liberté en ne pouvant plus filtrer ses appels entrants et sortants ? Ouvrir ainsi la porte aux intrusions des amis à toute heure de la journée ? Si le don concerne l'identité des partenaires comme nous l'avons déjà dit, une bonne raison de ne pas entrer dans le cycle du don se rapporte peut-être à cette menace que le don fait peser sur l'identité. Donner un cellulaire à son enfant, est-ce que cela risquerait de menacer les identités en jeu dans la relation ?

Nous avons vu qu'en offrant un cadeau qui permet de mettre les uns et les autres en état de constante disponibilité, on engage la force du lien, ainsi que les identités de chacun des membres de la famille. Cela ne signifie pas mobiliser une vision pessimiste des échanges familiaux ni des rapports humains. Le cellulaire donné en attente d'une contrepartie n'est pas nécessairement un cadeau empoisonné. Il s'inscrit dans des logiques relationnelles par essence inégales et conflictuelles. Le lien parent-enfant renferme des dynamiques de contrôle et d'autorité qui entrent parfois en conflit avec celles d'indépendance et d'autonomie. Et ceci de part et d'autre, car si les parents veulent contrôler les enfants, les enfants veulent exercer un contrôle sur leurs parents. Ce contrôle des enfants est d'un autre type, mais c'est néanmoins un contrôle pour que leurs parents soient disponibles quand ils en ont besoin, pour qu'ils ne soient pas trop libres de les contrôler. Nous verrons maintenant comment ces dynamiques s'articulent à travers les usages de certaines nouvelles technologies.

Écoute ton père et ta mère ou écoute ton cellulaire ?

Comme nous venons de le voir, en tant qu'objet de don ou de contre-don, le cellulaire (ou le téléavertisseur, dans certains cas) devient un objet concret et symbolique qui dit : « Nous sommes une famille » parce qu'il représente concrètement le lien permanent entre ses membres. Au-délà des contraintes de ce don (l'obligation de le laisser allumé), le cellulaire devient le signe de la disponibilité réciproque des membres de la famille. Le cellulaire *est* ce lien, dans le sens où il le réitère : plus que de simplement symboliser le lien familial, il le re-produit.

Comme nous l'avons évoqué au début de ce chapitre, bien qu'il soit tentant de regarder la famille d'un point de vue structural et de parler donc des changements des structures familiales (baisse de natalité, familles recomposées, etc.), il peut être plus intéressant d'aborder une autre dimension qu'on passe souvent sous silence : l'évolution de l'autorité et de la responsabilité parentales. On pourrait se référer à certains moments historiques, par exemple à la fin des années 1980, lorsqu'on a reconnu le droit des enfants en affirmant que ce ne sont pas des êtres inférieurs et qu'ils peuvent avoir des attentes vis-à-vis des parents. Ces derniers ont donc des responsabilités et des obligations envers leurs enfants.

Ces transformations du statut de l'enfant ont modifié les rapports dans les familles, que ce soit directement ou indirectement. C'est ainsi que toute la notion de l'autorité des parents et de l'autonomie des enfants a mis les deux parties dans une situation un peu paradoxale. Un paradoxe à l'aune duquel on peut regarder de plus près le rôle joué par les technologies, ou plutôt poser les seules vraies questions en jeu : comment les technologies de communication s'insèrent-elles dans une dynamique de mutation de l'autorité, des responsabilités et des compétences dans la famille ? Comment contribuent-elles surtout à ce genre de changements ?

Au-delà des fonctions et les rôles plus évidents et qu'on peut saisir à un premier niveau, par exemple l'exercice d'un contrôle, il y a quelque chose de plus profond. Les membres de la famille font bien plus qu'exercer des rôles fonctionnels ou strictement utilitaires. Ils produisent des cultures. C'est-à-dire qu'ils produisent des définitions culturelles de ce que veut dire être parent, être enfant ou être adolescent. Il s'agit de définitions inscrites dans leurs façons d'agir et d'incorporer des technologies dans leur rapport avec leurs enfants. Ainsi peut-on considérer cette idée que le cellulaire permet d'exercer l'autorité parentale sans que celle-ci prenne l'apparence d'un contrôle absolu. Car il semble favoriser plutôt une certaine autonomie de tous les membres de la famille. Ce changement dans la notion d'autorité a modifié aussi la définition des rôles réciproques parents-enfants. Cependant, les comportements qui vont satisfaire cette nouvelle définition sont loin d'être établis et partagés.

Ainsi peut-on dire que les *habitus culturels* propres à ce groupe social spécifique qu'est la famille sont en mutation. On est toujours sur un terrain de construction d'un modèle culturel de parent et d'enfant, et celui-ci sera la traduction pratique de ce que veut maintenant dire et de comment se dit l'autorité parentale.

Ce sont les statuts et les rôles des parents et des enfants qui sont en cause ici[6].

Si ce bouleversement des statuts et des rôles parent/enfant est à mettre sur le compte de l'évolution de la notion d'autorité, il faut également le mettre en parallèle avec le brouillage des frontières famille-société induit par l'intégration et l'usage des nouvelles technologies dans le quotidien.

C'est ainsi que les identités des parents et des enfants qui se construisent au fil du temps sont à la fois sources et produits des usages technologiques et communicationnels qui, à leur tour, alimentent des définitions nouvelles

---

6. Par *statut*, il faut entendre une position sociale, un certain rang dans la famille. Pour ce qui est du *rôle*, on désigne par ce terme un modèle de conduite qui prescrit un ensemble de comportements pour un statut donné, c'est-à-dire l'actualisation des droits et des devoirs attachés à ce statut. C'est l'aspect dynamique du statut.

des statuts et des rôles, déconstruisant et reconstruisant les nouvelles frontières institutionnelles et individuelles.

Le cellulaire : outil de contrôle, de dépendance *et* d'autonomie ?

Si la notion d'autorité parentale a beaucoup évolué au cours des dernières décennies, il reste qu'un certain contrôle vis-à-vis des enfants est toujours à la fois un droit et un devoir pour les parents. Ce contrôle social parental exercé sur les activités et les fréquentations des enfants est plus prégnant lorsque ceux-ci sont très jeunes. Il tend à s'estomper peu à peu au cours de l'adolescence, au fur et à mesure que l'enfant acquiert de plus en plus d'autonomie et fait preuve de la maturité nécessaire jusqu'à son entrée dans sa vie d'adulte. Évidemment, la manière dont les enfants sont soumis aux règles parentales, de peu strictes à très sévères, peut varier énormément entre les familles, selon l'*habitus* propre à chacune d'elle.

Quoi qu'il en soit, être parent veut toujours dire exercer un certain contrôle. C'est un droit légitime attaché aux devoirs parentaux. Mais si un enfant veut grandir et devenir adulte, il doit revendiquer et exercer une liberté et affirmer son indépendance par rapport à ses parents. Nous sommes donc en présence d'une dialectique complexe entre le devoir de contrôler des parents et le droit à l'autonomie et à la liberté des enfants. Cette dialectique s'entoure elle-même d'un paradoxe, car si les enfants revendiquent légitimement une certaine dose de liberté et d'autonomie, ils ne peuvent se dégager complètement de la relation de dépendance qui les lie à leurs parents – et que suppose leur statut d'enfant.

C'est dans cette optique qu'il apparaît intéressant d'observer la tension pouvant advenir entre le contrôle social exercé par les parents au moyen du téléphone cellulaire et l'autonomie que le jeune peut ou veut acquérir par l'usage du même appareil. Or, si le cellulaire peut effectivement être perçu comme un véritable instrument de contrôle social et parental, l'enfant n'en est pas moins (du moins dans les premiers temps) dans une réelle relation de dépendance vis-à-vis de ses parents pour tout un ensemble de besoins et d'activités.

En premier lieu, cette dépendance peut être reconduite à la logique du *don* (ou du contre-don) d'un téléphone cellulaire à l'enfant, comme nous l'avons évoqué plus haut. En fait, pour ce qui est de l'acquisition et de l'usage courant du cellulaire, la dépendance des enfants envers les parents apparaît encore plus évidente lorsqu'on s'intéresse à la gestion des coûts qui y est reliée. Ce qu'il devient alors intéressant d'observer et de comprendre, c'est surtout comment cette dernière se négocie (Martin, 2003).

> Intervieweur : Généralement, dans vos amis qui ont un cellulaire, qui assume les coûts ?
>
> Tous : Ben les parents !
>
> Mishan : Ben je pense que c'est moitié-moitié parce que les adolescents veulent avoir un peu d'indépendance, donc ils payent la moitié. Mais ils sont pas capables de tout payer, donc une moitié c'est leurs parents.

En effet, dès qu'ils le peuvent, les adolescents désirent exprimer leur indépendance – et se donner une marge de liberté – en assumant la responsabilité d'une partie des frais. Cela n'empêche pas que le cellulaire, particulièrement en tant que *don*, est souvent soumis à des règles strictes d'utilisation dictées par les parents, surtout lorsque ceux-ci assument (au moins dans les premiers temps) la majorité des coûts qui y sont associés.

Le cellulaire peut ainsi jouer un rôle dans l'équilibre entre l'autonomie et la dépendance, particulièrement chez les préadolescents. C'est souvent à cette période que les parents prennent la décision de laisser leurs enfants seuls à la maison avant et après l'école ou la fin de semaine, pour de courtes périodes. Le cellulaire devient alors un outil important dans les stratégies mises en place par les parents et les enfants pour s'assurer que tout va bien. Ainsi, l'enfant, en restant seul à la maison, apprend à se débrouiller sans l'aide de ses parents, mais peut obtenir leur assistance à tout moment grâce au cellulaire.

Cependant, l'utilisation du cellulaire dans ces situations peut aussi renforcer la dépendance des enfants. D'une part, les enfants eux-mêmes peuvent y avoir recours trop fréquemment et ainsi éviter de prendre eux-mêmes des décisions courantes. D'autre part, ce sont les parents qui peuvent appeler trop fréquemment ou insister pour que les enfants les appellent, comme nous le voyons dans la discussion suivante entre Louis et ses parents Gérard et Madeleine.

Intervieweur : Ça t'arrive souvent d'appeler tes parents ?

Louis : Ben oui. Même pour aller à l'école.

Gérard : Mettons que tu appelles pas, c'est parce qu'on te dit d'appeler…

Intervieweur : Pourquoi tu vas les appeler par exemple ?

Louis : Ben ! Des fois quand c'est grave ou quelque chose qui euh…

Madeleine : Mais lui nous appelle pas. C'est nous autres qui faut insister pour qu'il nous appelle.

Gérard : En fait c'est parce qu'on commence à le laisser seul un petit peu à la maison. Donc on y dit : « Avant de partir t'appelles, tu téléphones. »

Après cette mise en évidence de la relation de dépendance et d'autonomie, nous pouvons maintenant explorer un autre aspect de la communication intergénérationnelle également actualisée par l'acquisition et l'usage du téléphone cellulaire.

À travers le contrôle de la technologie, les parents construisent leur statut et actualisent leur rôle vis-à-vis de leur enfant. La façon dont ce contrôle est géré produit une redéfinition des rôles des membres de la famille. Il peut prendre plusieurs formes et la façon dont il est perçu varie pour chacun. Par exemple, la signification accordée au lien constant que permet le cellulaire diffère selon le point de vue des parents ou des enfants. Dans l'exemple suivant, le cellulaire et le téléavertisseur sont perçus comme un genre de cordon ombilical par Guy, un parent, puisqu'ils lui garantissent un contact étendu avec ses enfants.

Guy : Mais il a servi, là y sert moins, y servait beaucoup de cordon ombilical avec les enfants. Les enfants pouvaient nous rejoindre… Là ça devient moins important… 19 et 20 ans là. Ils ont tous les deux des téléavertisseurs. Bruno, Bruno qui en voulait pas là on lui a tordu le bras pour qu'il en ait un, pour que nous autres on puisse le rejoindre.

En effet, on peut noter sommairement que les parents se servent aussi du téléphone cellulaire pour exercer un certain contrôle auprès de leurs enfants. Car ils profitent souvent du fait que leurs enfants possèdent un cellulaire pour faire un suivi, pour gérer à distance, voire pour contrôler les sorties.

Pénélope : Souvent y'a des, ben moi j'en connais que c'est les parents qui veulent savoir où sont leurs enfants…

Intervieweur : Ah ?

Pénélope : Ça devient une sécurité pour eux, comme justement tsé des parents qui paient ça à leurs enfants pour que, ça leur laisse, ça laisse une liberté au jeune, mais en même temps le parent peut savoir n'importe quand où est son enfant.

Il ne s'agit pas tant de contrôler les déplacements et les fréquentations de l'enfant que d'actualiser son devoir – et ses droits – de parent : on veut, par exemple, le savoir en sécurité et lui rappeler le cas échéant ses engagements et ses responsabilités en tant que membre de la famille. Il s'agit donc de savoir plus ou moins où il est, avec qui il est, ce qu'il fait et quand il rentre, de lui remémorer l'heure du couvre-feu, ou encore de le rappeler à l'ordre lorsqu'il est en retard (Martin, 2003).

Cependant, du point de vue de l'enfant, le cellulaire peut être considéré comme une sorte de laisse électronique permettant à ses parents de le join-dre en tout temps. Et les attitudes des jeunes envers cette laisse électronique peuvent varier. Si Louis l'acceptait, Bruno aimerait se soustraire à son emprise :

Bruno : Pis après y'a eu ce qu'on appelle, non... Ça se transforme un peu en laisse électronique pour la mère...

Intervieweur : En laisse électronique ?

Bruno : Pour la mère et puis donc... Ça permet de me rejoindre tout le temps et puis heu... n'importe quand.

Andrée (mère) : Non c'est vrai je l'apprécie, hein ?

Ce collier électronique, comme on pourrait le nommer aussi, peut être perçu comme une véritable contrainte en créant des obligations de réponse. La liberté tant promise grâce au téléphone cellulaire ou au téléavertisseur devient alors bien paradoxale. Un retard minime de la part des adolescents ou la moindre inquiétude soulevée chez leurs parents leur vaut un appel. Ils peuvent littéralement être suivis à la trace par leurs parents.

Karine : Ben c'est parce que mes parents c'est rendu qu'ils veulent vraiment savoir où je suis pis je suis pas capable maintenant, faque mes parents voulaient toujours me contacter, y'ont toujours peur que je sois dehors. Quand je suis dehors, ils peuvent pas me répondre parce que y'a aucun téléphone, quand je suis chez quelqu'un ça va mais si je bouge de place et que j'appelle pas quand je suis en train de bouger de place, ben ils commencent à capoter faque là... J'en ai besoin.

Layla : Pis là tu dis : « Oui môman check mes amis », pis là tu prends une photo. C'est pour que ta maman voie que t'es vraiment avec tes amis.

Intervieweur : Peux-tu répéter ce que tu viens de dire ?

Layla : Non mais, c'est parce que j'me dis ok, mettons j'appelle ma mère, pis ma mère veut vraiment savoir si j'suis quelque part ou si je suis vraiment avec mes amis, tu prends une photo, pis tu dis : « Oui maman, j'suis avec mes amis, regarde. »

Intervieweur : Donc la preuve est là.

Layla : Oui la preuve est là.

La photo numérique est devenue la preuve donnée et acceptée de « où on est et avec qui » ! Grâce aussi à l'évolution des technologies et aux adaptations conséquentes des stratégies des membres de la famille, le contrôle social parental exercé à leur endroit avec le téléphone cellulaire est habituellement accepté par les adolescents. Le devoir de prévenir les parents est en effet généralement bien intégré par les jeunes, de même que le fait que leurs parents puissent les joindre à tout moment.

Sophie : C'est plus sécuritaire pas juste pour nous, pour les parents aussi... Y'a des familles des fois qui sont défaites, chez nous on est tous ensemble, même à ça ma mère aime ça pouvoir me rejoindre...

Antoine : Dans ce sens-là, c'est sûr que c'est un point de plus, pouvoir peut-être avoir plus de permissions de sortir parce que tu dis dans le sens : « Eille vous pouvez me rejoindre n'importe quand, y'aura pas de problèmes. »

Sophie : « Si y'a de quoi, j't'appelle, maman, papa... »

Karine : Parce que y'a du monde qui sortent beaucoup, ils ont une très grosse vie sociale pis pour leurs parents là, ça les aiderait un petit peu.

Intervieweur : Pour être capable de les rejoindre ?

Karine : De les rejoindre, oui, pour éviter que les parents badtrippent, qu'ils soient là : « Haaaaa ! »

Même si, du point de vue de l'enfant, l'autonomie et la liberté que l'appareil procure restent l'un des fondements de sa possession, lorsque vient le temps de convaincre les parents de la pertinence de se procurer un cellulaire, c'est souvent l'argument de sécurité que les enfants mettront de l'avant. À leurs yeux, il leur sera possible d'obtenir plus de permissions si leurs parents savent qu'ils peuvent les joindre à tout moment et en tout lieu. Souvent, ils ont en tête certaines situations où leurs amis ont obtenu des permissions et élargi leur cercle d'autonomie. Ils semblent accorder un rôle important au téléphone cellulaire en ce domaine.

> Laurence : Quand tu vois mettons toutes tes amies y peuvent sortir n'importe quand, parce que les parents y peuvent toujours les rejoindre. Ben là, tu te demandes si tu pourrais pas en avoir un toi aussi, comme ça tu pourrais sortir n'importe quand, quand tu veux.

Les adolescents arrivent ainsi bien souvent à retourner les contraintes du téléparentage (*remote mothering* [Rakow et Navaro, 1993]) à leur avantage pour y retrouver une certaine marge de liberté : prévenir d'un retard ou dire où et avec qui l'on est, c'est aussi très souvent le moment et le moyen de négocier une rallonge ou une permission de sortie (Martin, 2003).

> Layla : Pourquoi est-ce que vous vous êtes procuré un cellulaire ?
>
> Jean : Ben un pour comme communiquer, admettons avoir plus d'indépendance. Tsé quand tes parents te disent admettons dans un centre d'achats, t'as quelque chose, un moyen de communiquer, de te rejoindre. Comme avec tes amis, mettons on se dit : « Ok, on se rejoint genre au cinéma. »
>
> Layla : D'accord.
>
> Carl : Moi, c'est à peu près la même affaire aussi. C'est genre relation parent-enfant. C'est sûr que tsé si, si t'es en retard, tu t'en viens, ben là, t'as juste à appeler tes parents sur ton cell pis tu vas leur dire : « Ah j'm'en viens, j'ai à peu près quinze minutes de retard, euh, j'suis devant telle place, j'm'en viens. » Là y vont dire : « Ah ok, c'est beau. »

C'est ainsi que la présence de nouvelles technologies de communication au sein de la famille s'insère souvent dans une logique de contrôle qui peut contribuer à une transformation de l'exercice du pouvoir dans la famille et à une mutation des modes d'exercice de l'autorité des membres (Heurtin, 1998). Cette tension paradoxale entre l'autonomie et la dépendance procurées par l'usage du téléphone cellulaire se retrouve aussi du côté des parents. Il est en effet intéressant de noter que dans ce cas, il arrive que ce soit les parents qui se trouvent pour ainsi dire à la merci de leurs enfants auxquels ils se sentent obligés de répondre sur-le-champ et toutes affaires cessantes (Martin, 2003).

Pour beaucoup, l'acquisition du cellulaire permet de vaquer à leurs occupations personnelles et professionnelles, tout en sachant qu'il leur est possible d'intervenir à distance auprès de leur enfant. Ce télé-parentage semble leur donner bonne conscience, puisqu'ils croient pouvoir remplir leur rôle de parent sans être à la maison.

Bref, pour les parents et les enfants, bien que le cellulaire offre beaucoup de latitude au point de vue du temps et des déplacements, il en va autrement des responsabilités envers les membres du réseau social. Le cellulaire offre un accès tellement facile qu'il n'est plus nécessaire d'élaborer des stratégies pour se joindre efficacement. C'est plutôt pour créer des espaces et des moments de silence qu'il faut désormais en élaborer. Aujourd'hui, les appels qui ne reçoivent pas de réponse doivent être justifiés, de même qu'il faut rendre compte des périodes pendant lesquelles le cellulaire est fermé.

C'est à cet égard que le cellulaire peut être perçu de façon ambiguë par certains usagers. D'un côté, il permet de vaquer à ses occupations sans ressentir la culpabilité de ne pas être à la maison ou avec ses amis, puisque ceux-ci peuvent téléphoner à tout moment. De l'autre, il crée des attentes qui enchaînent le propriétaire de l'appareil à sa cellule familiale.

Le cellulaire, un outil de transgression ?

Nous l'avons vu, l'acquisition et l'usage du cellulaire actualisent les droits et les devoirs reliés aux statuts des parents comme des enfants. Des droits et des devoirs parfois difficilement compatibles qui peuvent donner lieu à des situations paradoxales. Lorsque de telles situations surviennent, il y a potentialité de conflit qui équivaut au conflit intergénérationnel classique.

> Paula : Ben moi, moi j'en voulais pas, c'est ma mère qui me l'a donné mais là j'en veux pas, d'une façon parce que je l'ai, elle appelle, pis j'suis quelque part, elle va dire : « Rentre tout de suite. » Tu comprends ? C'est fatigant là.
>
> Intervieweur : Donc, toi aussi tu aimerais mieux ne pas en avoir un ?
>
> Paula : Ah ouais. Ben là maintenant, elle m'appelle moins souvent là.

Or, il ne faut surtout pas oublier que la résistance dont semble faire preuve l'enfant face à ses parents fait partie intégrante de la culture des jeunes. La transgression des normes, des règles et des limites de la société des adultes permet aux jeunes d'afficher leur identité ainsi que leur appartenance à leur groupe de pairs. La culture des jeunes comporte ainsi une partie importante de secrets et d'expériences vécues en cachette des parents et de l'école ou des autres formes d'autorité.

> Christine : Pis d'autres fois, genre la nuit, parce que nous, on n'a pas vraiment le droit de parler au téléphone la nuit, mais elle s'en va dans sa chambre. Elle parle avec ses amis à une heure du matin pis nous, on n'arrive pas à dormir. Mais genre, elle l'utilise stupidement.

Le cellulaire s'insère dans cet univers de secrets et de mystères. Il permet d'établir un réseau parallèle, hors de la vue des parents. À moins de prendre une photo et de dire : « Oui maman je suis avec mes amis, regarde », les jeunes peuvent transgresser l'autorité parentale puisque les parents n'ont pas toujours les moyens de valider les informations que les enfants leur fournissent.

Malgré l'établissement de certaines règles et de certaines stratégies de véridiction technologiquement médiatisées, du moment que l'enfant possède un cellulaire, ses parents peuvent difficilement avoir le contrôle sur le lieu de ses appels. Par exemple, il n'est pas évident pour un parent de savoir si son enfant se trouve effectivement à l'endroit où il affirme se trouver. Aussi, ils ne peuvent que difficilement savoir et vérifier quelles sont les personnes avec lesquelles leur enfant communique.

> Sébastien : Pour garder ta vie privée... Pis toi ?
>
> Nancy : Oui ça dérange sa vie privée parce que le monde veut toujours savoir où est-ce que t'es... Admettons, c'est comme sa mère, elle va vouloir savoir où est-ce que t'es. Genre ça va te déranger peut-être un peu d'y dire. Mettons que t'es avec des amis qu'elle veut pas que tu fréquentes tsé... Ça va la déranger tsé.

En effet, dans la mesure où les jeunes sont plus à même d'utiliser et de maîtriser les technologies de communication, ils peuvent s'en servir comme moyen de contourner certaines règles imposées par leurs parents.

> Intervieweur : Et lequel des cellulaires vous servez-vous ? [en parlant d'une utilisation de la deuxième ligne]
>
> Diane : Ça dépend où on appelle !... Ben moi, si j'appelle chez mes parents, je vais prendre le sien, mais à part ça je vais toujours prendre le mien. Mais chez mes parents, j'prends le sien.
>
> Intervieweur : Pourquoi ?
>
> Diane : Parce que mon père est pas au courant ! ! ! [rire]

Intervieweur : Ton père n'est pas au courant que tu as un cellulaire ?

Diane : Non, il ne le sait pas.

Intervieweur : Mais si tu l'appelles, comment il le saurait ?

Diane : Y va voir le numéro.

Mario : Sur l'afficheur !

Intervieweur : Pourquoi tu ne veux pas que ton père sache que tu as un cellulaire ?

Diane : Parce que je sais qu'est-ce qu'il va me dire, y va me dire : « Diane, tu gaspilles ton argent, t'avais pas besoin de ça. » [...] Bon, la p'tite rengaine, et là, juste pour éviter de le faire parler. Même quand y vient, je m'arrange pour qu'il ne soit pas à la vue. [...] Je le laisse dans ma chambre ou dans un tiroir, dans une armoire ou quelque part où il ne le verra pas.

Dans d'autres situations, les adolescents peuvent choisir tout simplement de ne pas répondre aux appels de leurs parents. Le détournement du contrôle parental peut même aller jusqu'au mensonge, comme nous l'indique ici Tania :

Tania : Avant que j'en aie un, j'en voulais vraiment un là, comme j'pensais que j'allais toujours l'utiliser pis tout. Mais maintenant ma mère elle me dit genre : « Ah non prends un cellulaire » mais je l'veux pas tsé parce que là elle peut me rejoindre où c'qu'a, quand a veut pis c'est juste...

Intervieweur : Ah !

Tania : C'est comme, j'aime pas vraiment ça là. T'es avec tes amis pis là ta mère elle t'appelle là.

Intervieweur : Donc, tu préfères ne pas en avoir un ? C'est ta mère qui insiste ?

Tania : Ouais, mais c'est vraiment genre euh, pour savoir où c'que j'suis, si j't'en retard ou quelque chose.

Intervieweur : Et comment tu t'en sors ?

Tania : Je l'éteins. [rire]

Intervieweur : Tu le prends mais tu l'éteins...

Tania : Ben je l'éteins oui, ou bien j'dis que j'étais dans le métro.

L'exemple suivant illustre encore une fois une stratégie déployée par une adolescente pour filtrer les appels de contrôle parental, mais c'est une fonction additionnelle de la technologie comme telle qui permet à Sandrine de faire cette transgression.

Delphine : En plus, moi, j'ai pas d'afficheur donc j'ai pas le choix de répondre.

Sandrine : Moi j'ai l'afficheur, tsé quand c'est quelqu'un, mettons je suis en quelque part pis c'est mes parents pis je veux pas leur parler, je veux pas qu'ils me dérangent, je réponds pas.

Acheter un cellulaire en cachette, ne pas répondre quand la probabilité que l'appelant soit un parent est grande, l'éteindre en brisant la logique du toujours ON... on assiste en effet à un déploiement de stratégies des enfants qui vont de l'acceptation à la défense envers l'intrusion et au contrôle du contrôle parental.

Si de telles résistances existent, leurs manifestations ne sont pas imputables aux seules technologies, comme le cellulaire, mais relèvent plutôt du *modus vivendi* des négociations intergénérationnelles. Tout comme les parents n'acceptent pas l'intrusion du cellulaire (voire de la sphère extrafamiliale) dans les rituels de la famille, les enfants quant à eux se plaignent de l'invasion des parents par le cellulaire quand ils se retrouvent entre amis. Le problème de la légitimité des différentes sphères de sociabilité et du respect des frontières des réseaux n'est pas dû au cellulaire, il semble plutôt avoir trouvé dans l'usage du cellulaire de nouvelles formes pour se manifester.

Le cellulaire arrive donc dans une dynamique qui lui préexiste : la relation parent-enfant. Si, bien sûr, le cellulaire ne la construit pas en tant que telle, d'une certaine façon, il la réitère et crée de nouvelles façons possibles de la gérer.

Être libres ensemble

Perçu comme un instrument qui permet l'articulation des droits et des devoirs familiaux, le téléphone cellulaire autorise, dans une certaine mesure, les parents à exercer leur devoir de contrôle en même temps qu'il laisse les enfants exercer leur droit à l'indépendance, en leur accordant une certaine marge de liberté. Il ne s'agit pas d'une négociation traditionnelle avec une logique d'alternance de droits incompatibles. Certaines situations ne relèvent alors que du contrôle (ex : « Tu ne sors pas ») et d'autres que de la liberté (ex : le samedi soir, c'est le moment de liberté). La négociation consiste en un partage équilibré de moments, où chaque parti exerce son droit. Dans la nouvelle forme de négociation dont nous parlons, le cellulaire permet une logique de la simultanéité de l'exercice des droits et des devoirs incompatibles. Il permet d'articuler le paradoxe: si un enfant sort du foyer et transporte avec lui son cellulaire, il obtient à la fois plus de liberté et d'autonomie, mais il subit peut-être aussi plus de surveillance de la part de ses parents. S'il est à la maison avec le cellulaire, il est limité dans ses déplacements, mais il peut librement accéder à son réseau social. La technologie et les perceptions différentes auxquelles elle donne lieu amènent une nouvelle articulation des droits et des devoirs des parents et de leurs enfants.

Il s'agit bien en quelque sorte d'articuler un certain *être libres ensemble* (Singly, 2000). Aussi, comme les nouvelles technologies en général, le téléphone cellulaire se présente-t-il comme un moyen de communication propre à véhiculer à travers son usage une telle revendication identitaire. Sans doute est-ce particulièrement vrai chez les jeunes, à qui le téléphone cellulaire permet effectivement un accès direct à une sociabilité personnelle et, jusqu'à un certain point, transgressive à un réseau social parallèle et souterrain par rapport à celui de la famille, sans avoir à passer par le téléphone fixe du foyer qui reste un outil de communication collectif.

Et cela d'autant plus que, de nos jours, la famille se caractérise par l'autonomisation et l'individualisation de chacun de ses membres. Malgré cela, force est de constater combien la famille reste encore aujourd'hui – rien ne nous permet de croire qu'il en sera autrement dans un proche avenir – un support indispensable à la construction, toujours en devenir, de l'identité de chacun de ses membres *(ibid)*. Mais nous observons toutefois le développement parallèle d'une revendication grandissante, de la part de chacun des membres, d'une identité à soi, d'une identité personnelle et sociale qui en quelque sorte échappe au reste de la famille, et qui est revendiquée comme telle. Une chose est sûre : les nouvelles technologies de communication, en venant tantôt atténuer, tantôt accentuer une telle tension, participent de plus en plus à la redéfinition et à la renégociation des rôles comme des statuts des membres de la famille contemporaine.

9

LES TECHNOLOGIES SUR LA SCÈNE SOCIALE : NOUVELLES ÉTHIQUES, NOUVELLES ÉTIQUETTES, NOUVELLES ESTHÉTIQUES

Histoires d'objets au quotidien

La technologisation croissante de notre vie de tous les jours ne fait qu'amplifier l'une des caractéristiques du quotidien : celle d'être aussi un accomplissement social réel, constamment induit et modifié par nos actions et nos discours. La vie quotidienne n'est au fond que ça : un travail culturel toujours en cours, une fabrique où les individus établissent le sens des choses, leurs identités et celles des autres, les règles d'une vie en commun.

En périphérie des grandes *stratégies* des concepteurs, des promoteurs et des experts quant à l'usage d'une technologie et de ses définitions culturelles et sociales, se déploie en effet toute la gamme des *tactiques* de l'homme ordinaire (Certeau, 1980). Que l'on soit usager ou simple témoin des usages des technologies, nos discours et nos pratiques autour de ces objets sont partie prenante à cette fabrique culturelle. C'est à travers les mots et les actions de tous les jours qu'on en tisse de nouvelles significations, qu'on en négocie des significations partagées, qu'on remet en question ce qui va de soi et qu'on établit de nouvelles évidences.

Au cours de nos recherches, nous nous sommes aperçus qu'au-delà et en deçà des usages des technologies, c'est le discours *sur* les technologies qui nous montre le mieux ce processus de création symbolique qui caractérise la culture ordinaire et qui s'accomplit dans les plis et les replis de la vie quotidienne. Ainsi, lorsqu'on demandait aux gens qu'on avait rencontrés sur le terrain de nous raconter leurs expériences avec les dernières technologies de communication, leurs commentaires et leurs récits s'entrecroisaient, se renvoyaient les uns aux autres, et parfois même se contredisaient. Ils nous fournissaient un vrai répertoire d'histoires : plus ou moins vécues, plus ou moins construites *ad hoc*, elles rejoignent les récits et les mythes collectifs qui accompagnent toujours l'arrivée et la diffusion d'une technologie nouvelle dans l'espace social.

Au-delà ou en deçà des récits véhiculés dans les discours des médias et validés par les techno-objets eux-mêmes, les histoires des usagers, à force de réitération, atteignent elles aussi le statut de véritables récits mythiques. En instituant à la fois des raisons d'adoption et des logiques d'usage[1], ces légendes contribuent à la fabrication du sens des technologies et concourent à façonner leurs usages au quotidien.

Plus signifiante qu'une simple anecdote, bien que moins originelle qu'un mythe fondateur, la légende urbaine, en tant que récit contemporain qui mélange le vrai et le faux, entretient toujours un rapport privilégié avec un ou plusieurs faits réels (Renard, 1999). La légende est toujours le produit d'une construction en deux temps : un fait réel est constitué en événement, puis cet événement est transformé en récit mythique. Si les légendes traditionnelles se situaient dans des forêts sombres ou des villages isolés en relation avec des dimensions surnaturelles ou fantastiques, il n'en est pas de même des légendes dites urbaines. Non seulement elles naissent littéralement sous nos yeux, mais leur urbanité renvoie explicitement à la modernité, dont la ville constitue l'une des figures les plus emblématiques. Les légendes urbaines se présentent toujours comme des récits rationnels et réalistes ; bien qu'elles soient insolites, elles ne font jamais appel au sur-

---

1. Évidemment, ces discours et ces histoires fournissent aussi, et même souvent, des raisons de *non-adoption* (et de *non-utilisation*) et des logiques de *non-usage* qui n'en servent pas moins à la fabrication du sens des technologies.

naturel. Bien ancrées dans la modernité, les légendes urbaines se créent lorsqu'un ou plusieurs événements originaires sont reconstruits selon un scénario dont la structure relève d'un événement idéal-typique – ou, même plus simplement, d'un stéréotype – déjà présent dans l'imaginaire collectif[2].

À ce titre, les nouvelles technologiques constituent manifestement un terreau fertile pour l'émergence de tels récits, avec leur lot de techno-solutions, de techno-héros, de techno-peurs ou de techno-malaises. Une histoire banale ou une simple anecdote se transforme en légende dès lors que, circulant de bouche à oreille – et étant parfois relayée par les médias –, elle s'enrichit d'éléments mythiques. Sans s'embarrasser de véracité ni davantage de vraisemblance, ces légendes qui circulent à propos des nouvelles technologies de communication se nourrissent de l'imaginaire social et le nourrissent à leur tour.

En situant usagers et technologies dans un cadre narratif (où, quand, comment et dans quel but), les récits sur les techno-objets de communication établissent notre rapport à l'objet, légitiment certaines pratiques, et donnent un caractère d'évidence naturaliste à des représentations du rapport entre l'humain et la technique qui sont essentiellement culturelles. Elles contribuent ainsi à la formation des représentations collectives des technologies.

Légendes urbaines et récits privés : le cas du téléphone mobile

Dans leurs histoires, les usagers abordent moins les techno-objets selon leurs valeurs d'utilité que selon les symboles socioculturels qu'ils véhiculent. En effet, quand il s'agit d'histoires ou de récits, parler d'objet en soi n'a jamais

---

2. Renard (1999) identifie également deux autres types de transformations présidant à la création de légendes ; en plus d'être le résultat d'un événement *reconstruit*, la légende peut en effet provenir d'un événement *amplifié* ou encore d'un événement *déplacé*. Bien que, dans les faits, une légende puisse également surgir de la conjonction de plusieurs transformations simultanées (un événement peut en effet être à la fois amplifié, déplacé et reconstruit), nous faisons l'hypothèse que les légendes urbaines évoquées à propos du téléphone cellulaire correspondent en premier lieu à la *reconstruction* d'un événement qui connote un mythe déjà présent dans l'imaginaire social et collectif des jeunes. Bien sûr, un tel événement reconstruit peut *également* faire l'objet d'un déplacement ou d'une amplification.

de sens car l'objet apparaîtra toujours comme un espace où se fixent, se réunissent et se manifestent des règles et des valeurs sociales[3]. L'objet n'est donc que le prétexte pour mettre en récit des personnages porteurs de programmes narratifs différents. Parfois complémentaires, parfois compétitifs, ces programmes narratifs se rejoignent autour de l'objet et leur croisement polémique raconte les différentes façons de concevoir – du moins dans ce cas – le rapport à une technologie.

L'histoire, même la plus anodine et la plus circonstancielle, est donc toujours révélatrice d'une narration bien plus générale, car à travers elle, le narrateur propose des théories et des modèles, exprime des évaluations et des jugements selon son point de vue et celui de ses auditeurs ou co-narrateurs.

Pour pouvoir saisir toute la force modélisante de la narration d'histoires centrées sur les technologies émergentes, suivons les récits de certains adolescents à propos de l'arrivée du téléphone portable dans leur vie.

Quand les adolescents parlent entre eux du cellulaire, à quoi pensent-ils ? À quelle scène primaire de communication font-ils référence dans leurs histoires, leurs discours, leurs commentaires ? Lors d'une discussion collective, des adolescents échangent des idées sur les diverses façons dont les gens utilisent leur cellulaire. Nathalie propose un cas exemplaire et hypothétique : « Tsé comme le gars qui est dans l'autobus pis qui parle sur son cellulaire pis qu'il se met à sonner. Tsé y était fermé ! »

Cette histoire autour d'un usage fictif dans l'autobus est plus qu'un exemple hypothétique, elle fait partie d'un réel répertoire de récits sur le cellulaire. On en trouve des variantes partout dans les conversations ordinaires, des adolescents comme des adultes, en Europe tout comme en Amérique.

Généralement plus élaborées, ces variantes sont construites souvent comme histoires personnelles, narrations autobiographiques d'une expérience vécue. Ainsi, Catherine, Jean-Pierre et Guillaume parlent entre eux :

---

3. À cet égard, l'exemple de Greimas est éclairant : « Lorsque quelqu'un, par exemple, se porte acquéreur, dans notre société d'aujourd'hui, d'une voiture automobile, ce n'est peut-être pas tellement la voiture en tant qu'objet qu'il veut acquérir, mais d'abord un moyen de déplacement rapide, substitut moderne du tapis volant d'autrefois ; ce qu'il achète souvent, c'est aussi un peu de prestige social ou un sentiment de puissance plus intime. » (Greimas, 1983, p. 21-22)

Catherine : Souvent dans les bus, moi je prends souvent l'autobus pis souvent y'a du monde qui parle au téléphone mais tellement fort pour que tout le monde les entende, pis tout d'un coup le cellulaire se met à sonner. Faque finalement, ils faisaient semblant de parler, pis là y prennent le téléphone pis y sont là : « Allô ? » – Catherine rit – Y font vraiment semblant de parler pour que le monde les remarque, pis quand le téléphone se met à sonner ils sont vraiment embarrassés.

Jean-Pierre : C'est idiot ça !

Catherine : Ça vous est jamais arrivé ?

Jean-Pierre : Ah non mais moi j'ai une anedocte là, je m'en rappelle. Y'avait une dame ok, elle était sur le point d'accoucher ok, elle avait des contractions pis y'avait un gars avec un appareil cellulaire que ma mère avait vu juste avant pis là elle fait : « Ha, y'a ce type là, il a un appareil cellulaire. Vite, je vais le voir » et tout ça. Elle arrive vers le gars pis là elle se rend compte que le gars était en train de téléphoner avec un jouet. C'était comme un jouet, c'était pas un vrai téléphone cellulaire, c'était un jouet.

Si Nathalie propose aux autres un cas hypothétique qui ne prétend qu'être vraisemblable, Catherine – dans son groupe – se montre plus experte. Elle construit une variante du même récit qui, cependant, prétend être vraie. « Moi je prends l'autobus », « souvent y'a du monde que », « Ça vous est jamais arrivé ? » : Catherine utilise tous les dispositifs rhétoriques de mise en situation qui confèrent à son histoire un effet de réalité. Elle n'imagine pas un cas possible, elle témoigne d'une expérience vécue. Jean-Pierre fait de même : il traduit en termes autobiographiques une autre légende urbaine qui circule depuis longtemps au Canada tout comme en Europe.

L'intérêt de ces récits ne porte pas sur leur « valeur de vérité », car ce n'est pas leur véracité prétendue qui les rend vraiment fascinants. C'est plutôt le fait qu'ils sont justement des variantes d'histoires qui circulent. À travers ce processus de reformulation, les jeunes s'engagent dans une *répétition polyphonique* (Bazzanella, 1993) et font donc circuler un répertoire culturel partagé.

Conçues à l'origine par un auteur anonyme pour on ne sait plus quelle raison ni à quelle occasion, les légendes urbaines sur le cellulaire circulent comme des récits historiques de faits divers, comme des narrations qui prétendent être vraies et qui peuvent donc devenir des paradigmes, et aussi comme des arguments servant à soutenir une théorie. Pour ces jeunes, il s'agit en effet de réfléchir à cet usage qui consiste à exhiber son cellulaire et ces récits leur permettent de soutenir la thèse que la vraie raison d'avoir un cellulaire c'est qu'il permet de paraître branché. Mais l'attention qu'ils portent à certaines de ces histoires plutôt qu'à d'autres, parmi toutes celles du répertoire qui est en circulation (Marrone, 1999), nous révèle quel est pour eux le scénario le plus significatif – élémentaire et souvent imaginaire – de l'usage de cette technologie. Nous découvrons que ces légendes urbaines, qu'elles se situent dans un autobus ou dans la rue, mettent principalement en scène l'usage du cellulaire comme une *performance sociale*. Et cette signification fondamentale est confirmée aussi par sa récurrence dans les récits d'anecdotes personnelles.

Quand Delphine veut décrire aux autres quel est l'usage qu'en fait sa sœur, elle esquisse cette petite pièce : « Ma demi-sœur, elle a 17 ans, pis elle a un cellulaire, pis elle c'est genre... juste le trip de se promener dans la rue pis parler au téléphone, pis répondre : "Oui, bonjour, ça va ? Je parle sur mon cellulaire en ce moment". » Avec un certain humour et tout en parodiant sa sœur, Delphine reconstruit une vraie petite scène de théâtre. Charlotte fait elle aussi, la même chose quand elle parle de sa sœur : « Je trouve que c'est pas mal inutile parce que, qu'est-ce qu'a fait ? C'est genre... elle appelle, elle est comme dans l'autobus, elle a rien à faire, elle nous appelle pour niaiser, pour passer le temps. »

Par le biais de ces narrations bien construites et bien choisies, ces deux adolescentes sont en train d'élaborer la thèse typique des adolescents qui n'ont pas de cellulaire, thèse qui pourrait se formuler à peu près comme ceci : le cellulaire ne sert pratiquement à rien, sauf à montrer qu'on l'a. Comme le disait La Fontaine, celui qui ne peut pas attraper les raisins déclare qu'ils ne sont pas bons.

Ce qui nous paraît important ici, c'est de noter que ces récits individuels et apparemment anecdotiques sont construits en fait sur le même scénario de base que les légendes urbaines. Les choix et les reformulations propres à toute narration (Goffman, 1974 ; Ricœur, 1986) amènent Delphine et Charlotte à sélectionner certains événements et certaines anecdotes plutôt que d'autres. Et ce qu'elles mentionnent, c'est ce qui se passe dans l'autobus ou dans la rue, autrement dit ce qui se passe dans un lieu public.

Ainsi, le répertoire des légendes urbaines, tout comme celui des anecdotes personnelles offrent aux jeunes des ressources descriptives où puiser pour (re)construire *le modèle canonique* de l'usage de cette technologie. Nous observons en effet que leurs récits sont tous construits sur le même scénario dont la structure de base prévoit :

- un *emplacement* : il s'agit toujours d'un lieu public, c'est-à-dire traversé ou habité par des gens ;
- une *action* : l'appel téléphonique ;
- trois *acteurs* concernés : celui qui appelle, celui qui est appelé et un auditoire, plus ou moins volontaire, plus ou moins à l'écoute, plus ou moins dérangé.

Comme toute narration, ces histoires sur le cellulaire ont une force et une fonction de modèle. Exploitant l'énergie narrative et la force argumentative de l'évidence des faits qu'elles mettent en scène, elles construisent et légitiment une version des événements décrits (Herrnstein et Smith, 1984) qui prend ainsi valeur de référence fondamentale. Le scénario typique qui est ainsi promu n'a pas de légitimité statistique basée sur la fréquence des usages du cellulaire. Il représente plutôt le modèle culturel (Quinn et Holland, 1987 ; Andrade et Strauss, 1992) de l'usage du cellulaire, son image canonique, construite sur la base des histoires qui circulent dans la communauté.

Les anecdotes personnelles que nous avons citées jusqu'à présent mettent en scène des *show-offs*, c'est-à-dire des individus qui, devant les gens, jouent la comédie *intentionnellement* au moyen du cellulaire pour paraître branchés. Avec l'anecdote suivante, nous changeons quelque peu de registre. Cette fois-ci, la performance sociale effectuée avec le cellulaire n'est en effet pas intentionnelle. Nathalie raconte ce qui est arrivé à une amie et à son frère :

Nathalie : C'est une de mes amies, elle s'en allait aux promenades Saint-Bruno. On reste à Longueuil. Pis elle était dans… Elle avait son cellulaire pis elle écoutait sa musique dans ses écouteurs vraiment fort. Pis elle était dans l'autobus. Pis là, à un moment donné, tout le monde se met à la regarder pis elle est là : « Ah non, le son est peut-être trop fort. » Elle baisse le son, elle comprenait pas. Elle continuait, elle écoute sa musique. Elle arrive là-bas pis là je dis : « Aille on t'a appelée, comment ça t'as pas répondu ? » « Aaaah ! » Le téléphone a sonné, elle a jamais répondu, elle savait pas pantoute. Elle a jamais entendu.

Anne : Ok le monde la regardait pis elle a comprenait pas trop...

Nathalie : Ouais ! Ben tsé tu dis : « Scuse, c'parce que ton cellulaire sonne. » Mais personne est allé y dire faque elle était comme « ohhh... ». Mon frère, le téléphone sonne, « Benoît, ton téléphone y sonne. » Mon frère y est là : « Oh, c'est à moi ? », « Oui c'est à toi ! » – Nathalie rit – Pas habitué...

Même s'il ne s'agit pas d'un *show-off*, même si la performance devant public s'est effectuée à l'insu des protagonistes principaux, ces deux récits situent aussi le cellulaire sur une scène où il y a plusieurs personnages : un appelant (celui ou celle qui a fait sonner le téléphone), un appelé (le propriétaire du cellulaire) et enfin un public composé de témoins occasionnels (les autres passagers de l'autobus ou celui qui prévient l'usager que son mobile est en train de sonner).

La construction de ces récits individuels et la circulation de ces légendes urbaines fixent donc un modèle d'usage de cette technologie de communication : il est situé dans ce que Goffman aurait appelé une *rencontre sociale*. Qu'il soit approprié ou non, qu'il soit soumis à un jugement social ou non, l'usage du cellulaire est social parce que situé dans un environnement public où se trouvent non seulement l'appelant et l'appelé, mais aussi d'autres personnes. Spectateurs ou *bystanders* (Goffman, 1981, p. 132), ces derniers jouent les différents rôles qui sont propres aux participants non convoqués (*ibidem*). Présents et épiant malgré eux, auditeurs par hasard, spectateurs plus ou moins polis de l'échange qui se déroule devant leurs yeux et à leurs oreilles, ces participants non officiels font partie cependant de cette scène élémentaire de toute conversation au cellulaire au même titre que les interlocuteurs au téléphone. Participants involontaires, qu'ils écoutent ou fassent semblant de ne pas entendre, ils sont là, présents à cette scène, et contribuent à faire de cet usage du cellulaire une *performance sociale*.

Nous l'observons constamment, pour les jeunes, parler des usages du cellulaire, c'est parler de son usage sur une scène publique. Il s'agit de la scène élémentaire, qui définit la règle à partir de laquelle se déclinent ses variantes ou ses exceptions.

Peu importe que cette règle n'ait rien à voir avec les statistiques ; peu importe que les jeunes utilisent leur cellulaire aussi bien en public qu'en privé, comme nous le savons tous, dans leur chambre à coucher ou ailleurs dans la maison pour s'éloigner de l'écoute d'autrui[4] : là n'est pas la question.

L'usage typique du cellulaire, ce n'est pas celui qu'on fait mais celui qu'on raconte. Et c'est à partir de cette scène élémentaire de performance sociale, plutôt qu'à partir des fonctions et des usages réels du téléphone cellulaire, que les jeunes théorisent autour de ses conséquences dans leur vie et dans celle des autres. Et il en résulte manifestement des tensions inédites dans nos rapports à autrui, tensions qui peuvent mener au renforcement comme à la renégociation de ces normes sociales (explicites ou implicites).

Nouvelles éthiques

La conséquence, peut-être majeure, de cette dimension culturelle de l'usage reconnu du cellulaire, c'est qu'elle enclenche une interprétation sociale plutôt qu'individuelle de ce techno-objet. C'est précisément parce que les jeunes associent l'usage typique du cellulaire à une scène de performance publique qu'ils sont si attentifs aux effets sociaux de cette performance, à sa chorégraphie et aux rôles que les différents acteurs se trouvent à jouer. Étant donné que l'Autre – le public potentiel – est toujours sur la scène, étant donné que cet Autre est perçu comme quelqu'un qui est affecté par l'appel et qui peut construire une image de l'usager à partir de son usage du cellulaire, nous ne pouvons plus parler ici de comportement individuel. Ce comportement, qu'on aurait même pu croire de type individualiste, devient d'emblée un comportement social, et en tant que tel, il est soumis à un processus d'évaluation constant, qui peut même parfois devenir paranoïaque.

Malgré cette idée répandue que les jeunes utilisent le cellulaire de façon apparemment déréglée et insouciante, et même transgressent ainsi toute contrainte sociale, il n'en est rien. L'usage du cellulaire chez les jeunes est tout sauf anarchique. Rien n'est laissé au hasard par eux, même les détails les plus infimes sont soumis à des codes et à des évaluations, à un regard qui juge.

---

4. Pour les usages du cellulaire comme *oasis personnelle*, stratégie de construction du privé dans la dimension publique de la famille, on renvoie le lecteur au chapitre 7.

Voici Jacinthe, Nathalie et Anna, qui discutent entre elles et s'interrogent sur ce que le cellulaire a changé dans la vie des gens. À un moment donné, elles s'arrêtent sur un scénario classique des discours sur le mobile : un cellulaire sonne pendant qu'on est à l'épicerie.

Jacinthe : Ben ça dépend de ce qu'ils disent aussi.

Nathalie : Ben non ! C'est pas grave ! Y'ont le droit de dire ce qu'y veulent dire...

Jacinthe : Des fois y gueulent comme des malades.

Nathalie : Même si y parle pas à son cellulaire, quelqu'un qui gueule c'est fatigant.

Anna : Ben des fois y'a des maris, il appelle pour demander à sa femme quoi acheter dans l'épicerie, si c'est important, c'est correct, mais sinon s'il fait semblant de parler à quelqu'un pour faire exprès de montrer qu'il a un téléphone là...

Nathalie : Moi ça me dérange pas du tout, il peut parler où il veut, il peut aller dans les toilettes pis parler à son cellulaire pis ça ne me dérange pas.

Jacinthe : Mais c'est parce qu'aussi le principe d'un cellulaire là c'est que tu peux être contacté n'importe où mais c'est sûr que tsé des fois y'a du monde qui gueule là.

Nathalie : Faut pas que tu fasses chier là, mais qu'est-ce qui te dérange ? Les gens qui parlent à leur cellulaire, tsé qui parlent fort, fort, fort ça ça écœure. Mais quand tu y penses, quelqu'un qui parle fort à n'importe qui... Même si il est pas au téléphone là... Là dans le fond c'est pas le fait que ça soit sur le cellulaire...

Jacinthe : Mais c'est parce que il y a du monde qui ont des réflexes de parler plus fort... Comme mon père là... C'est bien stressant, pis aussi dans le cinéma ça sonne pis t'es comme « ben voyons donc là »...

Est-ce que la communication d'une urgence pourrait justifier l'usage du cellulaire face à d'autres qui se retrouvent d'emblée dans la position d'écouteurs sans l'avoir voulu ? Probablement non, car ce n'est pas évident d'imposer des limites à ce que l'on peut dire au téléphone, et que l'évaluation de l'urgence est une question personnelle. Et le cellulaire n'est-il pas fait justement pour ça, pour permettre d'être contacté n'importe où ? Est-ce que c'est l'usage du cellulaire en tant que tel qui peut déranger les autres ou c'est en revanche le contenu de la communication ? Ne s'agit-il pas plutôt du volume de la voix ou de la sonnerie ?

En réfléchissant sur l'histoire d'un cellulaire qui sonne à l'épicerie, ces trois jeunes sont en train de théoriser autour des conséquences de l'action individuelle, d'explorer les différents aspects d'une performance sociale qui, en tant que telle, affecte les autres personnes présentes sur cette même scène sociale.

Vanessa, réfléchissant avec les autres aux avantages du mobile, en arrive à poser le même problème :

> Moi je trouve ça... c'est bon pour les urgences pis le job là, mais les désavantages, c'est que ça coûte cher pis que ça peut déranger ton entourage aussi là. Disons que tu fais une activité pis que ton entourage veut pas se faire déranger par la sonnerie, il va falloir que la personne sorte, pis ça va déranger le monde...

L'usage du cellulaire – du moins celui qui est décrit comme paradigmatique – devient donc objet de discussion polémique quant aux questions éthiques qu'il pose par rapport à la vie sociale : « qu'est-ce qui est correct ? », « qu'est-ce qui ne l'est pas ? » et « pourquoi ? »

En discutant des usages du cellulaire, les jeunes définissent et redéfinissent constamment ces catégories, ils s'interrogent sur les conditions de son utilisation et s'engagent dans une problématique d'éthique sociale. Bien sûr, on pourrait établir ici une typologie des usages jugés corrects ou incorrects par les jeunes. Mais ce ne serait que relativement intéressant, car ces jugements peuvent changer selon les expériences personnelles, les circonstances et les enjeux de la conversation. Ce qui est vraiment intéressant, ce n'est pas tant le détail de ce qui est considéré correct ou non, que la réflexion qui s'en dégage sur la dimension sociale des comportements individuels.

> Adrien : Est-ce que dans vos écoles vous avez le droit d'avoir un cellulaire en classe ou dans l'école ?
>
> Carolina : Pas en classe mais dans l'école ouais.
>
> Martha : Nous ni en classe ni dans l'école.
>
> Valérie : Moi c'est la même chose.
>
> Adrien : La même chose que Martha ?
>
> Martha : Genre à l'école tu marches pas pis tu parles, ça c'est sûr !
>
> Carolina : Mais y'en a !
>
> Valérie : Si on rentre dans l'école, si on en a un il faut l'éteindre.

Carolina : Oui il faut l'éteindre pendant ton cours.

Martha : C'est interdit mais y'en a qui le font pas.

Adrien : Qu'est-ce que vous pensez de ces règles-là ?

Martha : Je trouve ça correct là, c'est comme... T'es dans un cours, si tout le monde avait un cellulaire dans un cours le prof pourrait parler pis tout le monde parle au téléphone...

Carolina : Peut-être si c'était quelque chose d'urgent, tu sais jamais, mais je pense que ouais...

Martha : Jamais !

Carolina : Mais je pense pas que à cet âge-là...

Martha : Je dirais un paget qui vibre, un paget qui vibre comme ça pas de son, pas de dérangement, rien. Comme ça tu regardes pis à la récré tu y vas. Sinon tu dis au prof : « J'm'en vais au toilettes », pis tu vas appeler parce que si tu dis : « C'est urgent, J'm'en vas appeler » pis que tu t'en vas appeler, c'est sûr qu'il sera confisqué parce que t'as pas le droit en classe.

Ces adolescents sont en train de réfléchir sur l'opportunité d'établir des normes officielles qui, dans certains contextes, règleraient l'usage du cellulaire. Il s'agit d'interdictions strictes (en classe, on ne parle pas sur le cellulaire, on ne reçoit pas d'appels) qui limiteraient fortement leur liberté individuelle. Contrairement à ce qu'on aurait pu imaginer, les jeunes trouvent cela tout à fait approprié ; ils reconstruisent la logique de ces interdictions et en assument la nécessité. Même s'ils explorent la possibilité de certaines transgressions, la norme de base demeure. Ils se montrent conscients que la vie collective impose nécessairement des contraintes à la liberté individuelle qui doit s'arrêter là où commence celle des autres.

En réfléchissant sur l'usage du cellulaire, ces adolescents se retrouvent en situation d'élaborer le point de vue de l'usager en tenant compte de l'Autre. La scène élémentaire de l'usage du cellulaire, scénario de base de tous leurs récits, les oblige à assumer simultanément les deux perspectives, celle de l'usager et celle de l'Autre. L'Autre est la limite de l'action et de l'espace personnels. Mais ils envisagent aussi toute la complexité de cette scène élémentaire, car l'Autre n'est pas seulement l'auditoire involontaire plus ou moins prêt à sanctionner l'usage du cellulaire. L'Autre est aussi celui avec qui l'usager est en train de parler quand son cellulaire sonne.

Carolina : Des fois ça arrive que tu parles avec une personne, pis tout d'un coup ça sonne, pis y commence à parler, parler, parler, tu dis : « Hellooo ! Chu là », pis l'autre continue à parler, ça j'aime pas ça...

Qui a la priorité dans ce genre de situation ? Quels sont les droits qu'il faut respecter en premier ? Ceux du partenaire de la conversation face à face ou ceux d'un *ghost participant*[5] qui fait intrusion sur la scène ? Car lui aussi a des droits, des nouveaux droits ouverts par la logique de l'objet : pouvoir joindre tout le temps ceux qui en ont un. Au fur et à mesure que la conversation continue, la réflexion sur les conséquences éthiques de l'usage du cellulaire s'articulent davantage :

Catherine : Mais si quelqu'un a vraiment besoin de te rejoindre...

Jean-Pierre : Ouais ouais, qui veut me rejoindre vraiment ben je vais répondre de toutes façons c'est... j'veux dire c'est... je pense que...

Catherine : Est-ce que ça te dérangerait de te faire déranger à ce moment, c'est ça la question.

Jean-Pierre : Ça dépend, ça dépend à quel endroit, ça me dérange toujours là mais je vais répondre juste pour la politesse, je vais répondre, je vais pas juste laisser poireauter la personne.

Guillaume : Si je suis au restaurant, au cinéma j'vas pas répondre mais à part ça j'vais répondre. Politesse c'est tout.

Catherine : Et pis est-ce que t'aimerais qu'on empiète sur ta vie privée en te téléphonant souvent, une place où on peut toujours te rejoindre ?

Elissa : Si y'a une place que j'veux pas me faire déranger, ben je peux toujours fermer le téléphone cellulaire. Donc si je ferme le téléphone la personne pourra pas me rejoindre.

Catherine : Mais des fois on oublie, et des fois moi je le ferme mais il se réouvre tout seul pis là le monde m'appelle pis je me sens embarrassée...

Quand il s'agit de réfléchir si on doit utiliser le cellulaire et comment, il ne suffit pas d'assumer la perspective de l'audience, car il y a deux autres personnages sur la scène : celui qui appelle et celui qui est appelé.

En effet, la rupture de la fluidité de l'interaction sociale affecte aussi celui qui vient d'être joint. Ainsi, la sonnerie du cellulaire produit en lui la plus sociale des émotions : la gêne. N'existe-t-il pas une solution facile à cette

---

5. Comme on le proposait dans le chapitre 2, l'arrivée du cellulaire sur la scène publique a construit un nouveau personnage de la rencontre sociale : le participant fantôme.

offense sociale ? Il suffirait de fermer le cellulaire ou de ne pas répondre. En explorant cette solution, ces adolescents découvrent que, finalement, elle n'est pas nécessairement la meilleure, car elle ne tient pas compte des droits de celui qui appelle.

Répondre ou ne pas répondre à son cellulaire qui sonne devient donc aussi une question éthique, affectant au moins trois acteurs, leurs besoins, leurs désirs, leurs droits et leurs obligations : celui qui appelle, celui qui est appelé et l'auditoire involontaire. Trouver un équilibre entre les droits souvent incompatibles des trois acteurs concernés n'est pas évident. Les jeunes explorent la nécessité de négocier et de construire des règles qui puissent concilier ces perspectives parfois conflictuelles. Il est vraiment fascinant de découvrir qu'au-delà des toutes nouvelles pratiques introduites par cette nouvelle technologie dans la vie quotidienne des jeunes, nous observons l'une de ses conséquences aussi majeure qu'inattendue : elle a déclenché un débat d'éthique sociale. Face à cette petite pièce de théâtre que représente tout usage public du cellulaire, les jeunes réfléchissent à l'équilibre difficile et toujours précaire entre les raisons personnelles et les raisons collectives.

Même si ces adolescents s'engagent dans cette problématique de façon tout à fait circonstancielle, ils sont néanmoins amenés à explorer des questions difficiles, telles que le respect de l'Autre, la nécessité des règles communes dans la vie sociale (comme les normes qui gèrent la vie de la classe), la possibilité de la transgression (garder le mobile ouvert malgré l'interdiction) et le caractère inévitable des sanctions.

Ces échanges entre jeunes sur l'usage du cellulaire deviennent un véritable *laboratoire de pensée sociale*. Les jeunes explorent et saisissent la dimension intersubjective de la vie sociale. Et la prise en compte d'une perspective intersubjective est la base de tout raisonnement éthique.

Dès lors que le cellulaire devient non plus seulement un objet d'usage mais aussi un objet de discours, il se transforme en un outil de construction culturelle au sens large du mot, car il déclenche une pensée sociale et une nouvelle conscience de l'Autre.

Nouvelles étiquettes : les bonnes manières au cellulaire

De façon tout à fait cohérente, la réflexion sur la dimension éthique de l'usage du cellulaire se mélange et se transforme en une réflexion sur les codes qui doivent régir cette performance sociale.

Quand une nouvelle technologie apparaît dans la vie quotidienne, elle pose, entre autres, un problème de politesse. Les usages qui sont plus ou moins inscrits dans la technologie elle-même attendent leur mise en pratique et ce passage à l'acte risque de rencontrer un vide quant aux normes sociales qui pourraient en préciser les façons de faire, mais qui n'existent pas encore.

Le téléphone mobile nous en offre un exemple typique. En raison de l'absence de codes préétablis, ses premiers usages quotidiens sont devenus de véritables laboratoires sociaux de construction des règles à respecter. On trouve presque partout des dépliants sur le bon ton, des sections dans les magazines consacrées aux bonnes manières dans l'usage du cellulaire. Les espaces publics et culturels – lieux d'énonciation des règles de politesse par excellence – assument aujourd'hui un rôle pédagogique par rapport aux usages sociaux des technologies : au théâtre, au cinéma, dans les églises, les annonces qui nous invitent à fermer nos cellulaires nous rappellent aussi que ce code n'est encore ni partagé ni intériorisé.

Plusieurs sujets de l'énonciation se chargent d'établir des règles et de produire un consensus social sur les formes de politesse dans l'usage du cellulaire. Et il en résultera probablement un protocole complet de codes publics à respecter. Or, loin de revendiquer un usage transgressif du cellulaire, les adolescents participent en fait activement à l'élaboration de ce code social. Cela tient évidemment à cette prise de conscience que l'usage du cellulaire se situe toujours sous le regard d'autrui, sur la scène publique, et pose donc un problème de politesse.

Le lien entre les préoccupations morales et les codes sociaux – qui constituent des réponses pragmatiques à la plupart des microenjeux éthiques du quotidien – révèle déjà un certain niveau de compétence sociale chez ces adolescents. En commençant par les bonnes manières et en allant jusqu'aux protocoles les plus codifiés, le code de l'étiquette constitue un amortisseur culturel : il prévient et absorbe la plupart des offenses qui peuvent dériver de l'action individuelle. Dans les termes de Goffman, il s'agit d'une façon de pratiquer une *éthique situationnelle* (Goffman, 1981, p. 132).

> Carolina : J'pense que des fois c'est un peu show off, ouais. Ils peuvent sortir ou il peuvent baisser le volume, ça me dérange, ça me dérange qu'une personne commence à parler comme ça mais si c'est dans le bus, il peut pas sortir mais il peut au moins, il peut baisser le ton, ou parler vite pis dire : « Oh je te rappelle plus tard » mais pas continuer...
>
> Martha : C'est ça, rappeler plus tard peut-être.
>
> Adrien : Pis vous, si vous aviez un cellulaire, vous parleriez dans l'autobus ?
>
> Carolina : Je pense pas que je ferais ça.
>
> Martha : C'est la même chose.
>
> Adrien : Mais comment est-ce que vous réagiriez si quelqu'un venait vous dire : « Parle moins fort, tu me déranges » ?
>
> Carolina : Ben je rappelle plus tard.
>
> Valérie : Moi dès que j'ai un cellulaire j'parle... comme on a dit, genre, je vais essayer de ne pas parler plus fort, c'est quelque chose que j'aime pas que les autres font.
>
> Adrien : Pis est-ce que vous vous sentez gênées de parler quand vous êtes dans un lieu public avec d'autre monde qui vont entendre votre conversation ?
>
> Martha : Non, ça dépend quel type de conversation, avec quelle personne tu vas être, si tu parles avec des amis tu t'en fous, mais si c'est quelqu'un d'intime euh...

« Ils peuvent sortir », « Ils peuvent baisser le volume », « Parler vite et dire je te rappelle plus tard »... En parlant du cellulaire, les jeunes formulent des normes hypothétiques qui pourraient régler l'usage du cellulaire sur la scène publique. Les jugements de ces jeunes ne se réfèrent pas à l'usage du cellulaire en tant que tel, mais aux modalités du déroulement de sa performance. Au-delà des solutions chaque fois envisagées, il s'agit bien de normes de politesse. Ce genre spécifique de règles visent principalement à régir les comportements en public de façon à ce qu'ils soient conformes aux attentes et donc légitimes. Et c'est exactement ce que les jeunes sont en train de faire ; ils théorisent autour de la nécessité de normes partagées pour un usage collectivement réglé. Écoutons une discussion collective entre quatre adolescents en train de réfléchir sur le fait que certains achètent le cellulaire pour paraître branché. Assoum revient sur cette question :

Assoum : Depuis tout à l'heure que vous parlez de style, qu'est-ce que vous voulez dire par style ?

Antoine [*en riant*] : Être plus moderne !!

Sophie : Mais y'en a qui ont des cellulaires juste pour montrer qu'ils sont vraiment cool comme fumer, c'est « ha wark là » moi je trouve ça dégeulasse mais y'en a « ha chuis cool là, ha mon dieu j'ai une cigarette, j'ai un cellulaire ». C'est la même chose là. « Je me sens plus vieux, j'ai un cellulaire, un paget, regardez là tout le monde » et on le met ici là.

Nasser : Pis y'en a aussi genre, peut-être que lui a un cellulaire plus moderne que le mien, il va dire « ha yark, y'est laid le tien » juste pour dire « check le mien, y'est plus beau pis y'est plus petit ».

Antoine : Ou bien aussi attirer l'attention, vraiment dire... Que quand ton téléphone y sonne ben tu mets la sonnerie au plus fort pis là tu laisses sonner, ouais, pis là tout le monde se retourne pis y voit qu'y'a un cellulaire.

[...]

Ça dépend des contextes, ça dépend vraiment des contextes, tsé t'as des contextes c'est sûr que là...

Ces conversations montrent bien quelle est, selon eux, la dimension cruciale qu'il faut régler. Il s'agit de l'*excès*. L'excès d'exposition de l'objet, du ton de la voix de celui qui parle, du nombre de sonneries d'un cellulaire, du volume, de la recherche du modèle le plus petit, le plus coloré... Tous ces extrêmes sont sanctionnés comme ridicules, impolis et finalement inappropriés.

Bien que dépendante du contexte et négociable, il y aurait cependant une sorte de mesure qui ferait la différence et que ces jeunes tentent d'évaluer. Comme toujours, le *bon ton-bon goût* n'est pas fonction de ce que l'on fait mais de « comment on le fait ». Il s'agit de connaître cette mesure, de montrer un savoir-faire qui soumet l'action à une chorégraphie minimale du comportement personnel sur la scène publique.

L'intimité d'une conversation, tout comme la hauteur du ton de sa propre voix ou de la sonnerie de son propre cellulaire ne doivent pas créer une intrusion excessive sur la scène publique. Les jeunes semblent profondément concernés par cette quête d'une étiquette qui impose des formes et des limites, des seuils et des modalités susceptibles d'empêcher la vie personnelle ou intime d'être exposée hors normes.

Là aussi ce qui est vraiment intéressant, ce n'est pas ce que les jeunes considèrent impoli, mais le fait même de s'engager dans une réflexion sur la politesse, sur la nécessité d'une étiquette qui viendrait définir les formes d'une éthique situationnelle. Ce niveau de réflexion fait désormais partie de la culture technologique des jeunes.

La compétence nécessaire pour communiquer avec un cellulaire ne se limite pas à la maîtrise de sa grammaire et de son lexique, mais s'étend aussi aux aspects sociaux et aux normes qui règlent son usage dans les lieux publics. Savoir parler au cellulaire c'est savoir aussi quand, où et surtout comment le faire.

À cet égard, nous observons que le comportement le plus sanctionné c'est le *paraître branché*. Tout comme celui qui exhibe la richesse qu'il possède, le parvenu des technologies expose ses objets au regard d'autrui et assume que l'autre lui attribuera le statut social le plus envié : être branché. Son erreur de grammaire sociale ne se situe pas sur le plan de ce qu'il possède ni de ce qu'il en fait. C'est une erreur de mesure : il se trompe carrément sur le plan de l'étiquette.

Le parvenu des technologies ne connaît pas la frontière subtile qui sépare la signification sociale d'un comportement de son exact contraire. Sans le savoir, il franchit ce seuil absolument invisible qui sépare la possession nécessaire pour faire partie du groupe de la possession qui situe l'usager hors du groupe select constitué par ceux qui savent être à la page.

En réfléchissant à ces questions, les jeunes démontrent non seulement le niveau de compétence communicative qu'ils ont atteint, mais aussi leur sensibilité extrême aux règles de l'agir social. Comme on l'a vu, ils sont des juges sévères de leur propre comportement et de celui d'autrui sur la scène publique. En saisissant la ligne de partage entre usages convenables et mauvais goût, en soulignant l'importance de l'étiquette dans la définition de l'identité de l'acteur, les jeunes participent aux processus de définition de la compétence communicative et sociale de l'usage des nouvelles technologies de communication.

Biomorphisme ou sociomorphisme ?
Les techno-objets comme prolongements du corps

Depuis toujours le corps humain a été soumis à un double processus d'élaboration : l'un plastique, car on en modifie les formes, la posture, les volumes ; l'autre socioculturel car on lui donne des significations, des valeurs, des fonctions. Cette double action, à la fois syntactique et sémantique, soustrait du coup le corps à toute réduction biologiste. Porteur privilégié de toute communication, il est une ardoise sur laquelle les acteurs inscrivent et lisent leurs identités et celles d'autrui[6]. Il ne s'agit pas seulement de l'identité individuelle : sur le corps on inscrit, surtout et en premier lieu, ses appartenances sociales et culturelles. Le *corps propre* garde trace de l'histoire personnelle et de l'histoire collective ; il raconte le passé, indique le présent et laisse envisager l'avenir. Vêtements, accessoires, disciplines et techniques corporelles, déguisements plus ou moins manifestes ont toujours soumis le corps aux codes d'une esthétique partagée. *Patchwork* d'objets appliqués, lui-même objet de toutes sortes de manipulations, le corps ainsi mis en forme permet à l'individu de s'inscrire dans une société, de rentrer dans la communauté, de faire partie du groupe : carte professionnelle somatique, le corps dit qui nous sommes et qui on voudrait être au regard d'autrui.

C'est par rapport à cet arrière-plan culturel du corps comme *peau sociale* (Pandolfi, 2001) que se situe la question esthétique des techno-objets de communication. Et nous voulons parler ici de l'esthétique dans son sens étymologique : *aísthesis*, l'ordre du sensible et des sensations, les sensations tactiles et visuelles bien sûr, mais aussi la perception de soi-même sur la scène sociale. Être à l'aise, se sentir sûr de soi, avoir la sensation que quelque chose nous protège, nous défend, nous donne des atouts... Il s'agit de perceptions propres, de réactions psychiques qui s'appuient néanmoins sur la sensation tactile d'avoir l'objet qui nous convient, de nous voir équipé comme il faut, à l'abri des manques et des dépouillements.

Les designers connaissent très bien cette frontière poreuse qui met en communication le physique et le psychique : les formes de l'objet doivent

---

6. Parmi les sujets de l'énonciation qui exploitent le corps comme support d'un discours identitaire, il faut évidemment inclure la publicité. Nous en avons vu des exemples dans le chapitre 4.

non seulement répondre à la logique du biomorphisme, mais elles doivent aussi et surtout répondre à la logique du sociomorphisme.

Or, l'inscription de la culture sur le corps se fait inlassablement selon un processus toujours recommencé et les transformations du corps qu'elle impose sont donc toujours provisoires. Qu'est-ce que la culture nous demande aujourd'hui : de montrer ou de cacher ? De se détendre ou d'être tendu ? D'avoir les mains libres ou occupées à manipuler quelque chose ? C'est le changement de l'esthétique du corps en public qui a vraiment aidé les campagnes de santé publique contre le tabagisme. Ne pas fumer, ce n'est pas tant une question de santé que l'adoption d'une nouvelle chorégraphie de la rencontre sociale. La manipulation de la cigarette, le geste de la main qui l'allume, les deux doigts qui la tiennent, ne sont tout simplement plus à la mode.

Concevoir les formes d'un objet selon la logique du sociomorphisme est donc un travail toujours recommencé ; car si la morphologie du corps physique est presque immuable, la morphologie du corps en tant que peau sociale est quant à elle en variation constante. La seule façon de la contrôler, c'est de l'anticiper ; en inscrivant dans les formes de l'objet un simulacre du corps de l'usager, les designers proposent et imposent au corps la prochaine forme et le prochain changement. Comme certains le soulignent, ce processus d'anticipation risque constamment d'aboutir à une stéréotypie du sensible (Marrone, 2002, p. 26) : les sensations qu'un objet est censé nous donner seraient toutes prévues à l'origine, inscrites dans sa conception, valables pour tous en toute occasion. Il en serait de même pour le corps de l'usager, dont la forme visible et même les mouvements seraient, pour ainsi dire, préconisés par l'esthétique de l'objet.

Il s'agit en fait d'une idée déjà ancienne au sujet des besoins et des désirs induits par le marché et par ses créateurs : on n'aurait jamais eu le besoin d'un objet de télécommunication portable si quelqu'un ne l'avait pas conçu ; on n'aurait jamais développé à ce point une esthétique du cellulaire si on n'avait pas à en porter un sur soi. En réalité, et comme toujours, le rapport entre formes de l'objet et formes de vie est circulaire.

Au fur et à mesure que les cellulaires se sont miniaturisés, la valeur esthétique de cet objet a changé car c'est l'invisibilité qu'on recherche maintenant, et il n'y a rien de moins beau que de voir un cellulaire accroché à une ceinture ou de deviner sa forme dans une poche de veston. Il faudra sans doute maintenant attendre d'arriver à la limite de cette miniaturisation, pour nous apercevoir qu'un cellulaire trop petit ce n'est pas si pratique qu'on l'imaginait, et pour qu'une nouvelle esthétique soit proposée. Par exemple, il sera de nouveau beau de montrer l'objet, il redeviendra un accessoire à exhiber, et sa beauté consistera dans l'accord entre son design et sa facilité d'usage.

Les formes de l'objet décident donc des formes culturelles de son usage et de l'esthétique du corps de l'usager, mais le contraire est vrai aussi : les formes de l'usage et le corps de l'usager peuvent imposer une nouvelle esthétique à l'objet.

Ce qui rend fascinant ce jeu dans le cas de certains techno-objets de communication, c'est le croisement inédit entre les formes et fonctions de l'objet et le *corps propre* du sujet. Si tous les objets de design répondent à un souci biomorphique et reflètent une recherche ergonomique, la plupart prévoient une alternance entre conjonction et disjonction par rapport au corps. Une chaise, un couteau, un stylo, et même le clavier d'un ordinateur sont conçus pour favoriser une harmonie avec le corps, pour réduire toute sensation d'étrangeté et d'altérité ; mais ils ne prétendent pas créer un lien permanent avec le corps du sujet. À l'inverse, les derniers avatars de la communication à distance, parce qu'ils ont été conçus comme mobiles et portables, tendent à s'intégrer au *corps propre* au sens strict du terme. Cette liaison totale et constante entre corps et objet l'apparente plus aux prothèses qu'aux accessoires vestimentaires plus ou moins nécessaires. Il vient désormais faire partie du corps au même titre que ses parties biologiques. Prolongement, selon la formule bien connue de McLuhan, il est sur nous et avec nous, dans notre main comme un prolongement de soi.

Il s'agit d'un prolongement qui a une propriété intrinsèque tout à fait unique : il nous permet de connecter l'ici et l'ailleurs, le présent et l'absent, le soi et les autres ; il nous permet de nous évader d'un ici que nous partageons avec d'autres pour partager des propos avec quelqu'un qui est ailleurs.

Objets mobiles et portables que les usagers veulent pourtant « collés à eux », les nouveaux techno-objets de communication posent donc un problème esthétique : cette nouvelle partie du *corps propre* doit s'intégrer aux formes, aux mouvements, aux gestes de l'usager tout en respectant les nuances floues et changeantes de l'esthétique sociale. En bref, ces objets requièrent une reformulation de la dimension corporelle du Soi sur la scène publique. Et ce n'est certainement pas un hasard, si les jeunes – juges sévères de l'apparence sociale et très conscients de leur corps – sont parties prenantes de cette quête d'esthétique mobilisée par la technologie la plus représentative du tournant mobile dans la communication quotidienne : le cellulaire.

Nouvelles esthétiques ou nouvelles proprioceptions ?

Parmi les nouvelles technologies de communication, le cellulaire est peut-être la seule qui pose le problème d'une esthétique reliée à l'image physique de soi. Cet objet technologique est perçu comme une partie visible du *corps propre* qui néanmoins a ses propres formes, couleurs, dimensions, textures qui peuvent s'intégrer de façon plus ou moins harmonieuse au corps. Et c'est exactement cette marge, la possibilité d'une intégration impossible ou partielle qui ouvre l'espace du raisonnement esthétique.

En intervenant dans une conversation qui concernait le rôle du cellulaire dans la construction de l'image de soi sur la scène publique, Anne fait le point :

> Anne : Donc pour pas que notre image soit négative quand on a un cellulaire il faut le cacher ?
>
> Nathalie : Non. Mais il y a comme une marge. Tsé tu portes un chandail qui est un peu court, t'as ton cellulaire accroché, y paraît, tsé, tout est beau. Mais celui qui exagère... C'est comme n'importe quoi là.
>
> Anne : Il peut paraître mais il ne faut pas le montrer, c'est ça ?
>
> [...]
>
> Nathalie : Il faut juste pas abuser, c'est tout, y'a toujours une marge, c'est comme n'importe quoi là. Tsé... comme y'en a qui baissent un petit peu leurs pantalons parce que ça fait cool tsé, avoir des pantalons slacks là. Mais y'en a que c'est vraiment un sac à vidange à terre là t'es comme ouach, c'est pas bien non plus tsé. Y'a le genre celui qui est dans l'excès qui est pas correct là...

La problématique de la politesse, de la mesure et de la marge de liberté qu'on a à cet égard, se transforme en une réflexion sur l'esthétique du soi. En récupérant l'esthétique classique de l'équilibre des formes, Nathalie propose une image où la prothèse technologique s'intègre de façon quasi naturelle aux formes d'un corps habillé : le beau exclut l'excès car la beauté *est* la mesure. Il ne s'agit donc pas de « cacher la prothèse », car ce geste aussi ne serait que le contraire symétrique de l'exhibition, les deux étant régis par la logique de l'excès. L'analogie avec la façon de porter le pantalon ne fait que souligner l'esthétique qui est en jeu. Le cellulaire, comme le pantalon, est une partie visible du corps sur la scène publique ; pour que l'image de ce corps puisse satisfaire aux critères esthétiques, elle doit être épurée de tout excès et de tout abus des formes. Étant conçu comme une prothèse visible du corps, ses formes et ses couleurs aussi deviennent objets de réflexion esthétique.

Catherine pose la question du design dans le choix d'un mobile : « Est-ce que ça pourrait influencer le fait de l'acheter ? » Jean-Pierre réfléchit : « Oui, oui, le design. Par exemple un cellulaire qui a des formes arrondies et quelqu'un qui aime les formes plutôt arrondies va pas acheter un cellulaire qui est complètement cubique, là, un p'tit carré... "oh j'ai un p'tit carré de plastique dans ma poche". »

Forme, dimension, couleur... Comme Guillaume le déclare, il faut que le cellulaire « fitte avec tout le reste de ton linge ».

Cette intégration harmonieuse au corps semble aussi nécessaire que difficile à atteindre[7]. Ce que le mobile en tant que partie du *corps propre* devrait être – une composante « naturelle » de la personne physique – de fait ne l'est pas, du moins pour ceux qui ne possèdent pas encore cette prothèse.

Tout de suite après avoir décrit ce que son frère fait avec son mobile, Nathalie reconstruit les raisons pour lesquelles elle ne considère pas la possibilité d'en avoir un :

> C'est pas essentiel à ma vie, j'en voudrais pas, je voudrais pas le traîner, c'est tout le temps trop gros, ça rentre pas dans tes poches... Sinon il faut que tu l'agrippes ici pis t'as peur que... C'est ça, tsé t'as une jupe là, t'es habillée propre là, pis t'as le poup ! Le cellulaire qui sort, c'est quoi ? C'est quasiment une bébelle que t'es obligé de traîner pis qui est désagréable quasiment, des fois c'est fatigant là, c'est tout le temps en train de tomber ou de décrocher.

---

7. Fortunati (2002) remarque aussi ce défi imposé par le cellulaire : l'intégration au corps ou à l'habillement ne se réalise pas toujours de façon harmonieuse, ce qui porte l'auteur à mettre en question l'idée même de portabilité.

Serait-on de nouveau face au jeu du renard et des raisins? Peut-être. Mais il est quand même significatif que parmi les «bonnes» raisons qui justifient l'absence du cellulaire dans sa vie, Nathalie réserve une place considérable à l'esthétique de soi. La dimension du cellulaire et sa forme affectent l'harmonie de la mise: rien de moins élégant, rien de moins beau que de voir un cellulaire qui sort du corps et qui brise ainsi l'équilibre esthétique de la personne. Comme une prothèse à laquelle l'individu n'est pas accoutumé, le mobile est perçu comme un poids matériel qu'il faut traîner, un objet étranger dont les formes ne seraient ni biomorphiques ni biocomplémentaires. Étant perçu de cette façon, le cellulaire est censé briser la fluidité des mouvements et des gestes de la personne, toute l'élégance du paraître est ainsi en danger.

Le cellulaire pose donc un problème d'*in-corporation* dans le sens d'une adaptation au corps. Si, comme c'est désormais l'habitude, on assume ce mot au sens métaphorique, il n'y a rien de nouveau: toutes les technologies requièrent un processus de domestication aux pratiques et aux économies des significations admises par l'usager. Face au cellulaire, il ne s'agit pas seulement de l'incorporation au sens métaphorique du terme. Au contraire, cette technologie de communication impose un retour à la problématique de l'incorporation au sens littéral du mot: c'est le corps dans toute sa dimension physique qui est le premier contexte de sa réception.

Presque indépendamment de sa dimension, de sa forme, de son design, le cellulaire requiert un apprivoisement physique. L'intégration selon une esthétique de l'équilibre et de la mesure ne peut se faire qu'à partir d'une perception de soi-même renouvelée, car c'est l'image mentale de son propre corps qui doit premièrement intégrer la prothèse comme l'une de ses parties. Le cellulaire requiert donc une appropriation mentale capable d'intégrer pour ainsi dire la matérialité du biologique et du technologique.

Le processus ne va pas de soi. Car au-delà de tout design biomorphique, de toute quête ergonomique, le sentiment d'étrangeté que peut susciter la présence d'un corps étranger ne peut s'estomper qu'à partir de la plus ancienne des pratiques qui relient l'homme aux objets: l'usage.

Et c'est ce qui explique sans doute que cette perception du mobile en tant que prothèse non intégrée, et même apparemment non intégrable, caractérise surtout ceux qui n'ont pas un mobile ou qui ne sont que des nouveaux usagers. Chez les habitués, on observe la perception contraire. En Italie, par exemple, ou dans les pays du Nord de l'Europe, le discours des adolescents nous indique une perception du cellulaire comme partie tout à fait intégrée au corps, un objet qui s'adapte parfaitement à ses formes et qui suit naturellement les mouvements de la personne (Cosenza, 2002). Et il suffit d'ailleurs d'observer les enfants, leurs gestes et leurs mouvements pour voir confirmé à quel point le mobile fait partie de leur corps. Selon la démarche évolutive classique, la culture a inscrit de nouveaux *patterns* sur le corps de ces jeunes. Dans ces pays, cette technologie a reformulé le paradigme des gestes et des mouvements de la personne en l'espace d'une demi-génération.

La question qui se pose n'est pas celle de savoir s'il s'agit d'un dispositif intégré ou pas, la réponse n'étant qu'empirique et nécessairement variable selon les acteurs et les contextes. Au contraire, il faut déplacer la question et aller au-delà de la différence entre une incorporation accomplie et une incorporation envisagée. Ce qui rend le phénomène intéressant, c'est le fait que le cellulaire pose et même impose un problème d'intégration physique et qu'il soulève des questionnements sur les aspects esthétiques de la personne. En tant que partie visible du *corps-propre*, il déclenche une réflexion qui va bien au-delà de la quête du beau formel pour atteindre celle d'une nouvelle perception de soi.

Cette nouvelle technologie de communication ne demande donc pas tant des efforts aux créatifs du design industriel qu'à l'usager, dont elle exige un changement cognitif : il doit reformuler l'image de son corps et y intégrer ce nouvel *organe*.

Mondialisation et localisation des techno-objets au quotidien

Quand on rapproche les usages et les discours sur les usages de la technologie de communication mobile, on s'aperçoit que ces objets entrent parfaitement dans l'une des catégories qui ont été formulées pour saisir et ordonner la complexité de la postmodernité *objectuelle* : celle des objets mondialisés (Semprini, 2002).

Il s'agit des objets contemporains qui inscrivent en eux quatre traits distinctifs :

- le nomadisme : ils sont conçus pour se déplacer avec l'acteur et le suivre dans ses migrations ;
- la proximité avec le corps de l'usager : ils doivent répondre à un souci *aísthésique*, car ils sont censés lui donner des sensations ;
- l'utilité et le ludisme : ils accomplissent certaines fonctions, mais ils doivent aussi être perçus comme d'agréables jouets du quotidien ;
- l'esthétique régressive : leur forme, leur couleur et leur texture doivent renvoyer à une fusion originaire. (*ibidem*)

Comme le souligne Semprini, les objets mondialisés – considérés dans leur ensemble – envisagent un monde possible dont les caractéristiques sont assez élémentaires. Il s'agit d'un monde facile et rassurant où le loisir et le plaisir semblent envelopper toute tâche, même les plus lourdes. Aucune pression, aucun stress, tout sentiment d'engagement, toute crainte de culpabilité, tout souci pour notre responsabilité envers les autres sont effacés, voire refoulés par cette mise en scène *objectuelle*. Il s'agit d'une vision du monde qui s'articule avec une vision de l'humain : en cohérence et en conséquence, l'acteur censé habiter ce quotidien est un être libre de toute contrainte, maître du temps et de l'espace, de sa santé comme de sa beauté, prêt à faire et à défaire les liens sociaux qui ne l'engagent jamais, et capable de se situer hors de toute conformité culturelle (Semprini, 2002, p. 55-56).

Bien évidemment, il ne s'agit que du sens inscrit dans ces objets, d'un simulacre d'un monde et d'un acteur dont les caractéristiques premières seraient la légèreté et le désengagement. Trans-contextuels et donc a-contextuels, ces signifiés ne peuvent appartenir qu'à l'ordre du potentiel : le processus de mise en situation des objets, voire les pratiques de réception et d'usage, peuvent transformer les signifiés inscrits dans les formes des objets mondialisés.

Si en ce qui a trait à leur conception, on peut identifier une quête de mondialisation, une proposition de sens a-contextuel, sur le plan de leur réception, de leur inscription au sein des pratiques situées des acteurs, on fait face au processus contraire. La localisation, la domestication, l'assimilation de ces objets dans des contextes spécifiques de signification peuvent renverser du coup toute signification énoncée au préalable.

Et c'est bien à ce processus que l'on a pu assister lors de nos recherches auprès des adolescents et de leurs usages des technologies.

Comme on l'a vu dans les pages précédentes, les jeunes ont institué dans leurs échanges à propos du cellulaire et de ses usages un véritable laboratoire permanent de questionnement social. Loin de renvoyer à un monde épuré de tout souci pour l'autre, loin de projeter l'usager dans un monde de liberté, dans un rêve de maîtrise du temps et de l'espace, loin de situer les jeunes dans un univers libre de toute contrainte sociale et culturelle, le cellulaire devient un sujet de réflexion sur la dimension sociale du Moi.

Le cellulaire dans leur vie fait bien plus que modifier leurs habitudes de communication, leur style de vie, leurs relations intergénérationnelles, il amplifie la perception de l'Autre comme sujet analogue au Moi, source de possibilités mais aussi de limites, pilier fondamental de l'architecture radicalement intersubjective de la vie sociale.

En tant qu'objet mondialisé, le cellulaire entre parfaitement dans le paradigme des objets conçus selon les termes d'une éthique individualiste : il inscrit dans son design et dans son ingénierie un projet de liberté de l'usager où le lien social n'est qu'un choix. Et pourtant, dans le contexte concret de son usage et de l'énonciation des discours qui le concernent, cette signification laisse place à son contraire : le cellulaire, du moins chez les jeunes, ouvre un univers où l'Autre devient une présence contraignante.

Qu'il s'agisse de ne pas déranger un auditoire involontaire, de respecter la présence de l'interlocuteur face à l'irruption d'un *ghost participant* dans une conversation en cours, qu'il s'agisse de concevoir des formes de politesse capables de concilier les droits souvent incompatibles de tous les acteurs concernés, les jeunes semblent plutôt concevoir l'usage de cette technologie de communication selon les termes d'une éthique intersubjective.

Le modèle culturel élaboré par les usagers peut inverser d'un seul coup les significations typiques de ces objets mondialisés : loin de renvoyer à un simulacre d'un sujet nomade et libre de toute contrainte, les technologies de communication mobile évoquent un contexte qui est constamment défini par la présence de l'Autre.

En tant que performance sociale, leur usage impose la nécessité des contraintes, des règles, des formes partagées. Comme on l'a vu, il s'agit d'un questionnement lié à un souci éthique, à la quête d'une nouvelle étiquette et à la recherche de nouvelles expressions esthétiques.

Un seul et même lien traverse toutes ces problématiques, et c'est incontestablement la conscience de l'autre. Qu'il s'agisse d'imaginer la chorégraphie d'un protocole capable de minimiser – voire d'éviter – l'offense sociale ou de construire une esthétique régie par le regard d'autrui, les technologies émergentes de communication mobile amplifient le sens du lien, la dimension intersubjective du sujet, son enracinement profond dans un contexte social et culturel.

Dans cette perspective mobilisée par les récits et les discours des usagers, cet hybride homme-technologie – voulu par les concepteurs industriels et qui a aussitôt interpellé les sociologues des techniques – est tout sauf un être libre de toute contrainte et insouciant de son engagement envers autrui. Au contraire, l'outil semble lui faire prendre conscience que l'Autre est sur la scène au même titre que le Moi et que ce n'est qu'au croisement de leurs perspectives réciproques que le rapport à la technique peut devenir une forme de vie.

BIBLIOGRAPHIE

Andersen, G. (2001). *Pragmatic Markers and Sociolinguistic Variation. A Relevance-Theoretic Approach to the Language of Adolescents*, Amsterdam/Philadelphie, John Benjamins Publishing Company.

Andrade, R., d' et C. Strauss (dir.) (1992). *Human Motives and Cultural Models*, Cambridge, Cambridge University Press.

Appadurai, A. (dir.) (1986). *The Social Life of Things*, Cambridge, Cambridge University Press.

Attali, J. (1994). *Le revenu français,* en ligne : <http://www.attali.com/>.

Augé, M. (1992). *Non-lieux : introduction à une anthropologie de la surmodernité,* Paris, Seuil.

Barthes, R. (1957). *Mythologies,* Paris, Seuil.

Baron, N. (1999). « History Lessons : Telegraph, Telephone, and E-mail as Social Discourse », dans B. Naumann (dir.), *Dialogue Analysis and the Mass Media,* Erlangen, 1998, Tübingen, Niemeyer, 1999, p. 1-34.

Baron, N. (2000). *Alphabet to E-mail. How Written English Evolved and Where It's Heading,* Londres, Routledge.

Baudry, P. (1999). « La fragmentation identitaire », dans S. Proulx et A. Vitalis (dir.), *Vers une citoyenneté simulée. Médias, réseaux et mondialisation,* Paris, éditions Apogée, coll. « Médias et nouvelles technologies », p. 163-181.

Bazzanella, C. (1993). « Dialogic Repetition », dans H. Loffler (dir.), *Dialoganalyse IV,* Tübingen, Max Niemayer, p. 285-294.

Benjamin, W. (2000). « L'œuvre d'art à l'époque de sa reproductibilité technique », première version 1935, dans Walter Benjamin, *Œuvres III,* Paris, Gallimard, p. 67-113.

Bercelli, F. et G. Pallotti (2002). « Conversazioni telefoniche », dans C. Bazzanella (dir.), *Contesti, interazioni e pratiche educative. Sul dialogo,* Milan, Guerini, p. 177-192.

Bloch, F. et M. Buisson (1991). « Du don à la dette : la construction du lien social familial », *Revue du MAUSS,* n° 11, p. 54- 71.

Boltanski, L. et E. Chiapello (1999). *Le nouvel esprit du capitalisme,* Paris, Gallimard.

Bonneville, L. (2001). « Temporalité et Internet : réflexion sur la psychologie du temps à la lumière des pratiques domiciliaires », *COMMposite,* vol. 2001, n° 1, en ligne : <http://commposite.uqam.ca/2001.1/articles/bonnev2.html>.

Bouchard, J. (1978). *Les 36 cordes sensibles des Québécois d'après leurs six racines vitales,* Montréal, éditions Héritage.

Bourdieu, P. (1980). *Le sens pratique,* Paris, édition de Minuit.

Bruner, J. (1986). *Actual Minds, Possible Worlds,* Cambridge (MA), Harvard University Press.

Cairncross, F. (1997). *The Internet in the Death of Distance : How the Communications Revolution Will Change Our Lives,* Boston, Harvard Business School Press.

Caron, A. H., L. Giroux et S. Douzou (1985). « Diffusion et adoption des nouvelles technologies : le micro-ordinateur domestique », *Canadian Journal of Communication*, vol. 11, n° 4, p. 369-389.

Caron, A. H. et C. Berre (1995). « Diffusion de la technologie visuelle "Videoway" à l'aube de l'autoroute électronique », dans F. Guglielmelli (dir.), *Repenser la télévision,* Paris, Association Télévision et Culture.

Caron, A. H. et L. Caronia (2000). « Parler de télévision, parler de soi. Une étude sur la mise en discours des pratiques médiatiques au foyer », *Communication*, vol. 20, n° 1, p. 123-154.

Caron, A. H. et L. Caronia (2001). « Active Users and Active Objects. The Mutual Construction of Families and Communication Technologies », *Convergence. The Journal of Research into New Media Technologies*, vol. 7, n° 3, p. 39-61.

Caronia, L. (2002). *La socializzazione ai media. Contesti, interazioni e pratiche educative*, Milan, Guerini.

Caronia, L. et A. H. Caron (2004). « Constructing a Specific Culture : Young People's Use of the Mobile Phone as a Social Performance », *Convergence. The Journal of Research into New Media Technologies*, vol. 10, n° 2, p. 28-61.

Certeau, M., de (1980). *L'invention du quotidien. Arts de faire*, Paris, UGE.

Cheshire, J. (1987). « Age and generation specific use of language », dans U. Ammon, N. Dittmar et K. J. Mattheir (dir.), *Sociolinguistics : An International Handbook of the Science of Language and Society*, Berlin, Walter de Gruyter, p. 760-767.

Cosenza, G. (2002). « I messaggi SMS », dans C. Bazzanella (dir.), *Sul dialogo. Contesti e forme dell'interazione verbale*, Milan, Guerini, p. 193-207.

Danesi, M. (1994). *Cool : The Signs and Meanings of Adolescence,* Toronto/Buffalo/Londres, University of Toronto Press.

Dosse, F. (1995). *L'empire du sens : l'humanisation des sciences humaines*, Paris, La Découverte.

Dufour, D.-R. (1999). *Lettres sur la nature humaine à l'usage des survivants*, Paris, Calmann-Lévy.

Dupuy, J.-P. (1982). *Ordres et désordres : enquête sur un nouveau paradigme*, Paris, Seuil.

Duranti, A. (1997). *Linguistics Anthropology*, Cambridge, Cambridge University Press.

Eble, C. (1996). *Slang and Sociability : In Group Language among College Students*, Chapel Hill, University of North Carolina Press.

Eckert, P. (1988). « Adolescent social structure and the spread of linguistic change », *Language in Society*, n° 17, p. 183-207.

Fischer, H. (2001). *Le choc du numérique*, Montréal, VLB éditeur, coll. « Gestations ».

Fischer, H. (2003). *CyberProméthée ou l'instinct de puissance à l'âge du numérique*, Montréal, VLB.

Fortunati, L. (2002). « Italy : Stereotypes, True and False », dans J. E. Katz et M. A. Aakhus (dir.), *Perpetual Contact. Mobile Communication, Private Talk, Public Performance*, Cambridge, Cambridge University Press, p. 139-169.

Foucault, M. (1981). « The Order of Discourse », dans R. Young (dir.), *Untying the Text : A Post-Structuralist Reader*, Londres/Boston, Routledge/Kegan Paul, p. 48-78.

Galland, O. (1996). « L'entrée dans la vie adulte en France. Bilan et perspectives sociologiques », *Sociologie et sociétés*, vol. 28, n° 1, p. 37-46.

Galland, O. (1999). « Une génération sacrifiée ? », *Sciences humaines*, hors série, n° 26, p. 20-21.

Garcea, A. et C. Bazzanella (2002). « Discours rapporté et courrier électronique », *Faits de langue*, n° 1, p. 233-246.

Geertz, C. (1973). *The Interpretation of Cultures*, New York, Basic Books.

Geertz, C. (1977). *Local Knowledge. Further Essays in Interpretive Anthropology*, New York, Basic Books.

Gergen, K. J. (2002). « The challenge of absent presence », dans J. E. Katz et M. A. Aakhus (dir.), *Perpetual Contact : Mobile Communication, Private Talk, Public Performance,* Cambridge, Cambridge University Press, p. 227-240.

Giddens, A. (1979). *Central Problems in Social Theory : Action, Structure and Contradiction in Social Analysis,* Berkeley, University of California Press.

Giddens, A. (1984). *The Constitution of Society : Outline of the Theory of Structuration,* Cambridge, Polity Press.

Glaser, B. et A. Strauss (1967). *The Discovery of Grounded Theory,* Chicago, Aldine Publishing.

Godbout, J. T. et A. Caillé (1991). « Le don existe-t-il (encore) ? », *Revue du MAUSS,* n° 11, p. 11-32.

Godbout, J. T. (2000). *Le don, la dette, l'identité. Homo donator vs homo œconomicus,* Montréal, Boréal.

Goffman, E. (1967). *Interaction Ritual,* Garden City, Doubleday.

Goffman, E. (1973). *La mise en scène de la vie quotidienne,* Paris, éditions de Minuit.

Goffman, E. (1974). *Frame Analysis,* Cambridge (MA), Harvard University Press.

Goffman, E. (1981). *Forms of Talk,* Philadelphie, University of Pennsylvania Press.

Goodman, N. (1978). *Ways of World Making,* Indianapolis, Hackett.

Goodwin, M. H. (1990). *He-Said-She-Said. Talk as Social Organization among Black Children,* Bloomington, Indiana University Press.

Green, N. (2002). « Qui surveille qui ? Contrôler et rendre des comptes dans les relations de téléphonie mobile », *Réseaux,* n°s 112-113, p. 249-274.

Greimas, A. J. (1983). *Du sens II. Essais sémiotiques,* Paris, Seuil.

Grinter, R. E. et M. A. Eldridge (2001). « y do tngrs luv 2 txt msg ? », dans W. Prinz, M. Jarke, Y. Rogers, K. Schmidt et V. Wulf (dir.), *Proceedings of the Seventh European Conference on Computer Supported Cooperative Work*, Dordrecht, Kluwer Academic Publishers, p. 219-238.

Guillaume, M. (1994). « Le téléphone mobile », *Réseaux*, n° 65.

Gumpert, G. et S. J. Drucker (1998). « The Mediated Home in the Global Village », *Communication Research*, vol. 25, n° 4.

Gumperz, J. (dir.) (1982). *Language and Social Identity*, Cambridge, Cambridge University Press.

Haddon, L. (1992). « Explaning ICT Consumption : The Case of the Home Computer », dans R. Morley et E. Hirsch (dir.), *Consuming Technologies. Media and Information in Domestic Spaces*, Londres, Routledge.

Hafner K. et M. Lyon (1999). « Le temps du mail. Écrit instantané ou oral médiat », dans M. Akrich, C. Méadel et V. Paravel, *Sociologie et sociétés*, vol. 23, n° 2, p. 154-155.

Hennion, A. et B. Latour (1996). « L'art, l'aura et la distance selon Benjamin ou comment devenir célèbre en faisant tant d'erreurs à la fois... », dans *Les cahiers de médiologie*, n° 1, janvier, p. 234-241.

Heritage J. (1984). *Garfinkel and Ethnomethodology*, Cambridge, Polity Press.

Herrnstein Smith, B. (1984). « Narrative Versions, Narrative Theories », dans W. J. T. Mitchell (dir.), *On Narrative*, Chicago, University of Chicago Press.

Hersent, J.-F. (2003). *Les pratiques culturelles adolescentes*, Paris, BBF, en ligne : <http://www.enssib.fr/bbf/bbf-2003-3/02-hersent.pdf>.

Heurtin, P. (1998). « La téléphonie mobile, une communication itinérante ? Premiers éléments d'une analyse des usages en France », *Réseaux*, n° 90, juillet-août, p. 37-50.

Hopper, R. (1991). « Hold the Phone », dans D. Boden et D. H. Zimmerman (dir.), *Talk and Social Structure. Studies in Ethnomethodology and Con-*

versation Analysis, Berkeley/Los Angeles, University of California Press, p. 217-231.

Jauréguiberry, F. (1998). «Lieux publics, téléphone mobile et civilité», *Réseaux*, n° 90, p. 73-83.

Jouët, J. et D. Pasquier (1999). «Les jeunes et la culture de l'écran. Enquête nationale auprès des 6-17 ans», *Réseaux*, n°s 92-93.

Kasesniemi, E. et P. Rautiainen (2002). «Mobile culture of children and teenagers in Finland», dans J. E. Katz et M. A. Aakhus (dir.), *Perpetual Contact: Mobile Communication, Private Talk, Public Performance*, Cambridge, Cambridge University Press, p. 170-192.

Katz, J. E. et M. A. Aakhus (dir.) (2002). *Perpetual Contact: Mobile Communication, Private Talk, Public Performance*, Cambridge, Cambridge University Press.

Kopytoff, I. (1986). «The Cultural Biography of Things: Commoditisation as Process», dans A. Appadurai (dir.), *The Social Life of Things. Commodities in Cultural Perspective*, Cambridge, Cambridge University Press, p. 64-91.

Labov, W. (1973). *Language in the Inner City: Studies in the Black English Vernacular*, Philadelphie, University of Pennsylvania Press.

Lally, E. (2002). *At Home with Computers*, Oxford, Berg.

Landowski, E. (1989). *La société réfléchie: essais de socio-sémiotique*, Paris, Seuil.

Landowski, E. (2002). «Dalla parte delle cose», dans E. Landowski et G. Marrone (dir.), *La società degli oggetti. Problemi di interoggettività*, Rome, Meltemi, p. 39-44.

Landowski, E. et G. Marrone (dir.) (2002). *La società degli oggetti. Problemi di interoggettività*, Rome, Meltemi, p. 203-229.

Latour, B. (2002). «Una sociologia senza oggetto? Note sull'interoggettività», dans E. Landowski et G. Marrone (dir.), *La società degli oggetti. Problemi di interoggettività*, Rome, Meltemi, p. 203-229.

Lave, J. et E. Wenger (1991). *Situated Cognition : Legitimate Perpheral Parti-cipation*, New York, Cambridge University Press.

Ling, R. et B. Yttri (1999). « "Nobody Sits at Home and Waits for the Tele-phone to Ring" : Micro and Hyper Coordination Through the Use of the Mobile Telephone », *Report,* n° 30, Oslo, Telenor Research and Develop-ment.

Ling, R. et B. Yttri (2002). « Hyper-coordination via Mobile Phones in Norway », dans J. E. Katz et M. A. Aakhus (dir.), *Perpetual Contact : Mobile Communication, Private Talk, Public Performance,* Cambridge, Cambridge University Press, 2002, p. 139-169.

Livingstone, S. (1996). « La signification des technologies domestiques. Une analyse des constructions mentales individuelles dans les relations familiales entre les sexes », *Réseaux,* n° 79.

Livingstone S. et M. Bovill (dir.) (2001). *Children and Their Changing Media Environment. A European Comparative Study,* Londres, Lawrence Erlbaum.

Marrone, G. (1999). *C'era una volta il telefonino,* Rome, Meltemi.

Marrone, G. (2002). « Dal design all'interoggettività : questioni introdut-tive », dans E. Landowski et G. Marrone (dir.), *La società degli oggetti. Problemi di interoggettività,* Rome, Meltemi, p. 9-38.

Martin, C. (2003). « Représentations des usages du téléphone portable chez les jeunes adolescents », communication présentée au *Dixième colloque bilatéral franco-roumain,* « Supports, dispositifs et discours médiatiques à l'heure de l'internationalisation », Bucarest.

Mauss, M. (1950). *Sociologie et Anthropologie,* Paris, Presses universitaires de France.

Ochs, E. (1988). *Culture and Language Development,* Cambridge, Cambridge University Press.

Ochs, E. et L. Capps (2001). *Living Narrative : Creating Lives in Everyday Storytelling,* Cambridge (MA), Harvard University Press.

Ohl, F. (2001). « Les usages sociaux des objets : paraître "sportif" en ville », *Loisir et société,* vol. 24, n° 1, p. 111-136.

Pandolfi, M. (2001). « Corpo/Body », dans A. Duranti (dir.), *Culture e Discorso : un lessico per le scienze umane,* Rome, Meltemi, ou A. Duranti (dir.) (2001). *Key Terms in Language and Culture,* Malden, Blackwell.

Plant, S. (2000). *On the Mobile : The Effect of Mobile Telephones on Social and Individual Life,* en ligne : <http://www.motorola.com/mot/documents/0,1028,333,00.pdf>.

Pronovost, G. (1996). « Les jeunes, le temps, la culture » *Sociologie et sociétés,* vol. 28, n° 1, p. 147-158.

Quinn, N. et D. Holland (1987). « Culture and Cognition », dans D. Holland et N. Quinn (dir.) (1987), *Cultural Models in Language and Thought,* Cambridge, Cambridge University Press, p. 3-42.

Rampton, B. (1995). *Crossing : Language and Ethnicity among Adolescents,* Londres, Longman.

Rakow, L. et P. Navaro (1993). « Remote Mothering and the Parallel Shift : Women Meet the Cellular Phone », *Critical Studies in Mass Communication,* vol. 10, n° 2, juin.

Renard, J.-B. (1999). *Rumeurs et légendes urbaines,* Paris, PUF.

Ricœur, P. (1986). *Du texte à l'action. Essais d'herméneutique II,* Paris, Seuil.

Rifkin, J. (2000). *L'âge de l'accès. Survivre à l'hypercapitalisme,* Montréal, Boréal.

Riou, N. (2002). *Pub Fiction,* Paris, Éditions d'Organisation, 206 p.

Rivière, C. (2002). « La pratique du mini-message. Une double stratégie d'extériorisation et de retrait de l'intimité dans les interactions quotidiennes », *Réseaux,* n°s 112-113, p. 139-168.

Roussel, V. et L. Mathieu (2002). « Pierre Bourdieu et le changement social », *Contre Temps,* n° 4, mai, p. 134-144.

Sacks, H. (1984). « On Doing Being Ordinary », dans M. Atkinson et J. Heritage (dir.), *Structures of Social Actions*, Cambridge, Cambridge University Press, p. 413-429.

Schegloff, E. (1968). « Sequencing in Conversational Openings », *American Anthropologist*, vol. 70, n° 6, p. 1075-1095.

Schegloff, E. (1972). « Notes on a Conversational Practice : Formulating Place », dans D. Sudnow (dir.), *Studies in Social Interaction*, New York, Free Press, p. 75-119.

Schegloff, E. (1979). « Identification and Recognition in Telephone Conversation Openings », dans G. Psathas (dir.), *Everyday Language : Studies in Ethnomethodology*, New York, Irvington, p. 23-78.

Schegloff, E. (2002). « Beginnings in the telephone », dans J. E. Katz et M. A. Aakhus (dir.), *Perpetual Contact. Mobile Communication, Private Talk, Public Performance*, Cambridge, Cambridge University Press, p. 284-300.

Schegloff, E. et H. Sacks (1973). « Opening Up Closing », *Semiotica*, vol. 8, p. 289-327.

Schutz, A. (1971). *Collected Papers*, La Haye, Martinus Nijhoff.

Semprini, A. (1996). *Analyser la communication. Comment analyser les images, les médias, la publicité ?*, Paris, L'Harmattan.

Semprini A. (dir.) (1999). *Il senso delle cose. I significati sociali e culturali degli oggetti quotidiani*, Milan, Franco Angeli.

Semprini A. (2002). « Oggetti senza frontiere », dans E. Landowski et G. Marrone (dir.), *La società degli oggetti. Problemi di interoggettività*, Rome, Meltemi, p. 47-60.

Silverstone, R., E. Hirsch et D. Morley (1992). « Information and Communication Technologies and the Moral Economy of the Household », dans R. Silverstone et E. Hirsch (dir.), *Consuming Technologies. Media and Information in Domestic Spaces*, Londres, Routledge, p. 15-31.

Singly, F., de (2000). *Libres ensemble. L'individualisme dans la vie commune,* Paris, Nathan.

Violi, P. (1998). « Electronic Dialogue Between Orality and Literacy : A Semiotic Approach », dans Cmejrkovà *et al.* (dir.), *Dialogue in the Hearth of Europe*, Tübingen, Nyemeir, p. 263-270.

Violi, P. et P. J. Coppock (1999). « Conversazioni telematiche », dans R. Galatolo et G. Pallotti (dir.), *La conversazione. Un'introduzione allo studio dell'interazione verbale*, Milan, Raffaello Cortina Editore, p. 319-364.

Weissberg, J.-L. (1999). *Présence à distance. Déplacement virtuel et réseaux numériques : pourquoi nous ne croyons plus la télévision*, Paris, L'Harmattan.

Willis, P. (1990). *Common Culture. Symbolic Work at Play in the Everyday Cultures of the Young*, San Francisco, Westview Press.

Wilson, T. P. (1991). « Social Structure and Interaction », dans D. Boden et D. H. Zimmerman (dir.), *Talk and Social Structure. Studies in Ethnomethodology and Conversation Analysis*, Berkeley, University of California Press, p. 22-43.

Zimmerman, D. H. et D. Boden (1991). « Structure-in-Action : An Introduction », dans Boden, D. et Zimmerman, D. H. (dir.), *Talk and Social Structure. Studies in Ethnomethodology and Conversation Analysis*, Berkeley, University of California Press, p. 3-21.

TABLE DES MATIÈRES